Creciendo

T0249296

MINISTERIO

PROFÉTICO

Mike Bickle
con Michael Sullivant

CASA
CREACIÓN
Para vivir la Palabra

Para vivir la Palabra

MANTÉNGANSE ALERTA;
PERMANEZCAN FIRMES EN LA FE;
SEAN VALIENTES Y FUERTES.
—1 CORINTIOS 16:13 (NVI)

Creciendo en el ministerio profético por Mike Bickle
Publicado por Casa Creación
Miami, Florida
www.casacreacion.com
©1998 - 2021 Derechos reservados

ISBN: 978-0-88419-550-4
E-book ISBN: 978-1-955682-04-6

Desarrollo editorial: *Grupo Nivel Uno, Inc.*
Diseño interior: *Grupo Nivel Uno, Inc.*

Publicado originalmente en inglés bajo el título:
Growing in the Prophetic
por Charisma House
600 Rinehart Road, Lake Mary, Florida 32746
Copyright© 1996 por Mike Bickle
Todos los derechos reservados.

Nota de la editorial: Aunque el autor hizo todo lo posible por proveer teléfonos y páginas
de internet correctas al momento de la publicación de este libro, ni la editorial ni el autor se
responsabilizan por errores o cambios que puedan surgir luego de haberse publicado.

Impreso en Colombia

21 22 23 24 25 LBS 9 8 7 6 5 4 3 2 1

Dedicación

Quiero dedicar este libro a la fiel congregación de la Comunidad Metropolitana de la Viña (Metro Vineyard Fellowship) que valientemente ha estado a mi lado en los últimos años, mientras seguimos camino a ser una iglesia profética.

Ellos han visto la gloria de Dios en varias ocasiones y han sufrido ciertos riesgos, debido a que yo no he tenido ni la madurez ni la sabiduría de pastorear personas con dones proféticos de manera adecuada. Les agradezco, Comunidad Metropolitana de La Viña.

También le quiero agradecer a Paul Cain, cuya sabiduría ha marcado una diferencia real en mi vida. Los excepcionales dones proféticos de Paul me han dejado pasmado en muchas ocasiones. Su madurez sapiencial me ha ayudado repetidas veces en épocas de confusión. Su devoto ejemplo de mansedumbre y bondad han sido el desafío para seguirlo, así como él sigue a Cristo. Gracias, Paul.

Reconocimientos

Quiero expresar mi más profundo agradecimiento a Walter Walker, que tuvo la idea de hacer este libro. Me presionó implacablemente para que cumpliera los plazos fijados y lo terminara. Nos entrevistó varias horas a Michael Sullivant y a mí, para luego volcar las grabaciones en estas páginas. Dios me ha bendecido grandemente con tan habilidoso y humilde colaborador para realizar este volumen. Gracias, Walter, por tus dotes y tu gran corazón.

También quiero agradecerle a Jane Joseph por las infinitas horas de trabajo extra que le ha dedicado a este libro. Una secretaria profética es tan valiosa como un escritor profético. Ambos son un regalo de Dios.

Por último —aunque no al final de la lista— deseo agradecer a mi preciosa esposa Diane y a mis dos maravillosos hijos, Luke y Paul, por permitirme sacrificar algo de nuestro tiempo juntos para escribir este libro.

Contenido

Prefacio

¿Por qué otro libro acerca del ministerio profético? Ya hemos leído varios en el transcurso de los años. Algunos se centran en las diferentes categorías bíblicas de los profetas y en las manifestaciones sobrenaturales que sucedieron por medio de ellos. Otros se concentran en cómo profetizar y qué hacer después con las palabras proféticas. Este libro toca esos temas, pero analiza francamente el dolor y el gozo de los profetas en el contexto de una iglesia determinada.

Aquí relato los riesgos, perplejidades y tensiones involucradas para nutrir a un pueblo profético en medio de gentes que no lo son. Cuando el Espíritu Santo actúa entre personas débiles como nosotros, el choque entre la ambición personal y la falta de sabiduría es inevitable. Surgen muchas tensiones. Además, nos encontramos con experiencias del Espíritu Santo que son extrañas para nosotros. Todo eso produce una vivencia fascinante en la vida de nuestra iglesia.

David Pytches escribió algo de la historia profética de nuestra iglesia en un libro titulado *Some Said It Thundered* (Algunos dicen que tronó). Agradezco su libro. Desde entonces, alguien me sugirió que escribiese uno en el cual hablara de todos los errores del ministerio profético y que lo titulara *Some Said We Blundered* (Algunos dicen que nos equivocamos). Casi estuve de acuerdo. Ciertamente, hemos cometido muchos errores en nuestro caminar en el ministerio profético.

El futuro de la iglesia es emocionante, así como desafiante. Ciertamente continuarán nuevas dimensiones del ministerio del Espíritu Santo. Este no es el tiempo de saberlo todo, sino el apropiado para que la virtud de la humildad sea expresada en un espíritu enseñable.

Quiero mencionar una cosa más. Michael Sullivant me ayudó a escribir esta obra. Él ha estado asociado al ministerio conmigo en la Comunidad Metropolitana de La Viña desde 1987. Es un amigo de confianza que posee un carácter piadoso y dones proféticos que se incrementan continuamente. Su sabiduría para pastorear una congregación profética en nuestra iglesia está comprobada. Viaja a lo largo de Estados Unidos e internacionalmente, enseñando y dando muestras del ministerio profético en un estilo exento de emocionalismos, que es, —exactamente— lo que necesitamos.

Este libro está escrito en primera persona, pero que quede claro que Michael ha estado a mi lado colaborando significativamente en todo el proceso. Su contribución proviene de su experiencia, tanto por ser profeta como por ser pastor de profetas. Conoce las alegrías y los sufrimientos por experiencia propia.

Michael está más que calificado para escribir su propio libro sobre el ministerio profético.

Me siento honrado de tenerlo como coautor.

Capítulo 1

«Ha sido un terrible error»

John Wimber lo arregló todo. Era el mes de julio de 1989 y cuatro mil personas se habían reunido en un depósito que la Comunidad Cristiana La Viña había convertido en iglesia en Anaheim, California.

John había hablado un par de veces en la conferencia y luego nos había presentado a Paul Cain, a otras personas y a mí, los que íbamos a exponer los mensajes acerca del ministerio profético. Yo enseñé sobre la alimentación y la administración del ministerio profético en la iglesia y di algunos consejos prácticos para animar a los laicos con dones proféticos. Esas dos ideas son los temas principales de este libro. También cuento algunas vivencias del uso que hemos hecho de los sueños, las visiones y los ángeles que Dios nos ha enviado periódicamente, y hasta su misma voz audible, para cumplir su propósito en la vida de nuestra iglesia. Además de ello he compartido algunas pocas experiencias de cómo Dios confirma alguna de esas revelaciones proféticas con señales en la naturaleza —como cometas, terremotos, sequías e inundaciones— que ocurren exactamente en el tiempo profetizado.

Creo que debiera aclarar que raras veces alguna de esas experiencias sobrenaturales han sucedido por mi intermedio. Durante más de una década he sido casi un espectador del ministerio profético aunque, inicialmente, reacio al mismo.

En mis primeros días de ministerio era un joven pastor evangélico conservador, que deseaba asistir algún día al Seminario Teológico de Dallas. Era anticarismático y me enorgullecía de serlo. En algunos años, me encontré rodeado y metido en un pequeño grupo de gente poco común, a quienes las catalogaban de profetas.

—¿Por qué yo, Señor? —pregunté muchas veces.

Paul Cain fue un gran santo y un querido amigo, cuyo ministerio profético no era nada menos que asombroso. Su ministerio en aquella conferencia junto a mis historias proféticas deben haber sobrecargado los circuitos espirituales de algunos asistentes. Procedían predominantemente de iglesias evangélicas conservadoras y habían sido bendecidos por la teología de Wimber en cuanto a la sanidad, pero que —en su mayoría— no habían estado expuestos a ningún ministerio profético.

Descubrí que escuchar a Dios de manera personal era un gran anhelo que se extendía a todo el cuerpo de Cristo. Terminé mi sesión y estábamos por interrumpir para almorzar. A último momento, John Wimber subió a la plataforma y me susurró algo al oído.

—¿Podría orar pidiendo que el Espíritu Santo derrame el don de profecía en la gente?

Si usted conoció a John Wimber, sabrá que en él no había ni una pizca de emocionalismo o exhibicionismo. Era capaz de invitar al Espíritu Santo para que se moviera en una audiencia y tocara a miles de personas con el mismo tono de voz con que acababa de hacer el último anuncio. De esa misma manera me pidió que orara para que el pueblo recibiese lo que yo acababa de describir.

Con cuatro mil personas espiritualmente hambrientas, mirándonos, le susurré a John:

—¿Puedo hacerlo sin tener yo mismo el don profético?

—Vamos, ora para que se libere y deja que el Señor toque a quien quiera tocar —contestó John.

¿Por qué oraré por esta gente?, pensé. Miré a mi alrededor en busca de Paul Cain, John Paul Jackson o alguien que supiese lo que estaba haciendo. Pero, obviamente, estaba solo.

Bueno, John; muy bien. Si quieres que lo haga... pensé.

Haré una oración sencilla.

John anunció que yo iba a orar para que el Espíritu Santo derramara el don de profecía en la vida de los presentes. Y así lo hice. En cuanto terminó la reunión se formó una larga fila de gente, ansiosa por hablar conmigo. Algunos querían que orara personalmente por ellos para recibir el don de profecía. Otros querían que les diese «palabra del Señor»; eso es, que profetizara lo que Dios quería decirles y el plan de Él para sus vidas.

Hacía poco había presentado a Paul Cain, Bob Jones y los demás ministros proféticos a La Viña; hombres que han estado en el ministerio profético por años. Y para mí lo hacían de manera sorprendente. Pero, tal vez, por haber orado por todos, algunas personas que asistieron a la conferencia pensaron, erróneamente, que yo era un profeta ungido, y a quien tenían que dirigirse si querían que el don profético se derramara sobre ellos.

Me di cuenta de que mi cuñado, Bob Scott, que me ayudó a comenzar la iglesia, me señaló desde el fondo del salón y se rio con disimulo. Él sabía que yo no era profeta, como que también me encontraba en aguas profundas.

Les repetí a las personas que hacían fila para verme, una y otra vez: «No; no tengo palabra de Dios para usted». «No; no puedo impartirle el don de profecía». «No, no tengo el don de profecía».

Miré en busca de John pero no lo pude encontrar. Después de explicarle eso personalmente a veinticinco personas, me paré en la plataforma e hice un anuncio en voz alta.

—¡Ha habido un gran error! ¡Yo no tengo el ministerio profético! Y me fui.

El día anterior, John Wimber me había presentado a Richard Foster, escritor del libro *Alabanza a la disciplina*. Richard había estado esperándome para terminar de orar por la gente y poder ir a almorzar. Estaba muerto de hambre. Por mi parte, quería que nos alejáramos de allí lo más rápido y lejos posible. De camino hacia el automóvil, me detuvieron varias personas en el estacionamiento, que también querían que les profetizara. Por supuesto, yo no tenía palabra profética para ellas.

Al fin pudimos escapar y encontrar un restaurante como a dieciséis kilómetros del lugar de reunión. Pero, ante mi sorpresa, estando ante la mesa de las ensaladas con el plato en la mano, dos personas que habían asistido a la conferencia me pidieron que les profetizara. Luego se acercó a mi mesa una pareja, preguntándome si tenía palabra profética para ellos.

Hubiese querido haber sido más claro durante la sesión, con respecto a que no era profeta ni hijo de profeta. A decir verdad, soy hijo de un boxeador profesional.

Muchas personas conocen a Dios solamente en el contexto de hechos lejanos y de largo tiempo atrás. Están ansiosos por saber que Dios participa en sus vidas en el presente, de manera íntima. Cuando ese conocimiento se despierta de manera dramática por primera vez, la gente, entre la cual me incluyo, reacciona desmedidamente por un corto período.

Aquellos que están ansiosos o desesperados por escuchar a Dios, raramente se contienen o tienen buenos modales. Me estaba impacientando y exasperando ante la persistencia de la gente. El hecho de que me encontraba con Richard Foster, a quien hacía tiempo que quería ver, aumentó mi irritación. Era bochornoso.

Al leer *Alabanza a la disciplina,* usted nunca pensaría que Richard es un comediante espontáneo. Lanzó una carcajada cuando apoyé mi plato en la mesa y le dije:

—Richard, ¡no soy profeta! Hoy se ha cometido un terrible error.

Pero aquella situación fue algo insignificante comparado con el alboroto que se iba a producir unos años después. Aquella no fue ni la primera ni la última vez que sentí que Dios había elegido al hombre errado para pastorear un grupo de gente profética.

Una introducción renuente al ministerio profético

Hemos vivido la experiencia de ver que muchas personas, tanto líderes como laicos, que se han unido a ministerios proféticos, lo han hecho gritando y pataleando. Un buen ejemplo de ello es mi gran amigo el Dr. Jack Deere. Él fue profesor del Seminario Teológico de Dallas y un cesasionista comprometido, antes de conocer a John Wimber y sentir el poder de Dios. El *cesasionista* cree que los dones sobrenaturales del Espíritu Santo, que se manifestaron en el primer siglo, han cesado; que ya no se manifiestan. También pasó por una dificultosa búsqueda del alma hasta llegar a abrazar el ministerio profético.

Con la atención que hemos recibido en los últimos años debido a los dones proféticos de nuestra iglesia, algunas personas están asombradas al descubrir qué tipo de gente ha traído el Señor a trabajar con nosotros. Ocho de esos hombres tienen su diploma de maestría y otros cuatro su doctorado; todos de seminarios evangélicos conservadores, no carismáticos. La personalidad de esos hombres contrasta enormemente con la del ministerio profético, pero la diversidad es esencial.

El Señor nos ha ayudado a establecer una escuela bíblica de tiempo completo, llamada Grace Training Center de Kansas City, lo cual es un reto académico. Los doctores, los eruditos y los ministros proféticos enseñan codo a codo en un solo ministerio, siendo un equipo que ha aprendido a trabajar en unidad. Queremos combinar los dones del Espíritu con una erudición responsable de las Escrituras y nuestros estudiantes nos han dado evaluaciones alentadoras con respecto al entrenamiento bíblico y espiritual que han recibido.

Como la mayoría de la congregación de nuestra iglesia, muchos de esos miembros del plantel educacional de la Comunidad Metropolitana La Viña no son extremadamente proféticos. Son pastores y maestros que han sentido un fuerte llamado a formar parte de un ministerio que, entre otras cosas, abarca el ministerio profético. Lo mismo sucede con la mayoría de los laicos que tienen dones proféticos en nuestra iglesia. Su participación en este tipo de ministerio, por lo general, contradice lo aprendido con anterioridad respecto de los dones espirituales.

Muchas veces el llamado de Dios va en contra de nuestra naturaleza y el entrenamiento doctrinal aprendido. Creemos que Dios desea integrar un fuerte entrenamiento evangélico en las Escrituras, junto a las manifestaciones sobrenaturales del Espíritu Santo. Esta es una de las mayores razones por las que empezamos el Grace Training Center.[1]

Pablo les dijo a los corintios que el poder de Dios se perfeccionaba en su debilidad (2 Corintios 12:9). Es común que Dios llame a las personas a hacer algo para lo cual no están naturalmente equipadas.

Pedro, el pescador no instruido, fue llamado a ser apóstol para los judíos cultos. Pablo, el justo fariseo, fue llamado a ser apóstol a los gentiles paganos.

Ser llamado en debilidad a hacer algo para lo cual se necesita mucha fuerza es lo mismo que el llamado a un escéptico para que forme parte de algo sobrenatural. Yo encajo en esa categoría, lo mismo que algunos del equipo de trabajo y miembros de nuestra iglesia. Nadie hubiese sospechado, por nuestra educación religiosa y filiación denominacional, que alguna vez llegaríamos, ni remotamente, a formar parte de un ministerio profético. Dios debe tener un gran sentido del humor.

Cómo llegué a ser anticarismático

En febrero de 1972, a los dieciséis años, fui tocado por el poder del Espíritu Santo. Estando en una iglesia de las Asambleas de Dios en Kansas City, llamada Evangel Temple, sentí que el Espíritu Santo me cubrió y hablé en lenguas por primera vez. Antes de esa experiencia nunca había oído hablar del don de lenguas. No tenía ni idea de lo que me había pasado. Le pedí a la gente que oraba por mí que me ayudara a entender lo que había ocurrido. Dijeron que había hablado en lenguas.

—¿Y eso qué es? —les pregunté.

Dijeron que iba a aprender más al respecto en la próxima reunión.

Debido a que había tenido un poderoso encuentro con Dios, mis líderes presbiterianos me convencieron inmediatamente de que aquello había sido un encuentro demoníaco. Llegué a la conclusión de que había sido engañado con esa falsa experiencia, por lo que renuncié a ello por completo. Tomé la determinación de resistirme a todo lo que fuera carismático. Pensaba que cualquier cosa que fuera tan real podía engañar fácilmente a otras personas.

Me dediqué a advertirles a otros creyentes «inocentes» acerca de la «falsedad» de la experiencia de hablar en lenguas. Durante los años siguientes, el desprestigiar a la teología carismática y rescatar del engaño a todo aquel que hubiera sido arrastrado por esa «falsa» experiencia, llegó a ser mi misión personal.

No me gustaban los carismáticos como tampoco su teología. Los que había conocido hacían alarde de «tenerlo todo». Los sentía arrogantes y soberbios. A mi juicio, les faltaban muchas cosas, especialmente, pasión por las Escrituras y santidad personal. Además, su teología no era evangélica ortodoxa.

Como joven cristiano, era un estudiante comprometido con los eruditos clásicos y me saturaba de los escritos de J. I. Packer, John Stott, Stuart Briscoe, Jonathan Edwards, Martyn Lloyd-Jones y otros. Tenía celo por el evangelismo ortodoxo y andaba en campaña contra los dones sobrenaturales del Espíritu por todos los sitios donde iba a ministrar la Palabra de Dios. Hablé en numerosos ministerios universitarios a lo largo del medio oeste estadounidense.

Otro grave error

En abril de 1976 fui invitado a una pequeña ciudad de Misuri. Debía dar un sermón en una iglesia luterana, de veinticinco personas, que estaba buscando un pastor. Se mostraron interesados en la renovación que estaba sucediendo en la iglesia luterana. Prediqué uno de mis mensajes favoritos, una versión anticarismática del bautismo del Espíritu Santo.

Ese sermón lo había predicado muchas veces en ámbitos universitarios. Lo había sacado directamente del libro de John Stott sobre el tema. Quería dejar bien claro, desde el principio, que yo no tenía nada que ver con las herejías carismáticas.

Aunque daba la impresión de que esa gente amaba al Señor, no conocían demasiado acerca de los diversos argumentos teológicos en contra de las lenguas. Ellos estaban interesados en que yo fuese su pastor y las implicaciones doctrinales de mi sermón no estaban a su alcance.

Al mismo tiempo, no me había percatado de que a la mayoría de ellos les agradaba el movimiento de renovación luterano. Su proceder reservado me puso en ridículo.

Algunos líderes del grupo de oración estaban fuera de la ciudad ese fin de semana. Cuando regresaron, se enteraron de que el joven predicador había hablado del bautismo del Espíritu. Bueno, eso fue suficiente para ellos y me contrataron.

Los líderes que habían estado fuera cuando yo prediqué, supusieron que yo estaba de acuerdo con su teología carismática, y yo asumí que ellos se habían enterado de que mi sermón estaba cargado de teología anticarismática. Estaba absolutamente desprevenido para lo que vendría después.

Como unos seis meses más tarde asistían a esa pequeña iglesia aproximadamente unas setenta y cinco personas. Uno de los líderes, un hombre que había estado fuera de la ciudad el día en que prediqué el sermón sobre el bautismo en el Espíritu, me indicó que algunas personas nuevas en la congregación no habían recibido todavía el bautismo del Espíritu. Por eso quería que hiciera la invitación y orara por ellos.

—Todos los domingos hago el llamado al altar para salvación —le expliqué.

—No, no —me dijo—. Queremos lo referente a las lenguas.

—Pero… yo no creo en las lenguas —le contesté. No tuvimos que hablar mucho para que me diera cuenta de lo que había pasado. Estaba claro que ellos habían entendido mal mis argumentos en contra de la doctrina carismática.

—¡Oh, ha habido una gran equivocación! —gemí.

Una parte de mí quería salir corriendo lo más rápido posible.

¡Soy pastor de una iglesia carismática!, dije para mis adentros con cierto sarcasmo.

No lo podía creer. ¿Cómo me había metido en semejante lío? Al analizar el caso en perspectiva me di cuenta de que no había duda de que Dios mismo me había metido en eso. Ya para entonces me gustaba esa gente y confiaba en su autenticidad, su humildad y su amor por las Escrituras así como también por la evangelización. ¿Cómo podía ser carismática esa gente tan buena?

Mi experiencia en esa iglesia fue el método que Dios empleó para romper algunos de mis prejuicios contra los carismáticos. Ahora los tenía en la categoría de gente a la cual yo respetaba y aceptaba como auténticos cristianos, pero quienes —en mi mente— estaban un poquito desviados teológicamente. Ahora, Mike Bickle toleraba a los carismáticos. Estaba bien, ya que había hecho planes para ir a México como misionero. *Puedo tolerarlo por un breve tiempo,* pensé.

La emboscada de Dios

Continué en la iglesia unos meses más antes de encontrar la primera palabra profética dirigida a mí, en la cual, por supuesto, no creí.

Una noche, unos hombres de la iglesia y yo fuimos a una reunión a escuchar hablar al presidente de la organización de los Hombres de Negocio del Evangelio Completo. Ese hombre, dirigiéndose a mí, dijo:

—Joven de ahí atrás. Dios te va a cambiar de donde estás y te vas a parar frente a cientos de jóvenes, inmediatamente.

Yo no, pensé. *Ya hice los arreglos para trabajar con una organización misionera en México.* Creí estar diciéndole adiós al cristianismo anglosajón para ir a donde estaba la cosecha: América Latina. Ya me había acondicionado mentalmente para pasar mi vida en México y Sudamérica. Por eso, me irritó esa palabra profética y me dije a mí mismo: *No será así.*

Luego, aquel hombre dijo:

—Aunque en este momento digas que «no será así», Dios lo hará inmediatamente.

La gente me palmeaba y me abrazaba, pero yo me sentí enojado y con deseos de irme de allí.

A la semana siguiente me encontraba en St. Louis con un amigo y, accidentalmente, me encontré con un pastor de una gran iglesia carismática de esa ciudad. El hombre me miró y me dijo:

—Sé que no nos conocemos, pero tengo una petición inusual que hacerle. El Espíritu de Dios me acaba de hablar y me dijo que usted es quien se supone que va a predicar en el servicio de jóvenes en el que se reúnen más de mil chicos los sábados por la noche.

Antes de poder pensarlo, me escuché diciendo que sí. Estaba aturdido y confuso de haber aceptado —espontáneamente— predicar en esa iglesia, una que era radicalmente carismática. Estaba abochornado. ¿Qué pensarían mis amigos?

La reunión del sábado en la noche estuvo bastante bien. Al finalizar, el pastor se paró delante de los mil jóvenes que aplaudían y me preguntó si podía volver la semana siguiente. Bajo la presión del momento, acepté ser el disertante la semana próxima y, ese otro sábado, sucedió lo mismo. Me encontré aceptando volver varios sábados más. Eran tan receptivos que pensé que podría cambiarles la teología.

Al mes siguiente, en el día de mi boda, los ancianos de mi iglesia se reunieron con ese pastor en privado y acordaron que yo debía ser el próximo pastor de la juventud de esa gran iglesia carismática.

Sin siquiera consultarme, lo anunciaron públicamente al finalizar la recepción. Yo estaba tan emocionado por casarme con mi maravillosa esposa Diane, que solamente dije:

—¡Grandioso; haré lo que quieran!

En la luna de miel me di cuenta la facilidad con qué había acordado dejar mi pequeña nueva iglesia para ser pastor de la juventud en una iglesia carismática… ¡no podía creerlo! Me pregunté a mí mismo: *¿Cómo permití esto?* Daba la impresión de que caía constantemente en las emboscadas que Dios me tendía, a fin de hacer aquellas cosas con las que tenía prejuicios.

Sentía una desesperada necesidad de reasumir el control de mi vida. Ahora, me encontraba siendo parte del cuerpo pastoral de New Covenant Fellowship, una congregación carismática radical de St. Louis, en Misuri. ¿Cuán peor se podían poner las cosas? En New Covenant Fellowship compartía la oficina con un ex pastor luterano llamado Tim Gustafson, que me ayudó a asimilar este nuevo y extraño ambiente carismático. No nos dábamos mucha cuenta de que mi renuente viaje hacia los dones del Espíritu recién había comenzado. Yo todavía no estaba convencido del don de lenguas. La profecía que recibí en la reunión de los Hombres de Negocio del Evangelio Completo, diciendo que inmediatamente estaría ante cientos de jóvenes, se había cumplido en el lapso de dos meses, al tomar el cargo de pastor de jóvenes de la iglesia más grande de St. Louis. Sin embargo, todavía no creía en la profecía, por lo que ni me imaginaba lo que pasaría en los años por venir.

Decidí ignorar la profecía que había recibido. Pensé que había sido una coincidencia. Seguía con los planes de ir a México, por lo que sería paciente con esa iglesia carismática como lo había sido con la anterior.

Muy poca cuenta me di de que yo, un evangélico conservador, estaba por involucrarme en algo que tuviera que ver con los dones espirituales, particularmente en cuanto al don de profecía, a un nivel que parecía no ser muy frecuente ni siquiera para muchos carismáticos.

En la primavera de 1979, el liderazgo de la iglesia me pidió que considerase dejar el ministerio con los jóvenes para comenzar una iglesia hermana que se relacionara con ellos. En septiembre de 1979 ya era pastor de una nueva iglesia, en el condado del sur de St. Louis. La iglesia estaba creciendo y mi esposa Diane y yo supusimos que estaríamos allí muchos años. Ya estaba renunciando a la idea de ser misionero en México. Era muy extraño que Dios tuviese otro plan para nosotros, pero de la manera en que Él nos comunicó su plan fue otro gran desafío para nuestra fe.

El próximo paso de fe

En junio de 1982, tres años después de la fundación de la nueva iglesia, me encontré con personas que decían que habían tenido encuentros divinos. Primero fue Agustine Alcalá, un ministro profético itinerante; después Bob Jones, que se unió a nuestra iglesia y ministró entre nosotros varios años. Ellos hablaban de experiencias poco usuales que incluían voces audibles, visitaciones angelicales, visiones «a todo color» y señales en los cielos, solo para nombrar unas pocas de aquellas muchas experiencias espectaculares.

Algunas de esas comunicaciones divinas parecían tener mayores implicaciones en la dirección de la vida y el ministerio. Si Dios estaba tan interesado en llamarme la atención, me preguntaba por qué no me daba mi propia visión, a pesar de que no le tenía mucha fe a la validez de tales experiencias. Había aceptado totalmente la idea de que Dios sana a los enfermos, pero no estaba preparado para semejantes experiencias proféticas.

Al principio, las declaraciones de esos hombres me parecían producto de una imaginación muy viva y activa, no genuinas revelaciones de Dios. Pero al escuchar y orar, el Espíritu Santo empezó a confirmarme su autenticidad. Al mismo tiempo, los amigos que me inspiraban más confianza y mis colaboradores de trabajo también empezaron a creer que esas eran auténticas profecías. A pesar de que eso iba en contra de mis reservas de tanto tiempo, decidí dar un paso de fe y permitir el ministerio profético en nuestra congregación. El Señor usó palabras proféticas para confirmar de manera extraordinaria que nos ubicaría en el área de Kansas City. Allí comenzamos otra iglesia, en diciembre de 1982. En 1990 nos afiliamos a la Asociación de Iglesias de La Viña, lo que ahora se conoce como la Comunidad Metropolitana La Viña (Metro Vineyard Fellowship).

Desde 1983 nuestro equipo de líderes ha descubierto que el ministerio profético puede traer grandes bendiciones a la iglesia. También nos hemos dado cuenta de que si no se administra con propiedad puede causar confusión y condenación, y ser improductivo a los propósitos de Dios. En los primeros días, David Parker, que es un excelente pastor de una gran iglesia de La Viña en Lancaster, California, estaba en nuestro plantel. Él ayudó inmensamente a nuestra iglesia, estableciendo un marco teológico al ministerio profético. Parker tiene la madura habilidad de abarcar el ministerio del Espíritu Santo en un contexto de erudita responsabilidad bíblica.

Había unas pocas personas con ministerios proféticos que ministraban entre nosotros durante los primeros años en esa nueva iglesia. Ya
no lo hacen; hubo varias razones para su partida. Algunas confronta-
ciones, dolorosas pero necesarias, nos sirvieron para adquirir sabiduría
y madurez.

A través de este libro queremos compartir las dolorosas aunque
gozosas vivencias que experimentamos. Fue una travesía muy poco
común. Jamás me hubiera imaginado el dramático desencadenamiento
de los sucesos que estaban por venir.

Capítulo 2

La gran visitación por venir

Agradezco a Dios porque nunca intentó que el ministerio profético de nuestra iglesia, en Kansas City, se convirtiera en un «movimiento profético». Lo llamaron así algunas personas que luego se opusieron y lo criticaron. Nosotros nos veíamos como un simple grupo de gente de iglesia, en la cual hay algunos ministros proféticos, así como hay pastores, maestros, evangelistas y administradores. En mi perspectiva, el perfil predominante era la pasión por Jesús y la intercesión por un avivamiento.

Sin embargo, las personas proféticas que ministraban en medio nuestro parecían tan extraordinarias que su contribución se convirtió en lo más notable, sobre todo para los que nos veían desde afuera.

Los eventos asociados con lo profético parecían tan inusuales e intrigantes que el mensaje referente a una pasión santa, la intercesión y el avivamiento eran cosas que a veces quedaban relegadas a la sombra. Se le puso, negativamente, la etiqueta de «movimiento profético» y a nosotros nos llamaban «los profetas de Kansas City».

Dentro de nuestra iglesia lo profético también se perfilaba alto, pero nuestro grupo no le daba el énfasis primordial. Yo siempre trataba de que nuestra iglesia se enfocara en uno de nuestros primeros propósitos: interceder por el gran avivamiento que yo creía que estaba por venir, un despertar que traería a la iglesia a miles de nuevos creyentes; un avivamiento que traería a la iglesia la restauración de la pasión, la pureza, el poder y la unidad del Nuevo Testamento.

La profecía no es algo en lo que la iglesia tenga que graduarse. Es una de las muchas herramientas usadas para construir la casa, pero no es la casa. Cuando usted construye un edificio, no dice que el martillo sea un movimiento. El martillo es una más de las muchas herramientas significativas.

Nos mudamos a Kansas City en noviembre de 1982 para comenzar la iglesia. Varias semanas antes habíamos tenido nuestro primer servicio dominical. Comenzamos con reuniones de oración intercesora todas las noches. Éramos unas quince personas y nos reuníamos de 7 a 10 de la noche, siete noches por semana. Esas reuniones de oración continuaron durante diez años, a excepción de algunos feriados, como el Día de Acción de Gracias y Navidad.

En octubre de 1984, cuando la iglesia tenía casi dos años, agregamos dos reuniones más por día de oración intercesora. Nos reuníamos tres veces al día, de 6:30 a 8:30 todas las mañanas; de 11:30 de la mañana a 1:00 de la tarde y de 7:00 de la tarde a 10:00 de la noche. La mayoría de esas reuniones de oración contaban con una asistencia que variaba entre veinte y cincuenta personas. Intercedíamos más de seis horas por día, primero por un avivamiento en Kansas City y Estados Unidos. Luego, el Señor nos habló para que orásemos por lugares clave como Inglaterra, Alemania e Israel.

De 1987 a 1989 nos multiplicamos en seis congregaciones por toda la ciudad. Queríamos funcionar como una sola iglesia que se reunía en seis lugares. Cada congregación tomaría parte de responsabilidad en esas reuniones de oración.

En 1992 dejamos que tres de esas iglesias funcionaran independientemente. Las otras dos volvieron al centro original de adoración. Actualmente seguimos celebrando reuniones de oración intercesora en la Comunidad Metropolitana La Viña tres veces por día los lunes, miércoles y viernes.

A lo largo de toda nuestra historia como iglesia hemos tenido el fuerte compromiso de interceder por una gran visitación de Dios. Digo esto porque la intercesión es uno de los propósitos primordiales del ministerio profético en Kansas City. Lamentablemente, hemos hecho un trabajo inadecuado pastoreando a nuestra gente y evangelizando a la comunidad.

Hoy en día, nuestra iglesia está basada en pequeños grupos de compañerismo. Animamos a todos a participar en esos pequeños grupos y a involucrarse en nuestro proyecto evangelístico habitual. Consecuentemente, no podemos seguir con el mismo grado de compromiso en la intercesión, tal como lo tuvimos en los primeros diez años de historia de nuestra congregación. Ahora las cosas están más equilibradas entre el cuidado pastoral y el evangelismo; aun así, tenemos que recibir continua inspiración del ministerio profético para mantener las reuniones de oración intercesora, tres veces por día durante tres días por semana.

En el pasado, para la gente que veía nuestro ministerio desde afuera, este era poderoso y fascinante. Había adquirido cierta notoriedad y se identificaba a nuestra iglesia con él. Pero para nosotros, el ministerio profético —hasta con sus ribetes sorprendentes y sus profecías confirmadas con cosas tales como cometas, sequías y terremotos— apuntaba a una sola cosa: animar y sostener nuestra intercesión para que hubiese un avivamiento en nuestra iglesia. Dios quería que la iglesia tuviera una gran cosecha de almas nuevas, que llegaran a la madurez en la gracia de Dios y, específicamente, en su apasionado amor por Jesús.

La profecía nunca tiene que ser un fin en sí mismo. Las profecías nos animan a mantenernos fieles en la oración diaria y a enfocarnos en una vida de apasionado amor por Jesús. Creo que el ministerio profético es el combustible que alimenta el tanque de la intercesión y la pureza. Es esa esperanza profética lo que hizo que persistiéramos en nuestras oraciones a lo largo de tantos años y atravesando épocas difíciles, a fin de recibir la gran visitación de Dios.

El modelo de Hechos 2: Viento, fuego y vino

Creo que Hechos 2 es un modelo divino de cómo Dios visita a su iglesia con poder. Muchos elementos de este pasaje revelan que Dios comienza su iglesia el día de Pentecostés. Quiero remarcar tres de estos elementos.

Primero, Dios envía «viento» del Espíritu, luego «fuego» del Espíritu y después «vino» del Espíritu. El viento del Espíritu hace que se desencadenen milagros. Creo que los ángeles están definitivamente involucrados en esto. Hebreos 1:7 relata la participación de los ángeles en el viento. En el día de Pentecostés, los presentes escucharon el sonido de un fuerte viento recio. Más tarde, en Hechos 4 el edificio en el que estaban se estremeció.

Cuando Dios manda el viento del Espíritu podemos esperar ver grandes señales y maravillas, tales como el sonido de un viento recio y el estremecimiento de un edificio, así como sanidades extraordinarias, resurrecciones y levantamientos de paralíticos.

Una gran cosecha de almas se produce como consecuencia de ello.

En Hechos 2 sigue el fuego de Dios. Este bautismo de fuego ensanchará nuestro corazón de amor de Dios. Recibiremos un entendimiento mayor del amor de Dios, que dará por resultado una enérgica pasión por Jesús y una determinada compasión por la gente. Esta nueva pasión por Dios, vigorizada por el Espíritu Santo, hará que la atmósfera en el cuerpo de Cristo sea dramáticamente diferente. El foco estará puesto en cómo amar a Jesús con todo nuestro corazón y nuestras fuerzas. Incluido en este aspecto en particular del ministerio del Espíritu, estará la ungida oración de intercesión por los perdidos y el comienzo de nuevas almas acercándose poderosamente al reino de Dios.

El vino de Dios está vinculado en el libro de Joel al derramamiento del Espíritu Santo. Es el ministerio de Dios por medio de su Espíritu, trayendo gozo inefable y vivificación a las almas cansadas y cargadas.

En abril de 1984 nos pasó algo asombroso; el Señor le habló audiblemente, en la misma mañana, a dos miembros de nuestro grupo profético en Kansas City. Estas dos personas no estaban juntas sino en lugares distantes cuando escucharon la voz de Dios. Él dijo varias cosas, pero en este momento voy a enfatizar solamente una de ellas.

El Señor habló con voz de trueno y dijo: «En diez años comenzaré a derramar el vino de mi Espíritu».

Hubo dos cosas que nos sacudieron inmediatamente. Primero, ¿qué es el vino del Espíritu? Segundo, ¿cómo íbamos a hacer para esperar diez años? En ese entonces yo tenía veintiocho años, por lo que diez más parecían un milenio.

Ahora parece obvio lo que es el vino del Espíritu. Una de las razones por las que el Señor envía su vino es para refrescar y renovar los corazones de su pueblo, en medio de la fatiga y la desesperación frecuentes de hoy en día. Dios está derramando «su vino» en toda su iglesia en muchas naciones.

En enero de 1990 el Señor habló, en el transcurso de una semana, a cinco personas proféticas. Dijo que visitaría estratégicamente a

Londres, y luego Alemania, con la manifiesta presencia del Espíritu. Dejó en claro que desde Londres sería tocado el Reino Unido, así como las naciones de habla germana serían tocadas cuando Él visitara Berlín. El Espíritu tocaría a toda Europa y todo el mundo en los días por venir. Animamos a muchos miembros a interceder por sus iglesias en esas dos ciudades estratégicas. Los informes recibidos tanto de Londres como de Alemania indican que estamos empezando a ser testigos del cumplimiento inicial de esas profecías.

En Hechos 2, Dios envía el viento primero, luego el fuego, luego el vino. Al restaurar la iglesia antes de su Segunda Venida, creo que Dios invertirá el orden. Primero, está mandando el vino del Espíritu para refrescar y sanar a la iglesia cansada. Después mandará el fuego del Espíritu para que nuestros corazones reboquen del amor de Dios. Por último enviará el viento del Espíritu, que incluye la manifestación del ministerio de los ángeles. Esta manifestación del poder del Espíritu Santo atraerá a un sinnúmero de personas a depositar su fe en Jesucristo.

En verdad, la iglesia tiene grandes cosas por delante. Pero Satanás intentará desafiarnos como nunca antes.

Exégesis y revelación profética

Para nosotros, el concepto total de alimentación y administración del ministerio profético en la iglesia es consecuencia de nuestras expectativas por un derramamiento del Espíritu Santo, tal como está relatado en Joel 2 y citado en el primer sermón de Pedro, en el día de Pentecostés. *«Y en los postreros días, dice Dios, derramaré de mi Espíritu sobre toda carne»* (Hechos 2:17a).

En lo concerniente al derramamiento del Espíritu Santo de los últimos días, la base escritural y los antecedentes históricos deben preceder siempre a la revelación profética y a la experiencia personal y subjetiva. La fe más fuerte proviene del entendimiento basado en las Escrituras y el discernimiento del Espíritu.

Muchas de las profecías del Antiguo Testamento en relación al reino de Dios se cumplieron de dos maneras. Primero, hubo un cumplimiento local en Israel. Muchas profecías tuvieron su cumplimiento con la venida del Mesías, el derramamiento del Espíritu Santo en Pentecostés o el nacimiento de la iglesia. Pero el cumplimiento completo de muchas profecías se manifestará solamente en un amplio espectro mundial, justo antes de la Segunda Venida del Mesías.

Jesús habló del Reino no solo como el reino que había venido, sino como si todavía estuviese por venir. Como dijera George Ladd, el reino ya vino, pero aún no vino.1 El reino vino con el advenimiento de Cristo, pero la completa manifestación de la profecía concerniente al reino de Dios sucederá al final de la era, cuando Cristo Jesús regrese de nuevo.

Por ejemplo, en los últimos versículos del Antiguo Testamento, Malaquías profetiza: *«He aquí, yo os envío el profeta Elías, antes que venga el día de Jehová, grande y terrible»* (Malaquías 4:5).

Jesús identificó a Juan con Elías (Mateo 11:14) y más tarde le dijo: *«Elías viene primero, y restaurará todas las cosas. Mas os digo que Elías ya vino, y no le conocieron, sino que hicieron con él todo lo que quisieron; así también el Hijo del Hombre padecerá de ellos»* (Mateo 17:11-12).

Vemos el cumplimiento local inmediato de «Elías», viniendo en el ministerio de Juan el Bautista en Judea. Aun así, vemos el cumplimiento futuro, cuando «Elías» vendrá a restaurar todas las cosas al final del siglo.

De la misma manera, las profecías de Joel 2 concernientes al derramamiento del Espíritu Santo se han cumplido parcialmente en Jerusalén, en el día de Pentecostés. Pedro cita la profecía diciendo: *«Porque éstos no están ebrios, como vosotros suponéis, puesto que es la hora tercera del día. Mas esto es lo dicho por el profeta Joel»* (Hechos 2:15-16).

Sin embargo, el hecho de que el derramamiento en Pentecostés haya sido «lo que fue dicho por el profeta Joel», no significa que haya sido todo el derramamiento. El Espíritu cayó sobre 120 personas en un pequeño cuarto de Jerusalén. Eso no es suficiente para un cumplimiento completo, aunque se incluya a los tres mil que se convirtieron y bautizaron ese día. La profecía de Joel dice: *«...derramaré mi Espíritu sobre toda carne»* (Joel 2:28).

Estoy convencido de que el cumplimiento de Joel 2 todavía está por llegar. La profecía será de alcance mundial, en la cual todos los creyentes, no solamente los profetas, tendrán sueños y verán visiones.

La más grande y completa manifestación del reino de Dios —el día del Señor, la restauración de todas las cosas y el derramamiento del Espíritu Santo— está reservada para la consumación de todas las cosas al final de la era. Creo que habrá un avivamiento sin precedentes, en el cual todos los creyentes tendrán sueños, visiones y todo lo que Joel profetizó, justo antes de la Segunda Venida de Cristo.

El cambio de cara del cristianismo en una generación

Durante muchos años leí a Jonathan Edwards, David Brainerd, Martyn Lloyd-Jones y otros escritores puritanos, y adopté su teología de una unión de almas sin precedentes al fin del siglo.[2]

Sin embargo, años después, en una pequeña y sucia habitación de un motel en El Cairo, Egipto, la creencia del derramamiento del Espíritu Santo en los últimos días se convirtió en un asunto personal. En ese momento me comprometí por entero a ser parte del mismo.

En septiembre de 1982 renuncié a South County Christian Fellowship, en St. Louis, después de haber establecido esa iglesia tres años antes junto con mi querido amigo Harry Schroeder. No tenía pensado llegar a Kansas City hasta principios de noviembre, por lo que acepté una invitación para hablar en una conferencia de pastores en India.

Como tenía esos pasajes abiertos por treinta días para ir adonde quisiera, dediqué dos semanas a visitar cinco grandes ciudades en países en desarrollo.

Eso incluía ciudades como Calcuta, en India, Seúl, en Corea y El Cairo, en Egipto. Quería aprovechar esa oportunidad para ver a «los pobres de la tierra», por lo que fui a las áreas más postergadas.

Llegué a El Cairo a mediados de septiembre. Siguiendo la sugerencia de un taxista, me alojé en un hotel pequeño. La habitación era de 2,50 metros por 2,50. Tenía una cama chica, un pobre ventilador de techo, cañerías de agua de la Edad de Piedra y una cantidad de cosas extrañas que cada tanto corrían a través de la habitación. Para los parámetros anglosajones, aquello era primitivo.

Dedicaba tiempo a diario intercediendo por mi futura iglesia en Kansas City. Era una carga continua en mi corazón. Esa noche comencé orando a las 8:30. Me arrodillé en el piso de cemento al lado de la desvencijada cama y, como a los treinta minutos, tuve uno de los más asombrosos encuentros que jamás haya tenido.

No tuve una visión ni fui arrebatado al cielo. Simplemente escuché que Dios me hablaba. No fue lo que algunas personas llaman «la voz audible de Dios». Yo la llamo «la audible voz interior». La capté con tanta claridad como si la hubiese escuchado con mis oídos físicos y, sinceramente, me aterró.

Me vino con un tremendo sentido de claridad, poder y autoridad. En cierta forma, parecía que iba a aplastarme. Quería irme, pero a la vez no quería hacerlo. Deseaba que se acabara, pero a la vez no quería que terminara.

Escuché solamente unas pocas oraciones y duró unos pocos minutos, pero cada palabra tenía gran significado. El temor de Dios inundó mi alma mientras experimentaba un poquito del terror del Señor. Temblé y lloré —al pie de la letra— mientras Dios se comunicaba conmigo de una manera que yo no conocía hasta entonces. El Señor me dijo simplemente: «Cambiaré el entendimiento y la expresión del cristianismo en la tierra en una generación». Fue una declaración sencilla y directa, pero sentí el poder de Dios con cada palabra al recibir la interpretación del Espíritu.

Entendí que esa reforma-avivamiento sería su iniciativa soberana. Dios mismo iba a realizar esos cambios drásticos en el cristianismo, en el mundo entero.

La frase «el entendimiento del cristianismo» significaba la manera en que el cristianismo es percibido por los inconversos. En la iglesia primitiva, la gente tenía miedo de juntarse informalmente con los creyentes a causa de la manifestación del poder sobrenatural. En las décadas venideras muchos inconversos iban a considerar irrelevante a la iglesia.

Dios va a cambiar la forma en que los inconversos la verán. Una vez más serán testigos del maravilloso aunque aterrador poder de Dios en la iglesia. Ellos entenderán de manera muy distinta el cristianismo antes de que Dios termine con esta generación.

La frase «expresión del cristianismo» significa la manera en que el cuerpo de Cristo expresa su vida. Dios va a cambiar poderosamente la iglesia para que funcione de manera eficiente como un cuerpo sano, en el poder y el amor de Dios, en vez de tener solo reuniones y programas basados en su estructura y diseño.

Paul Cain dice que hay tres elementos en este nuevo entendimiento y expresión del cristianismo: poder sin igual, pureza y unidad. La relación de los cristianos con Dios y entre ellos, de la manera en que la perciben los inconversos, y hasta la estructura y funcionamiento de la iglesia, será cambiada repentina y radicalmente por Dios. Ese cambio se llevará a cabo no en un mes, un año o cinco, sino en una generación. Esa noche en El Cairo tuve la sensación de que había sido invitado a formar parte de ello.

El entendimiento y la expresión del cristianismo será cambiado por un gran derramamiento del Espíritu Santo, el cual invadirá todo tipo de nacionalidades, clases sociales, grupos étnicos y barreras culturales. No será solamente un avivamiento del mundo occidental. La profecía de Joel 2 y Hechos 2 dice que en los últimos días Dios derramará su Espíritu sobre toda carne (Hechos 2:17).

Van a pasar unas cuantas cosas como resultado de ese derramamiento del Espíritu. Tendrá tantas expresiones multidimensionales que no se podrá llamar simplemente un movimiento evangélico, de sanidad, de oración, de unidad o profético. Será todo ello y más. Por sobre todas las cosas, impartirá y renovará una pasión profunda de amor por Jesús, por medio del Espíritu Santo.

El Espíritu Santo, por sobre todas las cosas, anhela glorificar a Jesús en el corazón humano (Juan 16:14). Él quiere impartir un afecto santo por Jesús en la novia de Cristo.

Hablar del derramamiento solo en términos de un movimiento profético, es un concepto muy limitado. El incremento del ministerio profético en la iglesia involucra algo más que la inspirada profecía verbal. En mi entendimiento, incluye visitaciones angelicales, sueños, visiones, señales y prodigios en los cielos, así como un incremento de revelaciones proféticas, y la clase de revelaciones dadas de manera sutil por el Espíritu Santo.

Mi experiencia en el hotel de El Cairo duró entre treinta minutos y una hora, aunque me pareció que fueron un par de horas. Salí del cuarto y caminé por las calles del centro de la ciudad, solo y hasta medianoche, comprometiéndome con el Señor y con cualquier plan que Él tuviera para mí. El temor de Dios quedó en mi alma muchas horas. Al día siguiente me levanté, sintiendo todavía su impacto.

Aquella experiencia estaba relacionada con lo que yo creía acerca del cumplimiento de la profecía de Joel 2 y Hechos 2, sobre el derramamiento del Espíritu Santo de los últimos días y en mi vida cotidiana. Creo que se refiere a esta generación. Esta aplicación personal y contemporánea de una visitación espectacular y mundial de Dios está, sin lugar a dudas, basada parcialmente en mi experiencia subjetiva. Pero también está basada en las Escrituras.

Ambas promesas de Hechos 2 y de esta experiencia, afectaron la manera de comenzar nuestra nueva iglesia en Kansas City. Estos dos elementos fueron los que iniciaron nuestro compromiso de interceder para que tuviésemos una gran visitación de Dios. La alimentación y administración del ministerio profético es parte de ello, y solo puede operar efectivamente en el contexto del edificio de la iglesia. No es un fin en sí mismo.

La gloria de Dios en la iglesia

El nacimiento de Paul Cain estuvo rodeado de sucesos sobrenaturales. Hablaré de ello en el capítulo 9. A los treinta años, Paul Cain tenía un inusual ministerio profético. A principio de 1950 estaba en la radio y la televisión, y había ministrado en varias reuniones a las que asistían de veinte a treinta mil personas. Había comprado una carpa para su ministerio itinerante en la que se podían sentar doce mil asistentes.

Sin embargo, en vez de hacer crecer su ministerio, el Señor le indicó apartarse del mismo por un tiempo. Esa temporada duró veinticinco años.

Paul luchó en esos años preguntándose el motivo por el cual Dios lo había puesto a un costado en los mejores años de su vida, luego de haber tenido un comienzo tan sobrenatural; era como si se hubiese olvidado de él. Lo que sostuvo y alentó a Paul más que nada durante todos esos años era una visión recurrente. Paul dice que era una visión abierta, como una película que aparecía en una pantalla delante de él y que la misma se le apareció muchas veces.

Creo que la visión recurrente de Paul nos da una idea de los aspectos de la profecía del gran avivamiento de los últimos tiempos plasmadas en Joel 2 y Hecho 2, que se cumplirá en todo el mundo.

En su visión, Paul veía grandes estadios llenos de gente en todas las ciudades del mundo. Sucedían grandes señales y prodigios e innumerables multitudes eran salvadas, mientras que la gloria de Dios se manifestaba en su iglesia.

En los últimos días, como en el primer siglo, el incremento del ministerio profético no será tan solo un movimiento en sí mismo; es uno de los aspectos de un derramamiento mayor y de más largo alcance del Espíritu Santo sobre toda carne.

Uno de los aspectos peculiares acerca de un gran avivamiento serán las señales y maravillas descritas en Hechos 2:19, las que se manifestarán en la naturaleza, tanto en la tierra como en el cielo. Yo quedé impactado por la visitación personal que recibí en El Cairo. Me sorprendió la manera en que Dios me introdujo al ministerio profético. Pero el Señor se estaba preparando para abrumarme por completo, confirmando las palabras proféticas a través de actos divinos en la naturaleza.

La confirmación de las profecías por medio de las obras de Dios en la naturaleza

La confirmación de las palabras proféticas por parte de los actos de Dios en la naturaleza, no es un tópico muy común en la iglesia. Pero, sin duda, al final de este siglo, tanto las señales en los cielos como las fuerzas de la naturaleza en la tierra servirán como un espectacular testimonio, tanto para la iglesia como para los incrédulos.

En Kansas City hemos visto suceder esta clase de cosas unas pocas veces y sabemos también de algunas otras. Pero tenemos la sospecha de que la iglesia en otras partes del mundo ha experimentado algo más de estas cosas que la iglesia anglosajona.

Cuando un equilibrado ministerio profético florece, ese florecimiento muchas veces es seguido por alguna modalidad de señales y prodigios. En el sermón de Pentecostés, el apóstol Pedro citó la promesa del profeta Joel 2 como el avivamiento de los últimos días. Por supuesto, los últimos días comenzaron con la cruz, la resurrección y el bautismo del Espíritu Santo el día de Pentecostés.

El gran cumplimiento de la promesa de Joel 2 será en los años finales de los últimos días: los años previos a la Segunda Venida de Cristo Jesús. Ese período lo conocemos comúnmente como «los tiempos finales».

La primera mitad del pasaje de Hechos 2 habla del derramamiento del Espíritu y el aumento de la revelación profética en el cuerpo completo de Cristo: «*Y en los postreros días, dice Dios, derramaré de mi Espíritu sobre toda carne, y vuestros hijos y vuestras hijas profetizarán; vuestros jóvenes verán visiones, y vuestros ancianos soñarán sueños; y de cierto sobre mis siervos y sobre mis siervas en aquellos días derramaré de mi Espíritu, y profetizarán»* (Hechos 2:17-18).

La segunda mitad del pasaje está dedicada al gran aumento de hechos de Dios en la naturaleza: *«Y daré prodigios arriba en el cielo, y señales abajo en la tierra, sangre y fuego y vapor de humo; el sol se convertirá en tinieblas, y la luna en sangre, antes que venga el día del Señor, grande y manifiesto; y todo aquel que invocare el nombre del Señor, será salvo»* (Hechos 2:19-21).

Hay un orden y una secuencia divinas en el texto: el derramamiento del Espíritu va seguido por un incremento de sueños proféticos y visiones, seguido por señales en los cielos y en la tierra que confirman lo anterior. Por lo tanto, el hecho de que hayamos sido testigos de algunas pocas confirmaciones prodigiosas en la naturaleza está relacionado con el incremento del ministerio profético.

Creemos que lo que se ha visto es solo una pequeña muestra de lo que sucederá de manera más espectacular en muchas iglesias en todas las naciones. Los últimos días vendrán acompañados por una multiplicación de los cuatro elementos de la profecía de Joel 2: (1) el derramamiento del Espíritu, (2) los sueños y visiones proféticas, (3) las señales y los prodigios en la tierra y en el cielo, y (4) un retorno sincero de los corazones a Jesús, primero por salvación y luego con un amor inusitado por Él, y una obediencia absoluta. El llamado sincero en el nombre del Señor no es solo para los incrédulos sino que incluye a la iglesia, creciendo en pasión santa por Jesús.

Este capítulo intenta animarle con respecto al futuro. En los últimos tiempos habrá una asombrosa demostración de visiones y sueños proféticos, confirmados con señales y prodigios en la naturaleza. Esos eventos proféticos no se realizarán simplemente dentro de los confines de algunas pocas iglesias «de tipo profético», sino ante la vista de todos los seres humanos, creyentes e inconversos por igual. Al analizar el significado de nuestras propias experiencias proféticas, llegamos a la conclusión de que tal vez existan varias razones por las que el Señor nos da confirmación de las profecías con hechos sobrenaturales de Dios en la naturaleza. La gente puede dejarse llevar por el entusiasmo con cosas como esas. Hemos aprendido dolorosamente que la iglesia necesita lidiar con esas demostraciones de poder y tales revelaciones de manera cuidadosa. El cuerpo de Cristo, en proceso de alimentarse y

administrar este creciente ministerio profético, se encontrará cada vez
más con profecías que serán confirmadas con algún acto divino en la
naturaleza. En consecuencia, el segundo propósito de este capítulo es
comentar lo que hemos aprendido en el proceso.

La inesperada caída de nieve

Un profeta itinerante me dio una palabra profética en St. Louis, referente al nuevo establecimiento de la iglesia en el sur de Kansas City
antes de que me mudara allí. Me advirtió de un falso profeta que estaría presente en los primeros días de nuestra iglesia.

En marzo de 1983, no mucho después de nuestra llegada a Kansas
City, se presentó en mi oficina un individuo de aspecto extraño. Al
principio fui escéptico con Bob Jones, pensando que era el falso profeta del que me habían advertido. Irónicamente, en esta primera reunión,
Bob Jones confirmó esa profecía advirtiéndome que habría en nuestra
nueva iglesia un falso profeta. Me pregunté: *¿Bob Jones podrá ser un falso
profeta y advertirme acerca de un falso profeta?* Esta idea fue suficiente para
perturbarme por unos cuantos días.

Me entrevisté con el pastor de la iglesia a la cual había asistido Bob
previamente por varios años. Él me dijo que Bob era un hombre de
Dios y un probado profeta, con mucho fruto del Espíritu. También me
dijo que Bob había profetizado en la primavera de 1982 que un grupo
de jóvenes iba a llegar al sur de Kansas City en la primavera de 1983
y que serían usados en la intercesión por un avivamiento. Por lo tanto,
el pastor le había dado su bendición a la decisión de Bob en cuanto a
unirse a nuestra iglesia integrada por gente joven.

Cuando el 7 de marzo de 1983 Bob Jones entró a mi oficina, llevaba puesto un abrigo de invierno. Eso me pareció extraño porque hacía
tiempo que la nieve se había ido y la temperatura estaba en los veinte
grados Celsius en Kansas City el día que nos vimos.

En la primera reunión, Bob profetizó que Dios iba a levantar una
iglesia profética en Kansas City y que él sería usado en su fundación.
Durante ese encuentro, indicó que el Señor confirmaría esa profecía
con una señal en la naturaleza. Me dijo que el primer día de primavera caería nieve repentinamente y que, en ese momento, él estaría

sentado con los líderes de nuestra nueva iglesia y lo aceptaríamos. No tomé en serio la profecía ya que estaba seguro de que Bob era el falso profeta del que me habían advertido. Descarté el asunto pensando que cualquiera que profetizara su propia aceptación tenía que ser un falso profeta. Pero seguía pensando que era extraño ver a un hombre usando un pesado abrigo de invierno con un clima cálido.

Varias semanas después, un amigo llamado Art vino de visita por un fin de semana. Al terminar el servicio del domingo en la mañana, vi a Bob hablando con Art. Yo esperaba que Art viniese a contarme que había un loco en nuestra iglesia. Sin embargo, lo que Art me dijo fue: «Mike, este hombre parece ser un profeta de Dios. ¡Me contó los secretos de mi corazón!».

Art tenía planeado abordar el avión después del servicio del domingo, pero su pequeña nave privada estaba parada a causa del mal tiempo. Alrededor de las nueve de la noche Art insistió en volver a ver a Bob.

Nos reunimos en casa desde las diez de la noche hasta las tres de la mañana. Fue una noche asombrosa. Quedé pasmado ante alguna de las cosas que Dios le había revelado a Bob sobre temas privados y oraciones personales en mi vida. Así que dije en una manera abrupta: «Bob, estoy agradecido de que Art haya insistido para reunirnos esta noche. Creo verdaderamente que tú eres un auténtico profeta».

Bob sonrió al recordarme que él sabía que lo íbamos a aceptar el primer día de primavera, como lo había profetizado el día que nos vimos por primera vez.

Era una auténtica profecía. De pronto me di cuenta de que era 21 de marzo, el primer día de primavera. Art se había retrasado a causa de la repentina caída de nieve. Estábamos sentados amigablemente alrededor de la mesa y yo acepté a Bob Jones con mi propia boca. Todo había sucedido como Bob había dicho que el Señor le había manifestado.

La sorpresiva nevada del 21 de marzo había sido predicha con exactitud por Bob, confirmando la visión profética de que Dios levantaría una iglesia profética en Kansas City, y que Bob Jones sería usado en su fundación.

La pequeña pero significativa señal en los cielos fue la predicción de que caería nieve el 21 de marzo, el primer día de primavera. Eso fue lo que pasó: la nieve sorprendió a los habitantes de Kansas City, después de varias semanas de un inoportuno tiempo caluroso.[1]

El cometa inesperado

Había pasado un mes. Estaba un poco perplejo por el incidente de la nieve. Nos seguíamos reuniendo todas las noches desde noviembre de 1982, de 7 a 10 de la noche, para orar por un avivamiento en Kansas City y en todo Estados Unidos. El miércoles 13 de abril de 1983 tuve otra experiencia inusual con Dios. Por segunda vez escuché la voz audible de Dios internamente, diciéndome algo con inequívoca claridad.

Dios me dijo que convocara a la iglesia a una solemne asamblea de ayuno y oración por veintiún días. En mi mente estaba impresa fuertemente la historia del ángel Gabriel (Daniel 9 y 10), acudiendo a ayudar contra el demoníaco príncipe de Persia. También sentí que el Señor decía que la gente de toda la ciudad debía unirse a mí en esos veintiún días de ayuno, para que hubiese un avivamiento en la nación.

Tenía serias reservas en relación a eso. ¿Cómo iba yo, siendo un nuevo y joven pastor en la zona, a convocar a la ciudad a un ayuno y oración? ¿Quién me escucharía? ¡Los demás pastores pensarían que era demasiado orgulloso como para hacer semejante cosa!

Mi esposa Diane tampoco me animó mucho. Estaba perpleja ante la idea de anunciarles a los habitantes de la ciudad que serían invitados a ayunar y orar por un avivamiento durante veintiún días. Me recordó que yo no contaba con ninguna credibilidad en la ciudad. Hacía solo seis meses que vivíamos en Kansas City. Sin embargo, estaba un poco sorprendido por la seguridad que sentía en mi espíritu. Yo era un novato en cuanto a eso de recibir esa clase de palabra por parte del Señor, y estaba un poco perplejo, por lo que a la mañana siguiente decidí llamar a Bob Jones. Recuerde que ya hacía como un mes que yo creía que él era un profeta genuino. Así que le expliqué el asunto por teléfono.

—Bob, creo haber recibido palabra del Señor, pero es algo inusual; me parece que ahora creo en los profetas y necesito uno que confirme lo que oí anoche. ¿Podrías ayudarme?

Bob me contestó con mucha calma.

—Sí. Ya sé de qué se trata. Dios ya me hizo saber lo que te dijo anoche.

Aquello me sonó un poquito extraño, pero lo insólito y fuera de lo común se estaba convirtiendo en algo normal. ¿Cómo podía Bob saber lo que Dios me había dicho anoche? Les pedí a algunos amigos que estuviesen presentes como testigos y fuimos a casa de Bob. En el camino les conté que Dios, literalmente, me había dicho que convocase a parte de la iglesia de Kansas City a veintiún días de ayuno y oración. El pasaje que había recibido era Daniel 9, en el que Gabriel le anuncia a Daniel la visitación de Dios.

Llegué a la casa de Bob muy ansioso por ver si él también había recibido el mismo mensaje de Dios. Si alguna vez necesité una verdadera palabra profética que confirmase algo, era en ese momento. Puse a Bob a prueba. Le pedí que me dijera lo que Dios me había revelado la noche anterior. Con una gran sonrisa en sus labios, dijo con exacta precisión lo que Dios me había dicho. Mis amigos y yo quedamos pasmados. Luego siguió explicando otras cosas que Dios le había mostrado.

Bob dijo que él había visto, literalmente, al ángel Gabriel en un sueño aquella mañana temprano. También profetizó que Dios me había dado Daniel 9 y que nos estaba llamando a orar por una visitación suya en nuestra ciudad y en nuestra nación. Dijo que se iba a ver un cometa inesperado en los cielos, el cual confirmaría que Dios estaba convocando ese solemne tiempo de ayuno y oración. Bob también indicó que Dios había dicho que iba a enviar un avivamiento a Kansas City y a toda la nación, tal como me lo había expresado a mí.

¡Estábamos sorprendidos! Sabía que él no tenía manera alguna de conocer acerca de la Escritura de Daniel 9 que yo había recibido la noche anterior. Y tampoco del cometa, que estaba fuera del alcance del conocimiento humano.

Me pregunto a dónde nos llevará esta nueva travesía profética, pensé. *Tendré que esperar y ver.*

Tres semanas más tarde, el 7 de mayo de 1983, el día en que comenzó nuestro período de ayuno y oración, el diario local publicó lo siguiente: «La semana próxima, los científicos tendrán la extraña oportunidad de estudiar un cometa recién descubierto, el cual está a una "extrema" proximidad, cercana a los cinco millones de kilómetros. El doctor Gerry Neugebauer, investigador principal de IRAS (International Infrared Astronomical Satelite Project) en Estados Unidos, dijo: "Tuvimos la suerte de ver con suma claridad la trayectoria del cometa"».[2]

Dios dio la revelación profética de que teníamos que orar y ayunar veintiún días, con la expectativa de un avivamiento en su tiempo, y luego nos envió la confirmación de la revelación con una señal natural en los cielos: un cometa inesperado, visto al tiempo en que empezábamos el ayuno. La profecía de Bob Jones acerca del cometa fue informada por la prensa el mismo día en que comenzó el ayuno.

Señales abajo en la tierra

Paul Cain, un juicioso ministro profético fue presentado a John Wimber, en aquel entonces líder de la Asociación de Iglesias La Viña (Association of Vineyard Churches). Fue el 5 de diciembre de 1988 en la casa de John, en Anaheim, California. Una o dos semanas antes del programado arribo de Paul, el doctor Jack Deere, que era en ese momento pastor asociado de Wimber en Anaheim, le preguntó a Paul si Dios podría garantizar una señal profética que confirmara el mensaje de Dios para John Wimber, y los varios cientos de iglesias La Viña bajo el liderazgo de John. Paul contestó:

—El día de mi llegada habrá un terremoto en esa zona.

Obviamente, esa no es una predicción asombrosa para el sur de California.

—¿Este será el más grande que jamás hayamos tenido? —preguntó Jack.

—No —contestó Paul—, pero habrá otro terremoto en otro lugar del mundo al día siguiente de mi partida.

La palabra profética que recibió John fue Jeremías 33:8, que dice: «*Y los limpiaré de toda la maldad con que pecaron contra mí; y perdonaré todos sus pecados con que contra mí pecaron, y con que contra mí se rebelaron*». Paul trajo una palabra de afirmación al movimiento de las iglesias La Viña al asegurar que Dios todavía estaba con ellos, y que la palabra del Señor era «gracia, gracia, gracia».

A las 3:38 de la mañana del 3 de diciembre, el día que Paul llegó, hubo un terremoto en Pasadena, en la zona de Anaheim. El Señor usó esa misma hora (3:38) para provocar un evento que le agregó énfasis al mensaje profético (Jeremías 33:8). Creo que eso fue algo más que una mera coincidencia.

Paul se fue de Anaheim el 7 de diciembre de 1988. Otra señal de confirmación del Señor ocurrió *al día siguiente* de su partida. Hubo un gran terremoto en Armenia, el 8 de diciembre de 1988, tal como Paul lo había profetizado. No había forma de que el cumplimiento de tamaña señal en la tierra se lograra por algún esfuerzo humano.[3]

John Wimber admitió que con cierta anterioridad había considerado la posibilidad de la profecía con seriedad. Muchos de los grandes sucesos en el desarrollo de la Asociación de Iglesias La Viña habían sido profetizados con antelación. Pero Paul Cain representaba una nueva dimensión del ministerio profético; algo con lo que nunca antes se habían confrontado. Con respecto a los efectos que esos terremotos tuvieron en la vida de John, él mismo escribió: «¡Él (Paul Cain) tiene toda mi atención!».[4]

El Señor le mostró a Paul que Dios extendería su misericordia a La Viña, tal como está descrito en Jeremías 33:8. Dios nos da misericordia y gracia para que podamos andar en un nivel más maduro de pureza y santidad.

El simbolismo profético era claro; Dios le estaba diciendo por medio de esos sucesos a las iglesias La Viña que iba a sacudir a la iglesia de Anaheim la temporada siguiente con el ministerio profético, así como el terremoto había estremecido a Pasadena. La sacudida profética no sería solamente local, sino que causaría una convulsión internacional. Eso lo demostró con el consabido terremoto internacional en la Armenia soviética.

Esas señales en la tierra (terremotos) eran símbolos de la sacudida que experimentaría La Viña al renovar Dios su misericordia con ellos durante la próxima temporada.

Poder convincente, verdad irrefutable

Las señales y prodigios en la naturaleza no tienen que tomarse a la ligera, ya que no se dan por razones triviales. No espere que Dios dé una señal en los cielos en relación a qué automóvil se supone que usted adquiera.

Del cielo cayó fuego que consumió el sacrificio de Elías, el Mar Rojo se abrió y una estrella guio a los sabios a Belén. Esos no fueron sucesos insignificantes en el desarrollo de los planes y propósitos de Dios.

El cometa no fue algo que se relacionara solamente con nosotros. Era mayor que eso. Entendemos que era para confirmarnos el plan de Dios que, en su tiempo, visitaría nuestra nación con un avivamiento a gran escala.

Agradecemos profundamente el hecho de que Dios haya usado varios ministerios diferentes a lo largo de los años, a fin de profetizar e interceder por el avivamiento por venir en Estados Unidos. Ningún grupo ni denominación es más significativo para Dios. Él no mueve las estrellas ni separa las aguas del mar para darles un espectáculo a los curiosos. La magnitud de la manifestación de su poder, por lo general, es proporcional a la importancia de su propósito.

La exhibición del poder de Dios por medio de señales y prodigios en la naturaleza en los últimos días será sin precedentes, porque servirán para confirmar y remarcar uno de los sucesos más grandes de todos los tiempos: la última reunión de almas y la Segunda Venida de Cristo Jesús. El propósito del derramamiento del Espíritu, el incremento del ministerio profético y, finalmente, las señales y prodigios en la naturaleza son para despertar a la iglesia a un cristianismo apasionado, y para atraer a la gente a la salvación. La profecía de Joel 2 citada por Pedro en su primer sermón lo señala con estas palabras: «*Y todo aquel que invocare el nombre del Señor, será salvo*» (Hechos 2:21).

Esto se aplica tanto a los creyentes fervorosos que invocan el nombre de Jesús como a los incrédulos que invocarán el nombre de Jesús para salvación.

Todo eso redundará en un gran beneficio para madurar a la iglesia, así como una espectacular exhibición de poder para alcanzar a los perdidos, en la gran y última cosecha de almas. Será un derramamiento descomunal de su misericordia y de su poder.

En el primer siglo, el poder convincente y la verdad irrefutable fueron los factores que determinaron la expansión del evangelio. La presencia y el poder del Espíritu proveyeron la evidencia innegable de la verdad que proclamaban los apóstoles. Un elemento importante del mensaje del evangelio en aquellos días era que los apóstoles habían sido testigos oculares de la resurrección de Jesús. Poder verificar en la práctica esa verdad esencial era de suma importancia para la predicación inicial del evangelio.

Cuando los apóstoles se reunieron para elegir al hombre que reemplazaría a Judas, la condición era que debía haber estado con ellos desde el principio, por eso, como dijo Pedro: *«uno sea hecho testigo con nosotros, de su resurrección»* (Hechos 1:22).

Un trabajo fundamental de los doce apóstoles era verificar, dando testimonio a todos, de lo que Jesús había dicho y hecho. En el libro de los Hechos, en el que se registra la predicación del evangelio, se encuentran palabras similares a estas: *«nosotros somos testigos de estas cosas»* (Hechos 3:15; 5:32; 10:39; 13:31).

El mensaje de la iglesia en los últimos tiempos no será solamente que Cristo ha resucitado de los muertos, sino que su próxima venida es inminente. A lo largo de la historia ha habido grandes avivamientos, en los que el poder y la presencia del Espíritu Santo parecían casi irresistibles para algunos no creyentes.

Sin embargo, la siega de almas del fin de los tiempos será la mayor cosecha de todos los siglos, porque la presencia y el poder del Espíritu Santo vendrán acompañados por señales en los cielos y en la tierra, que confirmarán de manera dramática la verdad del evangelio. Eso se verificará de la misma manera ocular como lo testificaron los apóstoles. Como en los primeros tiempos, el evangelio en los últimos tiempos de la iglesia será predicado con poder de convicción y con verdad irrefutable.

El Apocalipsis de Juan está lleno de pasajes que aluden al hecho de que en los últimos días, habrá señales en los cielos y la tierra que han de anunciar tanto el regreso de Cristo como la incorporación de nuevas almas a la gran cosecha. Compare los sucesos que ocurren cuando el Cordero abre el sexto sello, con las señales y prodigios profetizados en Joel 2 (señales abajo en la tierra, el oscurecimiento del sol y la luna roja de sangre).

«Miré cuando abrió el sexto sello, y he aquí hubo un gran terremoto; y el sol se puso negro como tela de cilicio, y la luna se volvió toda como sangre;

y las estrellas del cielo cayeron sobre la tierra, como la higuera deja caer sus higos cuando es sacudida por un fuerte viento. Y el cielo se desvaneció como un pergamino que se enrolla; y todo monte y toda isla se removió de su lugar» (Apocalipsis 6:12-14).

En Apocalipsis 11, Juan habla de los dos testigos, de los cuales dice: «*Y daré a mis dos testigos que profeticen por mil doscientos sesenta días, vestidos de cilicio»* (Apocalipsis 11:3). «*Estos tienen poder para cerrar el cielo, a fin de que no llueva en los días de su profecía; y tienen poder sobre las aguas para convertirlas en sangre, y para herir la tierra con toda plaga, cuantas veces quieran»* (v. 6).

En Apocalipsis 14, Juan ve a uno semejante al Hijo del Hombre, con una hoz afilada en la mano. Un ángel del cielo proclamó a gran voz: «*Mete tu hoz, y siega; porque la hora de segar ha llegado, pues la mies de la tierra está madura. Y el que estaba sentado sobre la nube metió su hoz en la tierra, y la tierra fue segada»* (Apocalipsis 14:15b-16).

Es difícil saber la interpretación exacta de estos pasajes, pero parece claro que la combinación de señales en la naturaleza, el incremento del ministerio profético y la gran reunión de almas no solo es dicha por Pedro en Hechos 2, sino también por Juan en Apocalipsis. En el discurso del Monte de los Olivos (Mateo 24 y 25) Jesús también usa el mismo lenguaje para describir los sucesos que precederán inmediatamente antes de su Segunda Venida.

«E inmediatamente después de la tribulación de aquellos días, el sol se oscurecerá, y la luna no dará su resplandor, y las estrellas caerán del cielo, y las potencias de los cielos serán conmovidas» (Mateo 24:29-30)

Al acercarnos al final de los tiempos, habrá un gran incremento de profecías, las cuales serán confirmadas por los actos de Dios en la naturaleza. La mayor profecía y la señal más grande jamás vista en los cielos será la última: la aparición de Jesucristo.

No lloverá

El 28 de mayo de 1983, el último de los veintiún días de ayuno y oración, Bob Jones se paró en medio de un grupo de alrededor de quinientas personas y pronunció una tremenda palabra profética. Dijo que iba a haber una sequía de tres meses en Kansas City, durante el verano. En efecto, la sequía fue desde fines de junio hasta fines de septiembre ese año. Siguió diciendo que podría llover el 23 de agosto. Dijo que esa sería una señal profética para que nosotros no nos cansáramos de esperar el momento preciso de la finalización de la sequía espiritual de la nación.

Así como la sequía natural en Kansas City sería interrumpida divinamente en un día predeterminado, la sequía espiritual también sería divinamente interrumpida en un momento determinado. En consecuencia, nuestro ayuno y oración, juntamente con la intercesión de muchas otras personas a lo largo de la nación, no era en vano. Dios quería que entendiéramos que había un momento divino, preciso, para que se derramara el Espíritu Santo en la iglesia de Estados Unidos y que ese avivamiento estaba estratégicamente colocado en sus manos. Aun cuando una profecía que anuncie la retención de la lluvia no es común, no por eso carece de antecedentes bíblicos. Elías le profetizó al rey Acab: «*Vive Jehová Dios de Israel, en cuya presencia estoy, que no habrá lluvia ni rocío en estos años, sino por mi palabra*» (1 Reyes 17:1).

Lucas también registra un suceso similar en la iglesia primitiva.

«*En aquellos días unos profetas descendieron de Jerusalén a Antioquía. Y levantándose uno de ellos, llamado Agabo, daba a entender por el Espíritu, que vendría una gran hambre en toda la tierra habitada; la cual sucedió en tiempo de Claudio*» (Hechos 11:27-28).

En apariencia, esos ministerios proféticos siguieron siendo parte del ministerio habitual de los líderes en Antioquía. Lucas describe de la siguiente manera a la joven iglesia de Antioquía: «*Había entonces en la iglesia que estaba en Antioquía, profetas y maestros*» (13:1).

La sequía en Kansas City no empezó de inmediato (hubo lluvia en el mes de junio), pero a fin de mes se cerraron los cielos. En el mes de julio y las tres primeras semanas de agosto tampoco llovió. Para ese entonces yo ya me había convertido en un experto observador meteorológico y sabía que para el 23 de agosto no había ningún pronóstico de lluvia. Estaba en juego mucha de la credibilidad del ministerio profético. Dudo que alguien estuviese tan tenso como yo. Sin embargo, esa no había sido idea mía. Pasado el mediodía llamé a un amigo de la iglesia, Steve Lambert. Le dije que no me parecía que fuera a llover.

—Será mejor que esperes que llueva —me contestó riendo— o tendrás que irte de la ciudad.

No le veía la gracia.

Nuestra iglesia tenía programada una reunión la noche del 23 de agosto. Justo antes de comenzar la reunión, cayó un tremendo aguacero que se extendió por casi una hora. Todos estaban gritando y alabando a Dios. La sequía continuó al día siguiente y duró otras cinco semanas. Tres meses en total, tal como había sido profetizado, con la excepción del 23 de agosto. Fue el tercer verano más seco en Kansas City en aproximadamente cien años.

Así como la manifestación sin precedentes de señales y prodigios se verá al final de los tiempos como una invitación a los perdidos, la irrefutable confirmación de la verdad profética será una gran fuente de estímulo para la iglesia. Inflamará nuestro fervor y nuestra pasión por Jesús, fortalecerá nuestra perseverancia y podremos esperar sin desmayar, y aun sufrir hasta el cumplimiento del tiempo.

Debido a esa dramática e inusual confirmación, nos alentamos grandemente para seguir orando por un avivamiento en Kansas City y Estados Unidos, y para no desfallecer hasta el tiempo en que fueran contestadas nuestras oraciones. Como mencioné anteriormente, el Señor también le habló de modo específico a nuestro grupo sobre la intercesión por el avivamiento en Gran Bretaña, Alemania e Israel. La confirmación de la palabra profética con hechos divinos en la naturaleza fortaleció nuestra fe para creer que así como la lluvia vino en el momento predicho, la lluvia espiritual también vendría en el momento preciso de Dios.

Revelación profética y sufrimiento

Un principio a destacar es la conexión entre la abundancia de la revelación y un alto grado de sufrimiento o prueba. De acuerdo a Pablo, ese aguijón en la carne le fue dado para evitar que se exaltase a sí mismo, a la luz de la abundancia de revelación que había recibido (2 Corintios 12:7). El aguijón le fue dado *a causa* de la revelación.

Por otro lado, daría la impresión de que Dios da revelaciones poderosas *debido a* las pruebas que algunos están por enfrentar. Pablo recibió una visión profética en preparación para enfocar sus esfuerzos misioneros hacia Macedonia en vez de Bitinia. Esa decisión terminó en el arresto de Pablo y Silas, su presencia ante los magistrados, los azotes con varas y finalmente que los arrojaran a ambos en una celda de máxima seguridad y los ataran al cepo (Hechos 16:6-24).

Ese principio de revelación previa a la tribulación, se repite muchas veces en las Escrituras: los milagros del Éxodo antes de la prueba del desierto; los sueños de José antes de ser vendido como esclavo; las victorias militares sobrenaturales de David junto a las palabras del profeta Samuel y muchas más. Así como el aguijón puede venir a causa de la revelación, también la revelación puede venir con el fin de prepararnos para la prueba futura. Una poderosa revelación profética con innegables confirmaciones equilibra a la gente en momentos de severas pruebas.

En los tiempos finales, las señales y maravillas de Dios en los cielos serán más grandes que esas primeras experiencias de la nieve, el cometa, el terremoto y la lluvia torrencial.

Qué grandioso es para los santos que están esperando el regreso físico y visible de Jesucristo, el que sean alentados por las irrefutables confirmaciones de su venida.

Aprendizaje forzoso

En cierta medida, nuestra iglesia perdió el equilibrio en eso. Muchos quedaron asombrados por esas confirmaciones naturales: el cometa, el terremoto y la sequía.

Algunas personas quedaron espiritualmente desequilibradas al idealizar a algunos ministros proféticos como Paul Cain y Bob Jones. Paul ni siquiera vivía en Kansas City, pero su reputación era enorme debido a lo que sucedía cuando nos visitaba.

La falta de equilibrio en ese aspecto nos condujo a hacer algunas dolorosas pero necesarias correcciones. El Señor es celoso de su pueblo y de sus afectos. Él no permitirá que hagamos, de líderes débiles y falibles, el centro y la fuente de su obra.

Habrá personas que respondan a esto: «¡Ajá! Esa es la razón por la cual no nos involucramos en el ministerio profético. Nos desequilibraría y quitaríamos la mirada de Jesús». Yo mismo he sostenido ese argumento más de una vez y he llegado a las siguientes conclusiones.

Primero, le he recordado a Dios que no fue idea mía involucrarme en el ministerio profético. Lo que nos pasó a nosotros fue una emboscada divina. Podemos decir: «¡Dios, tú nos metiste en esto!». Obviamente, fue una soberana orquestación de eventos.

Podríamos haber rechazado al Señor para dirigir la iglesia de manera tal que nada fuera de lo común, riesgoso, profético o sobrenatural fuera jamás bien recibido o aceptado. Sí, hubiese habido menos riesgo de que la gente se fuera, pero el Señor hubiera sufrido.

Quizás yo hubiese podido minimizar el ministerio del Espíritu Santo para que la gente no se emocionara tanto. Pero, la iglesia que resiste la dinámica profética puede caer fácilmente en la rutina espiritual. Dios programa la necesidad del empuje de lo profético, para estar apropiadamente estimulada con el fin de minimizar la incredulidad y el aburrimiento que invade a muchas congregaciones en la actualidad.

Segundo, estoy convencido de que el derramamiento del Espíritu, el ministerio profético y las señales y prodigios en la naturaleza, son parte del programa de Dios para los últimos tiempos. Ya sea que nos guste o no, lo que hemos vivenciado es solo una gota en el balde comparado con la magnitud y la frecuencia de lo que está por venir. Esto será más notorio en la iglesia cuando la venida del Señor se acerque.

Tercero, una de las razones más importantes para abrazar el ministerio profético es, simplemente, porque las Escrituras nos enseñan a seguir *«el amor; y procurad los dones espirituales, pero sobre todo que profeticéis»* (1 Corintios 14:1). «Así que, hermanos, procurad profetizar, y no impidáis el hablar lenguas» (1 Corintios 14:39) y *«No menospreciéis las profecías»* (1 Tesalonicenses 5:20). Es fácil menospreciar las profecías, pero Dios nos manda no programar nuestra mente para controlar la vida de la iglesia.

Aprendizaje de los errores

Puesto que creemos que lo que hemos experimentado es solo una pequeña muestra de la abundancia que va a vivir la iglesia, vale la pena compartir algunas cosas con las que hemos tropezado. Hemos aprendido algunas lecciones acerca de las profecías confirmadas con señales y prodigios en la naturaleza.

1. *No suponga que esos sucesos dramáticos significan que su iglesia será el centro del propósito y del plan de Dios para su área.* Eso luce simple pero, a través de la historia, la gente que ha sido testigo de la manifestación del poder de Dios ha terminado pensando que su grupo era el foco de atención del plan de Dios para esa generación. Cuando Jesús nació, los pastores vieron a los ángeles cantando en los cielos y los magos fueron testigos del mover de la estrella, pero seguramente que ninguno de los dos grupos estuvo presente el día de Pentecostés, treinta y tres años después.

   Dios se ha comprometido a usar a la iglesia completa, en unidad, en cada área. Aunque nunca nos creímos ser los únicos que Dios usaría, caímos en orgullo espiritual y nos emborrachamos cuando «se nos subió el vino a la cabeza» con estas revelaciones.

   Las confirmaciones proféticas en la naturaleza de las que fuimos testigos, estaban relacionadas con las palabras concernientes a lo que Dios haría más allá de los límites de Kansas City. Pudimos ser testigos de señales proféticas para fortalecer y estimular nuestro llamado a la intercesión por un avivamiento.

2. *No ponga excesivo énfasis en los vasos proféticos que Dios usa.* Hemos puesto demasiada atención en personas como Paul Cain y Bob Jones. Algunas personas suponen que debido a que ellos fueron usados de manera tan dramática, tienen que estar acertados en todo lo que dicen y hacen. El Señor nos corrigió amorosamente porque Él es celoso de su Hijo; Él quiere que su Hijo sea el foco central.

   De paso, Paul y Bob son muy diferentes el uno del otro y no se reúnen mucho. He pasado bastante tiempo con cada uno de ellos, pero nunca se relacionaron entre sí de manera significativa. Sus personalidades y su estilo para el ministerio son completamente disímiles. Ellos se relacionan con nosotros de manera diferente y hasta tienen creencias distintas sobre varios temas.

3. *En algunas ocasiones, una revelación fuera de lo común combinada con una extraordinaria confirmación puede ser usada para darle validez a cierto ministerio profético.* Ese fue el caso de Bob Jones y la caída de nieve repentina en la primavera de 1983. Sentimos que esa era la manera en que Dios nos estaba preparando para algo

específico que Dios quería decirnos por medio de Bob Jones. Aunque así sea, la iglesia tiene que proceder con suma cautela. La confirmación de un hombre reconocido como profeta no es una garantía universal para todo lo que diga o haga.

De vez en cuando, el Señor dará indicaciones a la iglesia que serán difíciles de llevar a cabo, sin una fuerte confirmación profética. Uno de esos hechos está registrado por Eusebio, el historiador del siglo tercero de nuestra era. Según Eusebio, el cuerpo completo de creyentes en la ciudad de Jerusalén se fue de ese lugar a causa de una revelación profética y, como consecuencia, se dispersaron. «Pero el cuerpo entero de la iglesia en Jerusalén, habiendo recibido por revelación divina la orden dada por medio de hombres aprobados por su devoción antes de la guerra, salieron de la ciudad y habitaron en cierta ciudad pasando el Jordán llamada Pella».[5] Inmediatamente después de haber partido de Jerusalén, la ciudad fue sitiada por el general romano Tito y destruida en el año 70.

Seguramente, Dios estableció la credibilidad de esos mensajeros proféticos ante los ojos de la iglesia antes de la crisis que se avecinó. No sé cómo confirmó el mensaje profético para que ellos salieran apresuradamente de la ciudad antes que Tito destruyera Jerusalén en el año 70. Lo que sí sé es que la gente no es tan fácil de persuadir a abandonar su casa y su ciudad. Por lo que la confirmación tuvo que haber sido lo suficientemente poderosa como para ser creíble.

Creo que hay una cualidad emergiendo en el ministerio profético en el cuerpo de Cristo de nuestros días, la cual logrará una credibilidad similar a los ojos tanto de la iglesia como, en cierto grado, de los líderes seculares y la sociedad. Algunos se burlarán de esta idea, ¡pero algún día puede que Dios use el ministerio profético para salvarlos a ellos de un desastre! El terremoto, la caída de nieve, el cometa y la lluvia torrencial fueron fenómenos naturales que interpretamos como confirmaciones naturales, porque se anunció que ocurrirían un día determinado y en relación con una visión profética. Algunos piensan que esos sucesos pasaron accidentalmente.

El punto de este capítulo no es dar una larga información que pruebe la validez de esos hechos vividos por nosotros, sino que quiero destacar dos cosas: en los últimos tiempos habrá señales proféticas innegables en los cielos y en la tierra, y la magnitud y la frecuencia de estos futuros eventos sobrepasará ampliamente todo lo visto con anterioridad.

Lo animo a que medite en lo que dice la Biblia acerca de estas señales proféticas de los últimos días. ¡Qué tiempos más emocionantes tiene por delante el cuerpo de Cristo!

Capítulo 4

Falsas conjeturas sobre los dones proféticos

—Qué lástima, Richard —le respondí—. Lamento que te sientas así.

Mi amigo Richard es un devoto y consagrado pastor nazareno, graduado de un seminario. En la actualidad, estamos bastante de acuerdo, pero al principio él estaba completamente impresionado y ofendido ante la idea de que personas proféticas pudiesen no estar correctas en alguna de sus doctrinas.

Richard aplicaba una fácil pero inadecuada ecuación para juzgar los dones espirituales. Él pensaba que un hombre con un historial de profecías acertadas también tenía que ser especialmente santo y sano bíblicamente, en la mayoría de las áreas doctrinales. Yo no estaba de acuerdo con eso.

Él no tenía experiencia con personas que tenían el don de profecía, aunque tenía sus teorías claramente elaboradas. Yo tenía mucha experiencia con personas proféticas y estaba recibiendo constante formación, a pesar de muchas de mis viejas teorías. Sí, las personas proféticas tienen que ser claras en las doctrinas básicas, tales como la persona y obra de Cristo, y el lugar de las Escrituras. Pero en asuntos menores de doctrina, puede que estén desinformados.

Una de las cosas más sorprendentes y esclarecedoras que compartí con algunos pastores evangélicos conservadores es que hay personas con dones válidos del Espíritu pero que siguen siendo carnales. Eso desafía la idea común de que, a mayor verdad, sabiduría y carácter, el resultado será mayor poder.

Muchos piensan que solamente los hombres maduros y piadosos son los que Dios usa en las demostraciones de poder, pero hay muchas excepciones. Lo que siempre sorprende, tanto a pastores carismáticos como a los no carismáticos, es que las personas puedan expresar los dones del Espíritu y seguir teniendo cosas sin resolver en sus propias vidas.

Muchos líderes suponen que si hay una pequeña grieta en la doctrina, sabiduría o carácter de una persona, esa es una prueba positiva de que los dones y el poder en sus ministerios no provienen de Dios.

Otra suposición errónea es la que se origina en la forma en que se ve la primera carta de Pablo a los corintios. Puesto que en esa carta se dan muchas instrucciones acerca de la carnalidad, así como la mayoría de las instrucciones de Pablo sobre los dones espirituales, hay personas que suponen que la carnalidad debe ser la causa del énfasis en los dones espirituales o viceversa, que los dones espirituales originaron la carnalidad. Hay un par de cosas equivocadas en esa conclusión.

Antes que nada, se basa en una suposición incorrecta. Los dones espirituales no siempre garantizan que anulan la carnalidad. No hay ninguna sugerencia en 1 Corintios que invalide los dones por usarlos de manera indebida. A pesar de que los corintios abusaron de algunos de ellos, Pablo continúa exhortándolos inflexiblemente: *«Seguid el amor; y procurad los dones espirituales, pero sobre todo que profeticéis»* (1 Corintios 14:1).

En segundo lugar, se ha sugerido que —dado que Corinto fue la única iglesia a la que Pablo le escribió una carta tan larga en relación a los dones espirituales— eso se debió a que los dones no estaban presentes en las otras iglesias paulinas. La naturaleza del Nuevo Testamento es tal que uno tiene que ser muy cuidadoso al armar un argumento basado en el silencio, como decir que las iglesias paulinas no sabían acerca de los dones espirituales, ya que Pablo no los menciona en las cartas que les escribió. Muchos de nosotros entendemos que las cartas de Pablo fueron escritas para dirigirse a ciertos temas y no como un catecismo.

Mi conclusión con respecto al silencio acerca de los dones espirituales en algunas de sus otras cartas es que, obviamente, él sentía que los estaban usando de manera correcta. No había que darle ni indicaciones adicionales ni corregir a las demás iglesias sobre el tema de los dones espirituales.

De la misma manera se podría pensar que, por el hecho de que Pablo no mencionara la cena del Señor en muchas de sus cartas a las demás iglesias, estas no supiesen acerca de la práctica de la comunión. Primera Corintios es la única carta en la cual Pablo menciona la santa comunión, aunque, sin lugar a dudas, se practicaba usualmente en todas las otras congregaciones, aunque no en todas las reuniones.

Los abusos no descalifican la práctica de la cena del Señor ni la de los dones espirituales. La Primera Carta a los Corintios nos enseña que los dones válidos del Espíritu no siempre funcionan en personas completamente maduras, sabias o correctas en cuanto a lo doctrinal.

El don de gracia

La palabra que se emplea en el Nuevo Testamento para los dones espirituales es *carisma* o, literalmente, «don de gracia». En otras palabras, estos dones se dan libremente; no se ganan.

Fue Simón el mago el que malinterpretó los dones y el poder del Espíritu, pensando que podía comprarlos (Hechos 8:18-24). Pensamos que fue un pensamiento terrible. Sin duda que Simón tenía una idea errónea y Pedro lo reprendió con severidad a causa de la maldad de su corazón, lo que le había permitido concebir la idea de poder comprar el poder de Dios. Pero no hay mucha diferencia entre ganar los dones y comprarlos. El dinero no es más que el resultado del esfuerzo y el trabajo. Opuesto a algunas conjeturas sostenidas comúnmente, los dones y el poder de Dios se distribuyen de acuerdo a la voluntad del Espíritu Santo.

«Pero todas estas cosas las hace uno y el mismo Espíritu, repartiendo a cada uno en particular como él quiere» (1 Corintios 12:11).

Los dones no se dan como una muestra o señal de la aprobación de Dios al nivel espiritual de madurez de una persona. Tampoco se ganan por nuestra consagración. Son dones de gracia.

Pablo les escribió a los gálatas, que tenían dificultades en entender la gracia, por lo que seguían anteponiendo las obras y la ley al hacer sus conjeturas.

«¡Oh gálatas insensatos! ¿quién os fascinó para no obedecer a la verdad, a vosotros ante cuyos ojos Jesucristo fue ya presentado claramente entre vosotros como crucificado? Esto solo quiero saber de vosotros: ¿Recibisteis el Espíritu por las obras de la ley, o por el oír con fe? ¿Tan necios sois? ¿Habiendo comenzado por el Espíritu, ahora vais a acabar por la carne?» (Gálatas 3:1-3).

Aparentemente, los gálatas habían tenido una vivencia del Espíritu Santo y, con ella, cierta manifestación de los dones espirituales. Pablo les recuerda que así como los dones espirituales son por gracia, también lo es la justificación. Tampoco se puede dar vuelta a esa idea. Así como somos salvos por gracia, no por obras ni por méritos, recibimos los dones del Espíritu por gracia, no por obras.

Al cojo que pedía limosna, Pedro y Juan le ordenaron que caminase en el nombre de Jesús. Cuando Pedro vio el asombro de la gente por la sanidad, dijo: «*Varones israelitas, ¿por qué os maravilláis de esto? ¿o por qué ponéis los ojos en nosotros, como si por nuestro poder o piedad hubiésemos hecho andar a éste?*» (Hechos 3:12).

Pedro quería resaltar claramente ese hecho y en forma rápida, antes que supusieran cualquier cosa falsa. La manifestación del poder de Dios no era una señal de su propia santidad personal. Él continuó diciendo: «*Y por la fe en su nombre, a éste, que vosotros veis y conocéis, le ha confirmado su nombre; y la fe que es por él ha dado a éste esta completa sanidad en presencia de todos vosotros*» (Hechos 3:16).

La sanidad fue el resultado del propósito de Dios en su tiempo, por hechos en fe en el nombre de Jesús; una fe que viene de Él. Ese pasaje tiene muchas implicaciones. Pero si hay algo que dice es que el milagro no tenía que ver con Pedro o con su espiritualidad. Tenía que ver con Dios y su propósito.

Cómo ser el don

Pablo les escribe a los efesios: «*Pero a cada uno de nosotros fue dada la gracia conforme a la medida del don de Cristo*» (4:7).

Lo que Pablo dice en los versículos siguientes deja claro que el *don* al cual se refería era un *don ministrador.*

«*Y él mismo constituyó a unos, apóstoles; a otros, profetas; a otros, evangelistas; a otros, pastores y maestros*» (11).

No podemos dejar de notar el concepto erróneo acerca de las personas ungidas a las que se refiere este pasaje. Comúnmente suponemos que a la gente se le da el don de profeta, pastor o evangelista.

Pablo lo vio diferente. «*Y él mismo constituyó a unos, apóstoles … profetas … evangelistas … pastores y maestros*». Claramente, el ministrador «era el don» para la iglesia. La unción del don no era en beneficio del que lo ministraba.

Eso cambia por completo la manera en que lo vemos. Los dones de Dios no son para nuestra promoción o estima. Le son distribuidos a las gentes que se convierten en recipientes y conductores de la misericordia de Dios en beneficio de los demás.

El don de Dios en la vida de una persona no es una señal que corrobore su consagración, su sabiduría o su doctrina como totalmente verdadera. Hay que comprender el significado de Efesios 4:7 como que, por gracia inmerecida, a cada persona se le dan dones con el propósito de ser usados para bendecir a otros.

Los dones del Espíritu Santo, ya sean en forma de manifestaciones de poder y revelaciones, o en forma de personas que nos ministran, tienen el propósito de bendecir a la iglesia. No obstante, a la mayoría de nosotros nos cuesta evitar la tentación de ver los dones sobrenaturales del poder de Dios a través de un individuo como un símbolo de la aprobación sobre su vida, su madurez espiritual y su doctrina. Cuanto más significativo sea el don y el poder, mayor aprobación de Dios, al menos, así parecería.

Si entendemos que las manifestaciones del Espíritu son para el bien común y no en beneficio del individuo que Dios usa, tropezaremos menos con esa idea de que Dios usa personas imperfectas —con frecuencia, gente inmadura— para bendecir la iglesia.

Por gracia, solo por medio de la fe

No estoy sugiriendo un método que prescinda de la ley al usar los dones espirituales, de la misma forma en que aquellos que predican la salvación y la justificación solo por la fe, sugieren vivir sin ley, dependiendo falsamente de la gracia como una salida fácil.

Estoy deseoso de fortalecer nuestras convicciones y examinar con cuidado todas las cosas, aunque vengan de un recipiente profético que esté poderosamente ungido.

En su represión a los gálatas, Pablo usa la idea de recibir los dones del Espíritu por fe y no por obras, como una analogía del recibimiento de la justificación por fe y no por obras (Gálatas 3:1-5). En mi mente hay una gran diferencia entre inmadurez, falta de sabiduría y aquellos que están en deliberada rebelión y desafían a Dios, incluidos hasta siervos carnales.

La gente en rebeldía y desafiante con Dios será sujeta a un severo interrogatorio si pretende proclamar ser usada por el Espíritu Santo en profecía y sanidad o en otros dones espirituales.

La idea completa de la gracia es totalmente contraria a nuestra natural manera de pensar; los dones —hasta el de la salvación— se otorgan en base a la gracia, solamente por medio de la fe, sin requerir ningún mérito o esfuerzo personal. Todas las demás religiones no cristianas tienen alguna receta para la salvación o la unión con Dios, basada en las obras. En esa creencia, tan común como falsa, el hombre debe ganarse el perdón, debe esforzarse diligentemente para alcanzar la separación existente entre el hombre y Dios. En verdad, es difícil comprender que pueda ser de alguna otra manera.

El punto de este capítulo no es la justificación, sino los dones y las manifestaciones del poder del Espíritu Santo en la iglesia. Sin embargo, se aplica el mismo principio. No hay manera en que alguien pueda entender apropiadamente la justificación por la gracia —y solo por medio de la fe— sin mirarla desde la perspectiva de Dios.

Al ver la santidad de Dios por un lado y la profundidad del pecado del hombre por el otro, muchas cosas se ven bajo una nueva luz. La justificación solo por la fe únicamente tiene sentido cuando usted se da cuenta de que ninguna cantidad de esfuerzo humano puede unir el inmenso abismo de separación. La solución de Dios en la cruz tiene sentido cuando usted se da cuenta de que las conjeturas humanas son inútiles y defectuosas.

Ninguna cantidad de consagración o santificación puede lograr el derecho a poseer los dones del Espíritu, más que la indulgencia puede lograr el perdón1 o el dinero de Simón puede comprar el poder de Dios. Los dones del Espíritu se otorgan en base a la gracia de Dios, no en base a la madurez, la sabiduría o el carácter de la vasija.

Como consecuencia, tenemos que aprender a reconocer los dones auténticos del Espíritu Santo en la vida de las personas, a pesar de que están muy lejos de ser perfectos. La alimentación y administración cuidadosa de esos dones nos permite disfrutar de los beneficios de los depósitos que Dios ha puesto en creyentes inmaduros. Estos depósitos se hicieron con el propósito de bendecir a la iglesia.

Comparada con la pureza y la santidad de Dios, la diferencia entre el mejor y el peor de nosotros no es tan grande como imaginamos. La vida y el ministerio de Jesús nos muestran cómo es Dios, en realidad. Sin embargo, seguimos teniendo ideas erróneas acerca de las categorías del pecado para Dios.

En los tiempos bíblicos Dios perdonaba y extendía su gran misericordia a personas que, según nuestro estándar, habían hecho algo muy despreciable. Sin menospreciar la gravedad de algunos pecados serios en nuestra lista, Jesús mostró que la opinión personal acerca de cosas como el orgullo, la hipocresía, el trato a los pobres, la falta de perdón y la autojustificación eran más serias para Él de lo que podríamos imaginar. Eso viola algunos de nuestros conceptos preconcebidos y nuestra categoría acerca de los «pecados verdaderamente malos».

«El hombre mira lo que está delante de sus ojos, pero Jehová mira el corazón» (1 Samuel 16:7). Parecería que Él es paciente y misericordioso con las personas que hacen cosas malas debido al hecho de que les falta sabiduría, son inmaduros o simplemente débiles. Pero con aquellos que persisten deliberadamente desobedeciendo a Dios, queriendo hacer mal uso de la gracia para seguir cometiendo pecados, Dios ejecuta sus juicios, exponiendo esa rebelión deliberada.

El problema para nosotros es que es muy difícil saber lo que verdaderamente hay en el corazón de la gente o cómo Dios los percibe. Debemos tener cuidado al juzgar como inválidos los dones espirituales debido a la debilidad e inmadurez de las personas. Puede que Dios esté más interesado en que se logre lo que Él ha planeado en la vida de una vasija profética, que en juzgar a esa persona.

Primera conjetura falsa: «El carácter es igual a la unción»

Las conjeturas son tanto a favor como en contra, inclusive las que se interpretan erróneamente. Por lo tanto, los que suponen erradamente que los dones espirituales y la unción respaldan al carácter, llegarán también a la conclusión de que es el carácter el que produce los dones espirituales. Eso anima a mucha gente en ciertos círculos a «falsearlo» para no parecer «sin talentos». También implica que la gente más espiritual, madura y justa es aquella que tiene los dones más fecundos. Si como iglesia están empezando a andar por ese camino de suposiciones, van a tener un viaje muy extraño.

Esa manera de pensar coloca a la gente en un lugar de condenación, sobre todo cuando los demás están profetizando, teniendo sueños proféticos y viendo visiones. Por experiencia, puedo decir que eso ejercerá mucha presión sobre la gente si sienten que son menos espirituales que aquellos que tienen gran poder.

Así me sentí por un tiempo y el resultado fue que renuncié a mi posición de liderazgo. La iglesia estaba herida y lastimada con mi decisión, la que demostraba mi inseguridad y falta de humildad.

Recuerde que la mayoría de las personas proféticas no tienen el don de liderazgo que es esencial para la salud, el equilibrio y la seguridad de una iglesia. Una congregación dirigida solamente por profetas no es un ambiente seguro para el pueblo de Dios. Una de las cosas más importantes por hacer en una iglesia que quiere nutrir y administrar el ministerio profético es deponer el misticismo y los deseos carnales de aparentar una superespiritualidad. Tenemos que quitar la vista de la gente y mantenerla fija en Jesús y en su propósito con nosotros. Esto no es un concurso de belleza espiritual, pero se puede convertir muy rápidamente en eso si la gente ve los dones como señales meritorias, en vez de verlo como una bendición para la iglesia. No se trata de la vasija. Hay que amar al Señor y construir su iglesia.

El hecho de que el poder y la revelación fluyan a través de ministros proféticos no es, necesariamente, una señal de que Dios esté complacido con otros aspectos de su vida. A veces, los dones proféticos seguirán operando aunque haya un desmoronamiento interior en la vida del profeta.

Las personas con prominentes dones espirituales, así como las que han sido llamadas al liderazgo, tienen que estar en constante alerta contra la arrogancia. Eso quiere decir, simplemente, que usted, su posición o su propósito son tan importantes que lo juzgan con más indulgencia. Las personas altivas son quienes creen que porque están haciendo una labor tan importante para Dios y porque el poder de

Dios se manifiesta a través de ellos, no se les toman en cuenta cosas como la integridad, la sinceridad y la bondad, especialmente en las cosas pequeñas de la vida.

Esa tentación al autoengaño es lo que ataca a mucha gente en posiciones de poder e influencia. Es un gran engaño porque la verdad es todo lo opuesto. «*Y al que mucho se le haya confiado, más se le pedirá*» (Lucas 12:48).

Toda persona por medio de la cual operan los dones espirituales, así como toda aquella en posición de privilegio o liderazgo, debe estar muy alerta al día de ajuste de cuentas que se acerca. Un día estaremos delante de Dios y Él hará la evaluación final de nuestra vida y nuestro ministerio (1 Corintios 3:11-15).

Dios tiene misericordia de las vasijas débiles, y manifestará sus dones por medio de ellos, a pesar de que las cosas no estén muy bien interiormente. Pero, no se engañe. Las cosas no van a seguir así para siempre. Es como un perro atado con una correa larga; puede perseguir al gato hasta cierto límite, pero a su tiempo y repentinamente la correa alcanzará su máxima extensión.

Algunos hijos de Dios han sido expuestos como ejemplo de que Él es paciente con sus pecados, y que no se arrepiente de haberles dado dones. Otros son ejemplos de otra cosa; a su tiempo, Dios llama a sus siervos a rendir cuentas de su mayordomía. La disciplina de Dios se ve de manera más explícita en este grupo y nos lleva a temer a Dios (1 Timoteo 5:20-24).

Saúl fue un ejemplo de ambas maneras en las que Dios elige trabajar con sus siervos. Él siguió siendo rey de Israel aun con su pecado y su rebelión, y fue usado pacientemente por Dios para ganar grandes batallas. Dios bendijo parcialmente a Israel bajo el reinado de Saúl a pesar de sus pecados, pero solo hasta cierto punto.

Saúl había perdido tanto el temor del Señor como la consciencia de que Dios estaba mirando y pesando sus acciones. Con el paso del tiempo, el monarca se pasó de la raya.

El mensaje para los profetas, líderes y miembros de iglesia es este: los dones de Dios se otorgan libremente como señal de su misericordia, no de su aprobación. No menosprecie los dones espirituales valederos que se manifiestan en personas espiritualmente inmaduras. Además, no se engañe ante la gracia y la paciencia de Dios con las vasijas proféticas que siguen ungidas por una temporada, mientras continúan en su carnalidad. A su debido tiempo, Él nos llamará a todos a rendir cuentas de nuestra mayordomía con los dones que nos ha confiado.

Segunda conjetura falsa: La unción equivale al respaldo divino al estilo del ministerio

Los beneficios que tuvimos en la iglesia como resultado del ministerio profético vinieron acompañados naturalmente de algunos dolores de cabeza. Las mayores dificultades han tenido que ver con el estilo de ministerio y la metodología.

En el capítulo 5 hablaré de algunas de las cosas que Dios hace, las que parecen extrañas e inusuales. Él a veces ofende la mente para revelar el corazón. El punto aquí, no obstante, es el estilo poco ortodoxo y la metodología que las personas proféticas pueden llegar a adoptar a causa de su propia debilidad.

He sostenido algunas largas y dolorosas discusiones sobre este tema con algunas personas proféticas de nuestra iglesia, desde los más avezados hasta los que están empezando a experimentar el don. En los casos más problemáticos, la gente —y hasta la misma palabra profética— parecía estar ungida por el Espíritu Santo, pero la forma de expresarse estaba fuera de lugar.

Si la gente no es de carácter responsable, lo que empieza como una metodología inusual se puede tornar en exageración y manipulación. En muchos casos he tenido que decir: «Debes dejar de hacer eso».

Con frecuencia, las personas proféticas son tentadas a pensar que su estilo y su método, en particular, son esenciales para la unción de la obra a través de sus vidas. Puede que digan: «No; lo tengo que hacer de esta manera o si no la unción de Dios no se manifestará a través de mí».

La metodología o el estilo ministerial no producen ni poder ni unción. Esa es otra conjetura falsa en la que cae mucha gente. Porque usted estaba parado en determinado lugar, haciendo determinada cosa cuando Dios le habló, se movió o sanó, no significa que esa circunstancia tenga algo que ver. Sin embargo, la gente trata de repetir la experiencia para ver otra vez el poder de Dios.

El Señor ha usado con frecuencia a Bob Jones, permitiendo que imponga sus manos en las manos de otras personas. A veces pone sus dedos sobre los dedos de otro y mientras tanto Dios le revela cosas específicas por medio del Espíritu Santo, cosas que Él quiere que Bob le diga a la persona. Bob Jones ha sido extremadamente acertado en su ministerio profético. Sin embargo, su método "dedo-a-dedo" se convirtió para muchos en *la forma* del discernimiento del Espíritu Santo. Por supuesto que eso es ridículo. El discernimiento viene por el Espíritu Santo, no por la metodología.

He visto toda clase de gente en todo el cuerpo de Cristo, imitando estilos y métodos porque creen que el eso es la llave. Pero la llave para operar el poder de Dios es la persona del Espíritu Santo. Debemos tener cuidado, constantemente, de pensar que si la reunión de oración de la mañana se hace como siempre se hizo, y el líder de adoración dirige las mismas canciones ungidas de siempre, entonces, tal vez, Dios vuelva a repetir lo del cometa. Eso es superstición espiritual.

Algunos ministros proféticos hacen esas extrañas conjeturas en su mente. El lugar tiene que estar en determinadas condiciones. La música tiene que ser precisamente esa. No debe llorar ningún bebé, es posible que eso haga que el Espíritu Santo se vaya. Es como el jugador de pelota que, antes de un partido, se pone las mismas medias y sigue la misma rutina supersticiosa.

¿Qué pasa entonces si el bebé llora o el lugar no está en las mismas condiciones? ¿Qué tiene eso que ver con la personalidad del Espíritu Santo y su unción? Probablemente, el Espíritu Santo no sea tan asustadizo y fácil de apagar por la «falta de ambientación», como piensan algunas personas.

Lo que solemos llamar «una reunión ungida», por lo general se refiere a crear y mantener la atmósfera y la disposición correctas. Los evangélicos conservadores siempre operan con esto, algunos buscan las palabras exactas y las canciones que predispongan a la gente para hacer el llamado al altar. Si pueden disminuir la potencia de la luz, mejor aún.

Debemos evitar pensar que la metodología libera el poder de Dios, o que el Espíritu no se pueda mover sin los adecuados métodos humanos.

La música puede organizarse de tal forma que sea más agradable y placentera. Está bien hacer eso, pero no es necesariamente lo mismo que la bendición del Espíritu Santo o la presencia de Dios. En algunas iglesias suben el volumen y dejan sonando el saxofón, y dicen: «¡Esto está que arde!»

Existe la tendencia natural en algunos de nosotros a tratar de sistematizar las experiencias espontáneas. A veces pensamos que si descubrimos el método clave, lo podremos controlar. Si las personas tienen éxito en su ministerio (o aparentan tenerlo) entonces comienzan a manipular también a la gente. He tenido que advertirles a algunos para que cambien sus métodos, porque básicamente eran manipuladores y controladores, aunque sin intención.

Las personas reconocidas como hombres y mujeres ungidos por Dios tienen, en potencia, un poder de sugestión. El líder que sucumbe a esa sugestión o manipulación puede que hable de esta manera: «Venga si quiere un toque de Dios. Vamos a orar y, si usted es realmente sensible al Espíritu, caerá bajo el poder de Dios».

Siempre y cuando se le diga a la gente que se va a caer, que va a recibir una palabra profética o que va a hablar en lenguas, se está usando el poder manipulador de la sugestión. He visto a un conocido ministro reprendiendo a la gente porque no se caía cuando él oraba. A una mujer le dijo:

—¡Escuche: solo reciba!

—Estoy recibiendo —le contestó la mujer.

—¡No me diga que está recibiendo! ¡Está ahí parada, resistiendo! —le dijo el ministro.

Empezaron a discutir allí mismo. Él quería que ella se cayera como una señal de que Dios la estaba tocando.

Los ministros con poder y dones proféticos que no están en una relación equilibrada con los miembros de la iglesia, con frecuencia permiten que sus tendencias metodológicas dominen sus ministerios. Es mucho más difícil dejarse llevar por la manipulación y la jactancia cuando usted está cercanamente relacionado a un grupo equilibrado, que vive en un mundo real.

Algunas personas en el ministerio empujarán y presionarán hasta que el individuo por el que están orando se caiga. Para ellos se ha convertido en una misión personal, porque está expuesta su imagen pública. Eso es pura manipulación.

Las falsas conjeturas y los cálculos erróneos acerca de la metodología llevan a las exageraciones. El método se convierte en el falso sostén. Los métodos de la ministración están funcionando al máximo, pero no está sucediendo nada santo o sobrenatural. Pero, está en juego la credibilidad del ministro, y él piensa que tiene que producir efectos. Puede que él crea que la prueba segura de una fórmula o método es que funcione todas las veces.

Cuando la gente ha llegado tan lejos, se siente presionada a decir que Dios está obrando, aunque no lo esté haciendo. Ese es un grave error.

Esos ministros han comenzado a andar por un camino de emociones ficticias y metodología institucionalizada. Temen decir que Dios no se está moviendo en determinado ministerio porque, si lo hacen, piensan que todo se derrumbaría. Hay demasiado interés en preservar la fórmula o la imagen.

Algunas personas levantan organizaciones alrededor de una rama en particular de la metodología con la que se han hecho famosos. Contratan personas para el equipo, forman organizaciones y trabajan para mantener la máquina andando. Pero un día, todo el mundo se dará cuenta y admitirá que el rey no tiene ropa. No está pasando nada. Se ha convertido en una conspiración de simulación.

Los dones y las manifestaciones son dados según el Espíritu Santo lo desee. Podemos orar, danzar y gritar toda la noche como los profetas de Baal, pero si el Espíritu Santo no se quiere mover, no se va a mover. Eso es asunto de su incumbencia.

A veces Dios toma una prueba sorpresiva, reteniendo su poder por un tiempo para ver si el líder confía humildemente en Él, en vez de aparentar siempre estar ungido. En su misericordia, Él nos hace una evaluación rápida que muestra nuestros motivos, a fin de ayudarnos a estar preparados para el examen final de los últimos días.

Queremos desterrar esa especulación falsa que dice que si usted sigue una fórmula, Dios manifestará su poder. Creo que en ciertas ocasiones Él no lo hace, estratégicamente, para desviar el corazón de la gente del ministro y de los métodos.

A veces, Él suelta su Espíritu para que saquemos la confianza de la metodología. Nuestro deseo es no vernos nunca débiles, pero el testimonio de Pablo fue que él se gloriaba en sus debilidades, para que el poder de Cristo morase en él (2 Corintios 12:9-10).

Existe cierto misticismo espiritual intrínsecamente entretejido en el ministerio profético. Después de todo, escuchar directamente al Dios viviente es algo asombroso. Cuando la gente receptiva y hambrienta rodea a una persona ungida proféticamente, teme y a la vez anhela que esta persona revele sus secretos y la perspectiva divina. Por lo general, las personas se aferran a cualquier palabra que dicha persona pronuncie. Esa dinámica hace que ambas partes sean vulnerables a tentaciones únicas. Sin embargo, creo que es carnal utilizar cualquier misticismo que pueda envolver el ministerio profético para influenciar a la gente. Por desdicha, eso sucede con bastante frecuencia. Muchos individuos con el don profético empiezan a tomarse muy en serio a sí mismos o les gusta sentir que tienen influencia sobre los demás. Son tentados a hacerse ver como más espirituales, santos y sensibles de lo que son.

He observado que es más fácil envolverse con el ministerio profético que con cualquier otro papel que uno pueda desempeñar en el cuerpo de Cristo. La gente profética, por lo general, se sujeta a las expectativas de los demás, de que ellos siempre están escuchando a Dios, ¡ya sea que Él les esté diciendo algo o no!

Creo que tendríamos que hacer las cosas un poco «más difíciles» para Dios cuando de demostrar su poder se trata. Permítame explicarlo.

He ponderado cómo Elías derramó agua en los sacrificios del Monte Carmelo (1 Reyes 18). No echó combustible ni lo encendió frotando un fósforo en su espalda. Tenía confianza en que del cielo caería el fuego de Dios que consumiría el sacrificio, aunque estuviera mojado.

Yo retaría a los ministros proféticos a poner un poco de «agua en los sacrificios» que preparan, y a confiar de verdad en que Dios muestre su poder sin sentir la presión de ellos tratando de ayudarlo. De modo que, cuando se manifieste su poder, la gente no va a glorificar al profeta de Dios sino a Dios en el profeta.

Los desafío a que arrojen el manto sobre el misticismo de la profecía y rehúsen, deliberadamente, usarlo para ganar favor, alabanza, oportunidades, simpatía, confianza, afecto o dinero. Les pido que se impresionen con Dios y su poder, y no tanto consigo mismos.

Tercera conjetura falsa: La unción equivale a la doctrina correcta

A lo largo de la historia de la iglesia ha habido una gran cantidad de personas ungidas que han aparecido con doctrinas extrañas. Han supuesto erróneamente que una persona a la cual Dios usa en un auténtico ministerio profético o de sanidad tiene que estar totalmente correcta en lo referente a su doctrina.

El ejemplo más notable en la historia reciente es el de William Branham.

Branham, pobre y sin educación, comenzó su ministerio en 1933. Era un evangelista bautista itinerante y a sus reuniones asistían, a menudo, miles de personas; tantas que llegó a reunir hasta veinte mil asistentes. Su ministerio se caracterizaba por asombrosas manifestaciones de sanidad y palabra de conocimiento.

Con mucha frecuencia, cuando la gente se le acercaba en busca de sanidad, Branham podía describir sus enfermedades y dar algunos datos precisos e información acerca de ellos, y hasta llamarlos por su nombre. Mucha gente insistía en que el don era absolutamente correcto.

Un estudioso de Branham en Suiza, que luego llegó a ser historiador, dijo: «Que yo sepa, no se ha equivocado jamás».1 Las sanidades también eran asombrosas y numerosas.

Branham cayó en ciertas herejías doctrinales, sin llegar al punto de negar a Jesús como Salvador y Señor o de dudar de la autoridad de las Escrituras. Al afirmar la deidad de Cristo, negaba la Trinidad. Se atribuía ser «el ángel» que hablaba a las siete iglesias de Apocalipsis 3. Eso creó gran confusión entre sus seguidores. Ellos pensaban que si Dios le estaba dando información profética genuina acerca de la vida de la gente, entonces ¿por qué Dios no le daría también la sana doctrina? Pero el don de profecía no asegura en lo más mínimo que usted tendrá el don de enseñanza ni viceversa.

El problema es que la gente con fuertes poderes y ministerios proféticos no están satisfechos. El que Dios los use para profetizar y en milagros de sanidad se vuelve algo común para ellos y ya no sienten entusiasmo profetizando. Casi siempre quieren ser maestros y se empeñan en serlo.

Una de las partes más difíciles del ministerio profético efectivo es mantener las opiniones personales aparte. Como contraparte de esto, los maestros tienen una plataforma desde donde pueden exponer sus propias ideas. A menudo, las personas proféticas se irritan con eso, cosa que no pasa con los maestros. Es sumamente importante que los ministros proféticos sean parte del plantel de una iglesia, en la que también haya maestros dotados. Si no son parte de un equipo, están tentados a asumir demasiadas responsabilidades y a aventurarse fuera de su llamado.

Cuando las personas proféticas y los evangelistas se separan de la iglesia, casi siempre se sienten tentados a asentar doctrinas de la misma manera en que a veces lo hace una persona con el don de maestro. Algunas de las doctrinas desequilibradas tan ampliamente difundidas en el cuerpo de Cristo provienen de personas con grandes audiencias en la radio y la televisión. Enseñan a las multitudes, las que se han reunido a causa de los dones sobrenaturales del Espíritu que opera a través de ellos.

No obstante, si no tienen el don de la enseñanza, cultivado por medio de un apropiado adiestramiento en las Escrituras, seguramente van a enseñar una doctrina desequilibrada.

El ejemplo más común que conozco es el «don de proyección». Muchos profetas ungidos les han transmitido esta noción a sus seguidores: «Si estás verdaderamente cerca del Señor y eres sensible al Espíritu como yo, estarías haciendo las mismas cosas que yo hago».

Las personas que piensan así han fracasado en cuanto a percibir la sofisticada y hermosa diversidad del cuerpo de Cristo. En su intento por animar a los creyentes, sin querer, los desaniman.

Los ministros proféticos deben ser cautelosos con algunas trampas que pueden surgir. Para darle credibilidad a lo que enseñan, pueden ser tentados a no ser honestos con las autoridades bajo las que están trabajando. He oído algunas personas comenzar declarando lo que el Espíritu les ha dicho e inmediatamente exponer sus propias ideas como si estuviesen profetizando. El problema se suscita cuando fallan en distinguir entre una revelación profética del Espíritu Santo y sus propias enseñanzas u opiniones.

La mayor parte de la congregación no podrá darse cuenta dónde termina una y en qué lugar empieza la otra. El pastor maestro de la iglesia debe vigilar eso muy cuidadosamente en los ministros con dones proféticos.

Los pastores deben tener cuidado para no permitir que se asuma que el poder milagroso y las revelaciones le dan validez y precisión a todo lo demás que diga el profeta.

En beneficio de todos

Las falsas conjeturas acerca de los dones espirituales y lo que significan, a la larga pueden causar que aceptemos algo malo y descartemos algo bueno. Los dones de poder no respaldan, necesariamente, el carácter o la metodología. Tampoco los grandes milagros de un profeta le dan validez a su doctrina.

Lo más importante para recordar es que *«a cada uno se le da la manifestación del Espíritu para el bien común»* (1 Corintios 12:7 bdla).

Los dones espirituales se dan para bendecir el cuerpo de Cristo, no para exaltar a la persona por medio de quien se manifiestan. Una persona profética correcta permitirá que sus dones sean gobernados como dice 1 Corintios:

«Así también vosotros, pues que anheláis dones espirituales, procurad abundar en ellos para la edificación de la iglesia» (14:12).

A Dios le complace usar personas débiles e imperfectas para que Él reciba la gloria.

Capítulo 5

Dios escandaliza la mente para revelar el corazón

La introducción al ministerio profético en nuestra iglesia fue algo bastante difícil para mí, puesto que menosprecié las formas extrañas que empleaban algunos de los hombres de Dios. También me molestaban algunos de sus métodos raros, porque eran completamente extraños a todos mis antecedentes evangélicos.

No se trataba solamente del ministerio profético lo que me molestaba; las otras manifestaciones de la obra del Espíritu Santo parecían ser contrarias a mi sentido de orden y respetabilidad. Antes de poder seguir adelante con lo que Dios quería hacer con nosotros, tuve que lidiar con lo que me estaba causando molestias en mi mente.

Los cristianos hemos creado muchas suposiciones religiosas en relación a la forma en que Dios obra en nosotros. Decimos que Él es un caballero, que nunca invadirá nuestra privacidad, sino que muy diplomáticamente se parará en la puerta, golpeará suavemente y esperará con paciencia.

Muy a menudo se enseña que el Espíritu Santo es extremadamente silencioso y tímido. Si queremos que se mueva, debemos quedarnos muy quietos y callados. Algunos piensan que si un bebé llora, el Espíritu se apaga o hasta se va. Eso parece ridículo, pero algunos pentecostales y evangélicos conservadores funcionan bajo esa creencia.

Pablo instruye a los corintios para que no prohíban las lenguas ni la profecía, sino que *«hágase todo decentemente y con orden»* (1 Corintios 14:40). Nuestro grupo de líderes ha trabajado arduamente para crear la atmósfera en la cual el fluir libre de los dones espirituales pueda manifestarse *«decentemente y con orden»*.

Sin embargo, las instrucciones de Pablo para ponerle freno a las personas que operaban en la carne se interpretaron de manera tal que es como si el Espíritu Santo obrara de acuerdo a *nuestro* sentido de orden y respetabilidad. No fue así en el Antiguo Testamento, ni en la iglesia primitiva, ni en los avivamientos a lo largo de la historia. Hay dos hechos que están claros. Primero, *el Espíritu Santo no parece estar demasiado preocupado con nuestra reputación.*

El derramamiento del Espíritu Santo no tomó muy en cuenta la respetabilidad de aquellas personas reunidas en el aposento alto. *«Estos hombres no están borrachos como ustedes creen»*, dijo Pedro. Algunas personas parecen estar borrachas como resultado de la llenura del Espíritu Santo.

¡Puedo imaginarme a Pedro predicando el sermón de Hechos 2 bajo los efectos de la alegría celestial!

Pedro dirigió su primer sermón a los visitantes que acudían a Jerusalén desde otros lugares a celebrar la fiesta de Pentecostés. Muchos de ellos eran personas que se quedaron atónitas y perplejas al oír alabanzas a Dios en sus propios idiomas (Hechos 2:8-12).

No obstante, Pedro también predicó para quienes eran los más religiosos de todos: los fariseos judíos de Judá, que se escandalizaron porque los creyentes *«estaban borrachos»* (v. 13). El comportamiento de los discípulos les pareció inadecuado a los líderes religiosos; sin embargo, era la obra del Espíritu Santo en plena acción.

El segundo hecho de la forma en que el Espíritu Santo trabaja con nosotros es el siguiente: contrastando con la diplomática, tímida y amable imagen que tenemos de él, *el Espíritu Santo, intencionalmente, escandaliza a la gente.*

A Dios le agradó que los gentiles se ofendieran por la necedad del mensaje del evangelio y que para los judíos fuese piedra de tropiezo (1 Corintios 1:21-23). Pablo advirtió a los gálatas que si exigían la circuncisión como lo demandaban los judíos, *«en tal caso se ha quitado el tropiezo de la cruz»* (Gálatas 5:11). Las implicaciones son que, a veces, el evangelio es ofensivo, por voluntad de Dios.

Escándalo intencional

Un buen ejemplo de gente ofendida por Dios se encuentra en Juan 6. Jesús había alimentado a cinco mil personas, multiplicando algunos panes y unos pocos peces. Ahora ellos esperaban que el Mesías diera prueba de sí mismo con alguna gran señal, algo más que multiplicar pan o sanar a la gente. Esperaban algo comparable a la separación de las aguas del Mar Rojo, la partición del Monte de los Olivos o la caída de fuego del cielo. La gente le preguntó a Jesús: *«¿Qué señal, pues, haces tú, para que veamos, y te creamos? ¿Qué obra haces? Nuestros padres comieron el maná en el desierto»* (Juan 6:30-31a). En otras palabras, le estaban pidiendo que hiciera algo como la caída diaria de maná del cielo. Jesús no satisfizo sus deseos, sino que les dijo: *«De cierto, de cierto os digo: si no coméis la carne del Hijo del Hombre, y bebéis su sangre, no tenéis vida en vosotros. El que come mi carne y bebe mi sangre, tiene vida eterna; y yo le resucitaré en el día postrero»* (vv. 53-54).

Jesús escandalizó sus mentes teológicas, diciendo que Él era el pan que descendió del cielo (Juan 6:33-35). Ofendió sus expectativas, negándose a darles las señales que ellos esperaban (Mateo 12:39-40). Escandalizó su sensibilidad y su dignidad, sugiriendo que ellos comían su carne y bebían su sangre.

La primera respuesta fue que se quejaron de Él (Juan 6:41). Luego *«contendían entre sí»* (v. 52). Hasta sus discípulos decían: *«Dura es esta palabra; ¿quién la puede oír?»* (v. 60). Conociendo sus murmuraciones, Jesús les dijo: *«¿Esto os ofende?»* (v. 61) Debido a que se ofendieron en su mente, hasta algunos de sus discípulos volvieron atrás y se apartaron del Hijo de Dios (v. 66).

A lo largo de la Biblia, Dios se revela como el que escandaliza y confunde a los que piensan que tienen todo claro, los que están atados a sus tradiciones y expectativas acerca de la manera de obrar Dios. Puede que usted piense que tenían *«endurecido el corazón»*. Las palabras de Isaías se repiten varias veces en el Nuevo Testamento: *«piedra de tropiezo»* (1 Pedro 2:8; 1 Corintios 1:23); *«… piedra para tropezar, y por tropezadero para caer»* (Isaías 8:14).

Jesús conocía sus corazones; sabía que la mayoría de ellos amaba sus tradiciones más que a Dios. También sabía que sus seguidores, como dice Juan 6, lo hacían con motivos ambivalentes. Él reveló sus corazones, escandalizándolos deliberadamente.

Al ofender a la gente con ese método, Dios exponía el orgullo, la autosuficiencia y la fingida obediencia que yacía en los corazones de ellos. El general Naamán, comandante del ejército sirio, tenía lepra. Desesperado, había ido a ver al profeta de Dios en Israel, nación que era enemigo natural de Siria. Pero Eliseo envió un mensajero diciendo: «*Vé y lávate siete veces en el Jordán, y tu carne se te restaurará, y serás limpio*» (2 Reyes 5:10). El profeta ni se molestó siquiera en salir de su casa para recibir a Naamán, que había venido desde tan lejos. Naamán, un prominente militar que comandaba el ejército de Siria, se ofendió tanto que dijo: «*Abana y Farfar, ríos de Damasco, ¿no son mejores que todas las aguas de Israel? Si me lavare en ellos, ¿no seré también limpio? Y se volvió, y se fue enojado*» (v. 12). Sé que existen algunas personas maliciosas que hacen del escándalo una práctica corriente. Pero, por el contrario, Dios escandaliza para redimir. Él escandaliza la mente de la gente para revelar sus corazones. La Biblia enseña que Dios da gracia al humilde, pero que resiste al soberbio (Proverbios 3:34; Santiago 4:6; 1 Pedro 5:5-6). Tener que lidiar con la piedra de tropiezo del orgullo de Naamán fue el primer y esencial paso en su sanidad; la que recibió por ser humildemente obediente a las palabras de Eliseo.

Escandalizados por las personas que Dios usa

Pablo escribió que Dios escandaliza a la gente, no solo con su mensaje, sino también con sus mensajeros. «*Sino que lo necio del mundo escogió Dios, para avergonzar a los sabios; y lo débil del mundo escogió Dios, para avergonzar a lo fuerte; y lo vil del mundo y lo menospreciado escogió Dios, y lo que no es, para deshacer lo que es, a fin de que nadie se jacte en su presencia*» (1 Corintios 1:27-29).

Entiendo que el contexto de este principio (que Dios escandalice) toca dos temas mucho más amplios que profetas extraños y manifestaciones raras. Pero, en esta instancia, se puede aplicar el principio.

Cuando todavía estaba como pastor en St. Louis, la idea de que Dios escandalizara los pensamientos para dejar al descubierto el corazón, se hizo muy real para mí. Prediqué varias veces sobre ello. Pensaba que Dios nos estaba preparando para un derramamiento de su Espíritu, lo que incluiría algunas cosas fuera de lo común. Creo firmemente en los deseos y el poder de Dios para sanar a los enfermos. Pensaba que podría haber algunas sanidades inusuales. Yo no tenía experiencia en el ministerio profético como la que tengo hoy.

Al reflexionar en ello, veo que Él me estaba preparando para que no tropezara con las extravagancias de los profetas que estaba por conocer en los meses siguientes cuando viniera a Kansas City.

Escandalizado por los extraños métodos de los profetas

Algunas personas son diferentes en cultura y personalidad, pero a pesar de ello, Dios las llama. Otros son guiados a hacer cosas extrañas a causa del ministerio profético.

Comparados con los compañeros de trabajo habituales que usted pueda tener, algunos profetas parecen muy excéntricos. Me llevó cierto tiempo acostumbrarme a su idiosincrasia, lo que al principio me escandalizaba grandemente. La verdad es que algunas cosas todavía me siguen molestando, pero he aprendido a pasarlas por alto para recibir las bendiciones de Dios por medio de ellos.

Cuando conocí a Bob Jones, estaba totalmente convencido de que no era de Dios. No quería volver a hablar más con él. Yo tenía muy poca experiencia con personas proféticas y no estaba entrenado teológicamente en el tema. Aunque, sí tenía la firme convicción que era un falso profeta. Me sorprende ver con qué autoridad juzgaba las cosas que no entendía o no había vivenciado. Creo que a eso se le llama soberbia. Al reflexionar, me doy cuenta de que uno de los factores principales que tuvieron influencia sobre mí era el hecho de que Bob era y actuaba de manera muy extraña.

Siempre hablaba en parábolas. Yo sabía que Dios nos hablaba en parábolas, pero eso era «verdaderamente» muy extraño. Bob podía contarme historias simbólicas, llenas de palabras ilustrativas, para las cuales yo no tenía interpretación.

Además, decía que Dios le daba esas parábolas. Yo no tenía ningún paradigma o guía en qué basarme, en cuanto a su afirmación de que Dios le hablaba de esa manera abstracta hoy en día a los hombres.

El estilo de su ministerio era algo que yo jamás había visto. Hablaba de «sentir el viento del Espíritu» o que se le calentaban las manos durante el tiempo de ministración.

Su vocabulario era como el de una persona inculta. Su forma de vestirse era tal que nadie lo hubiese podido acusar jamás de vanidad o de estar «a la última moda». A veces, sus pantalones y sus camisas eran demasiado cortos. En ocasiones se le podía ver el estómago cuando estaba parado, y cuando se sentaba, los pantalones se le subían tanto que se le veían las medias.

Estas cosas de Bob Jones, a veces, me escandalizaban: su aspecto, su lenguaje, sus revelaciones y el estilo de su ministerio. Al principio no podía creer que fuese un profeta genuino, ni que estuviese inspirado por el Dios de la Biblia. Solo después de haber visto la precisión del ministerio profético de Bob Jones fue que empecé a pensar que este raro estilo de ministerio era aceptable. Era muy patente su amor por Jesús y las Escrituras. Con el tiempo, lo encontré cautivador. Cuando analizamos los métodos proféticos, tenemos que tener varias cosas en cuenta.

Gente sin equilibrio

Algunas personas sin equilibrio tratan de ser raras, debido a la mala interpretación que tienen del ministerio profético. Se emocionan con la idea del profeta místico y actúan en consecuencia. Suponen que sus rarezas los hacen más ungidos.

No comparto la idea de que porque alguien profetice, tiene que ser extraño o tiene que hostigar a la gente. La gente tratará de escaparse y ellos dirán que nadie los comprende, a no ser que sean también personas proféticas. Yo no admito eso ni por un segundo.

A algunos les gustan las cosas extrañas que hace Bob Jones, y tratan de imitarlas pensando que son muy espirituales, cuando, en realidad, algunas se deben solo a su personalidad y a su manera de ser. A veces, los métodos extraños son solo eso: extraños. Dios no quiere escandalizar a nadie. Esas cosas deben corregirse amablemente si es que el profeta quiere funcionar públicamente.

¿Son solitarios los profetas?

La Biblia habla de «escuelas» o «compañías» de profetas (1 Samuel 10:10; 2 Reyes 4:1; 5:22). Esto nos recuerda que hay una dimensión corporativa de desarrollo de los dones proféticos entre los creyentes. No siempre es necesario que el profeta escuche a solas la voz de Dios para luego declararla en público. Otros cristianos maduros pueden ayudar a quienes tengan menos experiencia a agudizar su oído, y discernir cuando el ministerio profético se está desarrollando entre creyentes.

Estilos no convencionales

Los estilos no convencionales no invalidan, necesariamente, el mensaje profético. No descarte algo, simplemente, porque no es convencional. No existía un precedente bíblico en el Antiguo Testamento para que Pablo enviase pañuelos a los enfermos (Hechos 19:12), o para que Jesús pusiese barro en los ojos de una persona ciega. Jesús dice que tenemos que juzgar el fruto del profeta, no su metodología; a no ser, claro, que su método transgreda un texto o principio bíblico (Mateo 7:15-20).

Si las personas tienen una trayectoria de precisión profética, usted puede tomarlas con seriedad aunque su metodología sea poco ortodoxa. A veces, su «metodología» no es más que las instrucciones específicas del Espíritu Santo. A los miembros de nuestro grupo profético le llevó cierto tiempo ganar credibilidad con nosotros. Los profetas que no cuentan con el reconocimiento de los demás tienen dificultades para hacer cosas fuera de lo común entre los creyentes.

Proceso de corrección

Los pastores deben tener cuidado al corregir muy bruscamente a la gente, especialmente, en reuniones públicas. Tenemos que lidiar con ellos en amor; primero, debido a que son importantes para Dios, y segundo, porque si no los corregimos adecuadamente, habrá otras personas que no sentirán la confianza de dar un paso de fe para ministrar en la iglesia.

En nuestra iglesia damos una serie de pasos correctivos. Si alguien profetiza algo que discernimos que es carnal, la primera vez lo dejamos pasar, a no ser que sea claramente antibíblico o destructivo. La gente debe tener lugar para las equivocaciones, sin el temor de ser corregido demasiado rápido.

Si el problema se repite, entonces hablamos con la persona con mucha bondad y le sugerimos que se controle un poco. Si lo hace por tercera vez, entonces le decimos en privado que deje de hacerlo y le advertimos que si lo vuelve a repetir, la vamos a detener en público. Si lo vuelve a hacer, confrontamos el asunto públicamente.

Entonces, exponemos públicamente todo lo acontecido. Esto ayuda a que la gente se dé cuenta de que la corrección no fue algo brusco y duro. Le decimos al resto de la congregación que la persona en cuestión fue instruida y advertida repetidamente. Los demás necesitan tener la seguridad de que no serán corregidos inmediatamente en público, sin ser advertidos previamente.

Los hijos de Dios quieren bendecir de verdad a los demás en el orden piadoso. El comunicar todo el proceso públicamente evita que la gente tenga miedo de dar un paso de fe y, a la vez, refuerza el hecho que el liderazgo de la iglesia encarará directamente este tipo de situaciones.

La «inmediatez» del espíritu

El ministerio profético no puede ser un fin en sí mismo. Su propósito es siempre el de fortalecer y promover algo más grande y más valioso. Como indiqué previamente, uno de los impactos significativos del ministerio profético en la Comunidad Metropolitana La Viña, en Kansas City, fue el de fortalecer nuestro compromiso y nuestra perseverancia en la intercesión por el avivamiento en la ciudad y en la nación. La gente se desvía cuando se concentra más en las cosas poco comunes del mensaje que en el propósito de Dios en dicho mensaje. No es tan importante si el mensaje viene de parte de un profeta cinco estrellas, confirmado con sacudida de montañas, o si es algo que les parece bien a todos los que participan. El mensaje es siempre más importante que el método.

Lo que he dicho acerca de la alimentación y la administración del ministerio profético en la iglesia, es teniendo siempre en cuenta lo que Dios quiere lograr por medio de ese ministerio. No promovemos vasos proféticos. La experiencia me ha demostrado que la verdadera naturaleza de este ministerio es alertar a la iglesia acerca de la «inmediatez» del Espíritu Santo. Nos alerta acerca de la voluntad y propósito de Dios para nosotros en el *presente;* lo que Él quiere hacer, específicamente, en nosotros y por medio nuestro.

Este aspecto de inmediatez es un complemento de las demás dimensiones de nuestra fe y nuestra relación con Dios, lo que queda establecido para siempre con la obra de Jesús en la cruz y por las Escrituras. Mientras que las personas proféticas nos iluminan con la «palabra ya» (como algunos la llaman), los pastores-maestros nos tendrían que afirmar en la Palabra de Dios, establecida para siempre en los cielos.

Me gustan estas dos dimensiones. Me gusta la doctrina y la teología, especialmente la teología acerca del amor y la majestad de los atributos de Dios. También anhelo la presencia manifiesta y el propósito de la demostración de Dios en nuestro medio, en aquellos más proféticamente dotados. ¿Quién se puede sentir satisfecho con la religión estática que opera de todas formas, tanto si Dios estuviese activamente presente o no? El cristianismo auténtico es tanto sana doctrina como experiencia viva.

El lado subjetivo de nuestra fe debe ser siempre analizado a la luz del lado objetivo. Dios siempre está obrando al poner juntos la Palabra y el Espíritu. Alguien ha dicho: «Si tenemos la Palabra sin el Espíritu, nos secamos. Si tenemos el Espíritu sin la Palabra, nos derrumbamos. Pero si tenemos la Palabra y el Espíritu, crecemos».

Nuestro deseo es de Dios, no de adquirir conocimiento de Él. Estoy hambriento por el fresco viento del Espíritu de Dios, moviéndose en nuestros corazones y en nuestro medio.

La alimentación y la administración del ministerio profético entre nosotros es un asunto secundario, el medio para el fin. Lo que verdaderamente me interesa es nutrir y administrar el fresco y libre mover del Espíritu Santo en las vidas de los miembros de nuestra iglesia.

El «problema», como se dará cuenta, es que uno no puede predecir, administrar o controlar el mover del Espíritu Santo. Usted no puede forzar los programas, sus expectativas preconcebidas o exigencias, poniéndolos por encima de la soberanía de Dios que se manifiesta por medio del Espíritu Santo.

Escandalizados por el derramamiento del Espíritu Santo

El Señor escandaliza a la gente de diferentes maneras. Algunos se escandalizan por el tipo de personas que Dios usa; otros por la forma en que el Espíritu Santo se mueve. Yo no estaba preparado para las manifestaciones fuera de lo común del Espíritu, y estaba menos preparado aun para aceptar en nuestro grupo a la gente tan fuera de lo común que Dios nos traería.

Cuando se derrama el poder del Espíritu Santo, a veces lo hace de manera poco común; como consecuencia, es ridiculizado y rechazado. En el primer gran avivamiento de los Estados Unidos, como en el día de Pentecostés, pasaron varias cosas extrañas.

En el mes de octubre de 1741, el reverendo Samuel Johnson, decano de la Universidad de Yale, tenía sus reservas ante el avivamiento que barrió Nueva Inglaterra, conducido por George Whitefield, predicador itinerante. Él le escribió una desesperada carta a un amigo en Inglaterra:

«Este nuevo entusiasmo, como consecuencia de la predicación de Whitefield en el país, se ha arraigado en la universidad. Muchos estudiosos han quedado poseídos por ella y a dos postulantes le negaron el título a causa del alboroto que causaron y su incansable fervor por propagarlo... Estamos teniendo el mayor entusiasmo jamás visto en ninguna época de esta nación. No solo la mente de mucha gente está siendo sacudida sino que sus cuerpos se sacuden involuntariamente; y esto les pasa también a quienes solamente vienen como espectadores».[1]

Sara, la esposa de Jonathan Edwards, también fue profundamente afectada por el poder y la presencia del Espíritu Santo. Ella misma dijo que por un lapso de más de diecisiete días quedó tan sobrecogida por la presencia de Dios, que se quedó sin energía y estuvo a punto de caerse. En otros momentos, no podía contenerse y saltaba dando gritos de júbilo.[2]

Jonathan Edwards fue un defensor del mover del Espíritu Santo, pero la manera extrema en que la gente era tocada fue demasiado para los líderes cristianos conservadores de Nueva Inglaterra. Ofendía su respetabilidad y condenaron completamente el movimiento, mayormente por el excesivo entusiasmo y las manifestaciones no convencionales del poder del Espíritu.

El doctor Sam Storms se unió a nuestro plantel en 1993 como presidente de Grace Training Center, nuestra escuela bíblica en Kansas City. El doctor Storms se graduó en Historia Intelectual, en la Universidad Teológica de Dallas. Sam era escéptico con esos estallidos espontáneos de gente que supuestamente era tocada por el Espíritu Santo.

En la conferencia de La Viña en Dallas, en abril de 1994, este escepticismo se le acabó. Sam estaba en el fondo de la sala cuando el poder del Espíritu Santo cayó sobre él. Primero empezó a orar y llorar mientras el Señor le ministraba a las necesidades más profundas de su corazón. Luego salió en forma abrupta de su silla, riéndose histéricamente a pesar de tratar con desesperación de controlarse. Cuando terminó la conferencia, él seguía en la presencia de Dios. Finalmente le volvió la fuerza; algunos lo ayudamos a incorporarse y lo acompañamos al auto. Pero en el estacionamiento le volvió a suceder. Sam se cayó varias veces, corriendo el riesgo de estropearse su costosa ropa.

Veinte minutos después lo llevamos al restaurante, donde el poder de Dios volvió a apoderarse de él. Pensamos que todo se había acabado cuando subimos a la habitación y nos dimos cuenta de que Sam no estaba. Todavía estaba en la escalera, bajo el poder del Espíritu Santo, sin poder hacer nada. El fruto del encuentro de Sam con el Espíritu Santo fue una fe renovada, mayor reverencia ante el poder de Dios y lo que el apóstol Pedro describe como «gozo inefable y glorioso» (1 Pedro 1:8).

Bendito el que no se escandalice

Los fariseos y los discípulos malinterpretaron a Jesús y, en consecuencia, se ofendieron. Generalmente pensamos en los fariseos como personas malas. En realidad, eran los intelectuales conservadores que defendían la fe, quienes mantenían la ortodoxia contra la corrupta influencia de la cultura griega. Pero su piedra de tropiezo era el orgullo interpretativo (la tradición de sus mayores). Ellos estaban conformes con su ortodoxia pero no tenían hambre de Dios.

Los discípulos también se escandalizaron. A lo largo de los evangelios sinópticos (Mateo, Marcos y Lucas) vemos el mismo tema subyacente: la profunda incapacidad de los discípulos para comprender lo que estaba pasando.

Aquellos que se escandalizaron y se apartaron de Jesús cuando Él dijo: «*Yo soy el pan vivo que descendió del cielo*» (Juan 6:51) no fueron los fariseos sino sus discípulos (aquellos que lo seguían, además de los doce). Aunque enseñó con mucha sabiduría e hizo pocos milagros en su ciudad natal, sus amigos se «*escandalizaban de él*» (Mateo 13:57).

La palabra más común usada en el griego del Nuevo Testamento para «escandalizar» es «ser de tropiezo». La palabra griega es *skandalizo*, de donde se deriva «escándalo». Dios aún escandaliza o es de tropiezo a las mentes de los de su propio pueblo. Al escandalizar la mente de la gente, Él pone al descubierto las cosas del corazón de ellos que son de tropiezo. A Jesús se lo describe en la Biblia como el Camino, la Verdad, la Vida, el Pan y la Puerta. También es «*piedra para tropezar, y por tropezadero para caer*» (Isaías 8:14).

Lo que más queda al descubierto en el corazón escandalizado es la falta de hambre de Dios y de humildad. A los ojos de Dios, estas son dos características importantes del corazón.

Ni el obrar en el ministerio profético del Nuevo Testamento ni el mover sobrenatural del ministerio del Espíritu Santo son ciencias exactas. Estas cosas retan nuestro inadecuado control y nuestros códigos religiosos. ¡Han sido diseñadas por Dios con este propósito!

El verdadero cristianismo es una relación dinámica con el Dios vivo y no se puede reducir a fórmulas o a una seca ortodoxia. Hemos sido llamados a abrazar el misterio de Dios y no atarnos prolijamente a doctrinas de la carne o filosofías. Nuestra hambre por tener una relación personal con Dios es lo que tendría que hacernos entender este hecho.

Nuestra humildad ante Dios nos instruirá para saber que no siempre tendremos las respuestas; al menos, no en este mundo. Ya tenemos bastante con vivir así como es. Mientras estemos en la carne, no creo que el tener omnisciencia nos pueda ayudar a vivir con mayor facilidad.

Autosatisfacción por el orgullo religioso

Jesús se dirigió directamente a la raíz del problema de la autosatisfacción y el orgullo religioso. *«Escudriñad las Escrituras; porque a vosotros os parece que en ellas tenéis la vida eterna; y ellas son las que dan testimonio de mí; y no queréis venir a mí para que tengáis vida. Gloria de los hombres no recibo. Mas yo os conozco, que no tenéis amor de Dios en vosotros»* (Juan 5:39-42). *«¿Cómo podéis vosotros creer, pues recibís gloria los unos de los otros, y no buscáis la gloria que viene del Dios único?»* (v. 44).

Esos judíos religiosos fueron engañados al equiparar su conocimiento de las Escrituras y su asociación con la comunidad religiosa, con el conocimiento de Dios. Verdaderamente, se habían negado, con testarudez, a entrar en una relación personal con Dios por medio de su representante: Jesús. Se gloriaban en su conocimiento de las Escrituras, mientras que rechazaban al autor de ellas.

Cuando el Señor estaba empezando a desafiar a Michael Sullivant para comenzar a andar por el sendero de la profecía, tuvo un vívido sueño espiritual que tocó esos asuntos en su corazón. El Señor se le apareció, lo miró a los ojos, y le dijo: «Estabas esperando tener planes comprensibles para obedecerme. Quiero que me obedezcas sin planes».

Mientras Michael estaba de rodillas delante de Jesús, una pila de transparencias salieron de su estómago, cayendo en sus manos. Él entendió que aquello representaba sus propios planes, que el Señor pasaba por alto.

Michael se sintió mortificado y profundamente apenado; bajó la cabeza y comenzó a llorar arrepentido. Dijo: «Señor, no quiero desobedecerte». Después miró al Señor a través de sus lágrimas y Jesús le estaba sonriendo.

Para someterse a su llamado, Michael tuvo que lidiar con algunas otras cosas en relación a cierto intelectualismo y autoseguridad en su ministerio, así como en la forma de relacionarse. Eso incluyó algunas correcciones privadas y hasta cierto grado de humillación pública para ayudarlo a humillarse ante el Señor.

Hace algunos años, cuando Michael era pastor en la Comunidad Metropolitana de La Viña, el Señor le retiró la unción pastoral de enseñanza y predicación por un tiempo. Ese cambio fue obvio en toda la iglesia y condujo a Michael a cambiar de rol; por lo que ya no predicaba con tanta frecuencia.

Unos días antes, Paul Cain, que conocía la situación, le profetizó públicamente a Michael y a su esposa Terri, anunciando que la intención de Dios era «cambiar su vocación» y llevarlos por el sendero de la profecía. Les aseguró que los cambios que se habían estado dando no eran para degradarlos en su posición sino que era un plan designado por Dios para darle mayor gloria a Él a través de sus vidas.

Todos nosotros tendríamos que darle la bienvenida a cualquier cambio que se produjera con el objetivo de gozar de una mayor intimidad con el Padre, con el hijo y con el Espíritu Santo. Dios nos pone delante piedras de tropiezo estratégicas en el evangelio y en nuestro camino para probar nuestro corazón. Si tenemos hambre de Dios y humillamos nuestro corazón, esas piedras de tropiezo pasarán a ser de apoyo, las que nos harán seguir adelante en su propósito para nuestras vidas.

Capítulo 6

Encarnación del mensaje profético

Junto con el ministerio profético, viene el estándar profético. El Señor quiere que sus ministros encarnen el mensaje que predican. Solo por un tiempo hará «la vista gorda» a sus carnalidades antes de disciplinarlos. En este capítulo trataré la violenta controversia que había en 1990 en la Comunidad Kansas City (conocida actualmente como la Comunidad Metropolitana de La Viña en Kansas City). Ahora nos damos cuenta de que fue una auténtica disciplina divina de nuestro ministerio y nuestro grupo profético, aunque casi todo lo que dijeron nuestros acusadores fue impreciso. Tergiversaron nuestras doctrinas y prácticas, y fabricaron historias para darles validez a sus acusaciones. Fue un tiempo terrible de ataques y tribulación para nuestra iglesia.

Sin embargo, eso no excusa el hecho de que hubo tres o cuatro asuntos importantes en medio nuestro que Dios estaba determinado a señalar y corregir.

Encarnación del mensaje

Con frecuencia, Dios hará que las vidas de sus vasijas proféticas sean ilustraciones de los mensajes que han sido llamados a predicar.

El Señor le dijo a Ezequiel que tomara una tableta de arcilla, la llevara a Jerusalén y que la sitiara, como señal para la casa de Israel. También tenía que acostarse sobre el lado izquierdo 390 días, de acuerdo a los años de iniquidad de Israel, y 40 días sobre el lado derecho, de acuerdo a la iniquidad de Judá (Ezequiel 4:1-8).

A veces, Dios trabaja en sus siervos de manera un poco difícil para nuestra comprensión. Esa es una de las cargas del llamado profético.

Cuando las vidas de los hombres están siendo usadas para ilustrar lo que Dios quiere señalar, esos portadores de mensajes sienten la voluntad de Dios en ese asunto. El profeta Oseas es uno de los mejores ejemplos de ello.

Dios le dijo que se casara con una prostituta. Así fue como Dios mostró el amor y la paciencia hacia la fornicaria nación de Israel. Seguramente que eso fue algo doloroso para Oseas, pero le permitió sentir la voluntad de Dios (Oseas 3).

Dios quiere que sus siervos no solo *digan* cómo es Él sino que *sean* como Él; no solo que *digan* lo que Él quiere, sino que *hagan* su voluntad; no solo que *declaren* su corazón, sino que lo *sientan*.

A mi modo de ver, la verdadera naturaleza del ministerio profético es pasión por la voluntad de Dios. El apóstol Juan dejó constancia de lo dicho por el ángel: «*Adora a Dios; porque el testimonio de Jesús es el espíritu de la profecía*» (Apocalipsis 19:10). El foco y la motivación del ministerio profético es traernos la fresca revelación del corazón de Jesús (el testimonio de Jesús). Es más que la comunicación de sus ideas; es sentir y mostrar su corazón.

El Señor les habló de manera audible a dos miembros de nuestro grupo profético la misma mañana de abril de 1984. En esencia, les dijo que había puesto énfasis en la humildad, cosa que exigía en el liderazgo de la iglesia. Por supuesto, la mayoría de nosotros en La Viña pensamos en términos de enfatizar la doctrina de la humildad, sin considerar realmente la implementación de la misma en nuestro diario vivir. Como Dios les habló de manera audible a dos miembros a la vez, uno podría pensar que íbamos a tomarnos el mensaje a pecho, de la manera más completa posible. Pero Dios se estaba refiriendo al hecho de que Él, de manera dramática, confrontaba nuestro orgullo y nuestra ambición personal. Una de las maneras en que el Señor hizo eso fue dejando que fuésemos severamente maltratados y pidiéndonos luego que bendijéramos a nuestros enemigos. En eso vimos cierto grado de orgullo y ambición personal en nuestros corazones, como nunca nos hubiésemos imaginado.

La razón de aquello, como lo puedo ver ahora, es que Dios no solo quiere que prediquemos la doctrina de la humildad que resiste la ambición personal, sino que seamos ejemplos vivos del mensaje. Si usted va a predicarlo, entonces tiene que vivirlo. No hemos hecho un buen trabajo mostrando humildad, pero eso es algo en lo que Dios seguirá trabajando con nosotros en los años que tenemos por delante.

Aguijones en la carne

Cuando Dios comunica un propósito o un mensaje con manifestaciones dramáticas y sobrenaturales (visitaciones angélicas, voces audibles y señales en los cielos) sabemos que le urge que apliquemos ese mensaje a nuestras vidas. Si es necesario, trabajará severamente con nosotros en eso. Dios desafiará las áreas de nuestras vidas que sean incongruentes con el mensaje que nos ha dado a proclamar.

Con frecuencia, Dios les da un aguijón en la carne a aquellos que les concede abundante revelación, a fin de proteger sus corazones del orgullo destructivo. El apóstol Pablo dice que le fue dado *«un aguijón en la carne»* para que no se exaltara a sí mismo. Eso era porque su ministerio era abundante en revelaciones (2 Corintios 12:7).

Dios se ha propuesto dar un mensaje vivo por medio de cada uno de nosotros. Para algunos, la belleza de la obra de Dios nunca es puesta sobre el escenario público y raramente se nota, excepto por algunos pocos. En esos casos, las vidas de esas personas son perfeccionadas para la complacencia de Dios y el impacto que producen en quienes los rodean.

A veces el Espíritu Santo trabaja internamente durante casi toda una vida, antes de que a esa persona se le dé la plataforma para proclamar el mensaje. Y otros son llamados para ser proclamadores del mensaje, a algunos se les dio una plataforma temprano y pueden predicar antes de que el Espíritu Santo pueda hacer la obra de madurez en sus vidas.

En cierta medida, esa ha sido nuestra situación. Fuimos llamados a proclamar un mensaje de humildad que nosotros mismos no poseíamos. La disciplina del Señor preparó nuestros corazones en pureza y humildad.

El deseo de Dios es que nos examinemos cuidadosamente a la luz de su Palabra, y seamos sensibles a su Espíritu Santo en las áreas que necesitan cambios. Pero si no reconocemos los problemas para lidiar con ellos, las circunstancias externas pueden ser usadas para traer a la luz los asuntos carnales o los temas no resueltos. El aguijón en la carne produce humildad en la vida de los que son sinceros, aunque sean inmaduros seguidores de Cristo Jesús.

Las Escrituras dan a entender en varios pasajes que Dios extiende su gracia a su pueblo y espera pacientemente para que cambie: *«Pero Dios, habiendo pasado por alto los tiempos de esta ignorancia, ahora manda a todos los hombres en todo lugar, que se arrepientan; por cuanto ha establecido un día en el cual juzgará al mundo con justicia»* (Hechos 17:30-31a).

«¿O menosprecias las riquezas de su benignidad, paciencia y longanimidad, ignorando que su benignidad te guía al arrepentimiento?» (Romanos 2:4).

«El Señor no retarda su promesa, según algunos la tienen por tardanza, sino que es paciente para con nosotros, no queriendo que ninguno perezca, sino que todos procedan al arrepentimiento» (2 Pedro 3:9).

Si amamos a Dios, en verdad, Él nos da la oportunidad de responder voluntariamente al Espíritu. Pero si no respondemos, con frecuencia nos quita la misión.

La controversia profética en la que nos vamos a encontrar es que esa es la manera que Dios tiene para obligarnos a hacer algo: que corporicemos el mensaje que fuimos llamados a proclamar.

El indicador equivocado

En 1989 parecía que estábamos comiendo con cuchara de oro. Estaba viajando con John Wimber y hablando periódicamente ante miles de personas en conferencias internacionales. Después de un tiempo, me cansé física y emocionalmente. Pero disfrutaba del halago y la atención más de lo que me había dado cuenta.

A la gente le gustaban los mensajes y hacía fila para comprar nuestras grabaciones. Me entrevistaba con prominentes líderes cristianos de diferentes naciones. Uno de ellos dijo que lo que estaba pasando en Kansas City era uno de los más refrescantes eventos de la década. Mi orgullo se fortaleció. Estaba abrumado por las numerosas invitaciones a predicar y me solicitaban entrevistas. Una docena de editoriales me pidieron que escribiera libros para ellos. Varias compañías enviaron contratos para distribuir nuestras grabaciones en sus países.

Era físicamente imposible contestar la cantidad de cartas y llamadas telefónicas que llegaban cada mes. Estábamos totalmente abrumados. Nos quejábamos de tanta presión pero, en verdad, nuestro equipo disfrutaba de todo eso más de lo que queríamos admitir.

No estábamos conscientes de nuestro orgullo, de nuestras limitaciones y de qué —exactamente— era lo que Dios quería hacer en nosotros.

Por una breve temporada, todo lo que tocábamos parecía prosperar, por lo que nos imaginamos que Dios estaba emocionado con las cosas así como estaban. Había algunas señales de alerta, pero como nos estábamos moviendo tan aceleradamente, no las reconocimos.

En nuestras primeras épocas de crecimiento no tuvimos la suficiente madurez espiritual para discernir algunas advertencias básicas de orgullo. Si alguien nos hubiese dicho: «Ustedes son orgullosos», nos hubiésemos desbordado arrepintiéndonos. Pero eso no es lo mismo que ver el orgullo desde la perspectiva de Dios o aun desde la perspectiva de otras personas.

Signos de advertencia

Una de las señales que se nos escapó fue que estábamos «haciéndolo solos». Estábamos tan contentos con las grandes cosas que pasaban en medio de nuestro ministerio, que ni siquiera nos dimos cuenta de que otros ministerios no estaban teniendo tan buen tiempo. Nos regocijábamos en nuestro crecimiento, pero no tuvimos en cuenta que otros ministerios estaban pasando dificultades.

En nuestra alegría no vimos ni sentimos el dolor de ellos. Solamente veíamos nuestro crecimiento. Si alguna otra iglesia tenía luchas o se derrumbaba, no era asunto de nuestra incumbencia, siempre y cuando nosotros siguiéramos creciendo.

Ahora lamentamos haber estado tan absorbidos en nosotros mismos. Hoy, estamos más alerta a esta tendencia pecaminosa de nuestro corazón que al principio. Ahora tenemos más carga por otras congregaciones de la ciudad. No queremos festejar solos. Cuando el Señor dice que va a visitarnos le preguntamos: «¿Y las otras iglesias de la ciudad? ¿También las visitarás a ellas?».

Debemos tener el punto de vista de Moisés. Dios le dijo a Moisés que de su descendencia iba a hacer una gran nación después de destruir a Israel. Tal vez haya sido una prueba para Moisés.

Sea como sea, Moisés le rogó al Señor que perdonara los pecados de los hijos de Israel (Éxodo 32). Él no deseaba ver a Israel destruido ni ser la cabeza de una nueva nación. Un líder del tipo de Moisés va a interceder ante Dios para incluir más gente en la bendición.

Por otro lado, Elías no le pidió a Dios que tuviese misericordia de otros, sino que declaró que él era el único siervo fiel que había quedado y se preguntaba por qué Dios no lo trataba mejor (1 Reyes 19). Lo mismo sucede con Jonás, que se amargó porque Dios había extendido su misericordia a los habitantes de Nínive (Jonás 4).

Una gran señal de advertencia que se nos escapó fue que no teníamos deseos de incluir a otros porque estábamos muy satisfechos con las bendiciones de nuestro ministerio. Eso revela un gran orgullo y un enfoque centrado en nosotros mismos.

La segunda señal de alerta fue la falta de percepción de que necesitábamos de otros ministerios. Mucha gente alrededor del cuerpo de Cristo tenía mucho que dar, pero no nos dimos cuenta de su discernimiento ni de su potencial. Ellos podrían habernos mostrado cómo hacer muchas cosas en una mejor manera, pero estábamos tan ocupados y atrapados en la euforia de nuestro aparente triunfo, que no nos dimos cuenta.

La tentación de la oposición

Las cosas parecían ir muy bien en 1989, pero en enero de 1990, repentinamente cambió nuestro estatus. Fue como si al comenzar los noventa hubiésemos encendido la mecha de una bomba.

Fuimos atacados agresivamente por unos diez o doce ministerios. Hasta donde sabíamos, esos ministerios no estaban relacionados entre sí; ni siquiera se conocían. Estaban diciendo mentiras acerca de nuestras doctrinas y prácticas, y presentándonos como una secta extrema que estaba siendo engañada por demonios. Era muy humillante.

En medio de esa dolorosa situación, había dos temas principales, dos tentaciones que tuvimos que enfrentar en relación a cómo responderíamos a nuestros acusadores.

La tentación de la venganza

Lo primero fue la tentación de vengarnos. Teníamos personas de diferentes lugares animándonos a enfrentar el asunto directamente. Eso incluía el dar a conocer algunas cosas negativas de esos grupos.

No nos sentíamos muy cómodos gastando tiempo y energía para atacar a otros cristianos. Mucha gente pensaba que era nuestra responsabilidad «defender la causa de Dios». Decidir qué hacer fue una lucha difícil para nuestro liderazgo, pero algunos factores nos ayudaron a tomar la decisión de permanecer callados.

Años antes, el Señor les había dicho a varias personas proféticas, por medio de sueños y visiones, que nos íbamos a enfrentar esas acusaciones. En septiembre de 1984, el Señor nos había revelado claramente quién iba a ser uno de esos acusadores. El Señor había agregado que no le devolviéramos la acusación. En ese mismo tiempo, el Señor nos dijo cuándo iba a ser el ataque.

Cinco años después, en diciembre de 1989, algunos de los pastores del equipo hablaron del hecho de que probablemente vendría un ataque pronto, ya que era el tiempo en el cual Dios lo había predicho. Los ataques comenzaron en enero de 1990. Habiendo sabido eso cinco años antes, estábamos convencidos de que Dios tenía el control.

También tuvimos buenos consejos. Mucho antes, las personas proféticas habían hablado muy claramente acerca de la forma en que eso pasaría y cuál debía ser nuestra actitud. Pero fue el consejo de John Wimber lo que nos impactó para tomar la decisión en el momento en que ocurrió el ataque.

John usó la ilustración de Salomón y las dos mujeres que reclamaban ser la madre del mismo niño. Cuando Salomón dijo que iba a partir el niño por la mitad con la espada, la verdadera madre declinó sus derechos, dando la posibilidad que la mentirosa se quedara con el niño. Así fue como se supo quién era la verdadera madre (1 Reyes 3:16-28).

John dijo que si realmente nos preocupaba el gran propósito de Dios, no nos vengaríamos. Eso desataría una furia destructiva y el propósito de Dios (el niño) sería dividido. Fue en nuestro enojo y con el deseo de vengarnos el escenario en el que nos dimos cuenta de nuestra ambición egoísta. Las cosas que se habían dicho eran falsas y yo estaba cada vez más irritado.

En ese momento recibí una clara comunicación del Señor. Me dijo: «La medida de tu ira con esos hombres es la medida de tu inadvertida ambición».

Yo reaccioné y dije en voz alta: «¡No! No es mi ambición inadvertida. Señor, me preocupa tu reino y que se difame tu nombre».

Luego el Señor me hizo una pregunta: «Entonces, ¿por qué no te enojas tanto cuando se me calumnia atacando maliciosamente otros ministerios?». Tuve que ser sincero y admitir que no me irritaba cuando otros líderes cristianos eran criticados. Lo que realmente me molestaba era el golpe a mi reputación. Vi muy claramente que tenía una agenda egoísta y tenía temor de que la pudieran perturbar si los ataques continuaban.

Después de luchar con aquello por un tiempo, me di cuenta de que lo que el Señor estaba diciendo era muy cierto: *«La medida de mi enojo con esos hombres era la medida de mi inadvertida ambición»*. Estábamos evaluando inadecuadamente nuestro ministerio, basándonos en los éxitos numéricos y financieros.

Pero luego me di cuenta de que había un indicador importante al que no le habíamos prestado demasiada atención: las grietas de la ambición personal ocultas bajo la superficie. Así como los terremotos dejan al descubierto las grietas geológicas, las presiones sobre nosotros estaban dejando al descubierto las grietas de ambición bajo nuestra superficie. Solamente tenemos que ser lo suficientemente sinceros como para admitirlo.

La verdadera medida del éxito del ministerio son las cosas que tienen que ver con nuestro proceso de llegar a ser como Cristo. ¿Estaban nuestros corazones creciendo en tierno cariño por Jesús? ¿Estábamos creciendo en nuestra capacidad de permanecer en amor? ¿Podíamos bendecir a nuestros enemigos con alegría? Esos son los asuntos que Dios quiere que el ministerio profético imparta exitosamente. Hemos descubierto que no hemos tenido mucho éxito de acuerdo a la medida de Dios.

La tentación de culpar al diablo

En segundo lugar, nos encontramos ante la tentación de decir que todos los ataques eran del diablo. En retrospectiva, vemos que la mano de Dios estaba en todo aquello, a pesar de que usó cosas que venían de mano de Satanás. La mayoría de las acusaciones se forjaron en base a información errónea. Los métodos usados por nuestros acusadores, con frecuencia, no eran justos. Había tensión en nuestra iglesia mientras tratábamos de decidir si las críticas estaban totalmente erradas o eran parcialmente correctas. Hoy creemos que tenían un poco de ambas cosas. La falta de sabiduría y de humildad en nosotros provocó en ellos ciertas incomodidades. Sumado a ello, algunas de las cosas que señalaban eran innegables; especialmente, en relación al orgullo.

De cualquier manera, el escándalo que sobrevino nos obligó a detenernos y confrontar alguno de los problemas. En ese sentido, hemos podido ver la redentora mano de Dios en medio de todo aquel lío.

Existe un gran peligro en eso de echarle toda la culpa al diablo. Algunas personas inmaduras en el ministerio profético tienden a sentir un complejo de persecución. Creen que la verdadera naturaleza de su llamado es que van a ser perseguidos. En consecuencia, cuando viene una auténtica palabra de corrección, algunos dan un respingo, pensando: «Sí, esperábamos esto porque el verdadero profeta siempre es perseguido».

Conozco un gran grupo cristiano que ha sido duramente criticado por aquellos llamados «vigilantes» y «cazadores de herejes». Parece que los métodos y la información usada en su contra era cuestionable. Ese ministerio cristiano determinó que las críticas provenían del diablo y que simplemente estaban persiguiendo el mover de Dios.

Sin embargo, por haber creído de entrada que la persecución provenía del diablo, no recibieron la corrección divina.

Aunque siguen pensando que los métodos usados en su contra eran erróneos, muchos de los líderes de esa organización admiten ahora que algunas de las acusaciones eran acertadas y, quizás, era la manera en que Dios quería corregirlos.

Seis lecciones aprendidas a los golpes

A pesar de todo lo anterior, eso no hizo mucho en cuanto a nuestra reputación, pero aprendí que para Dios es más importante la puesta en práctica del mensaje predicado por nosotros que nuestra reputación. Permítame compartir lo que aprendí.

1. Eliminar el orgullo

El primer aspecto que corregir fue, en definitiva, el orgullo. Este nos cautivó cuando nuestro ministerio empezó a adquirir popularidad tempranamente. Dios puede cambiar eso muy rápido. Algunas de las cosas que dijimos sonaban como si éramos una élite espiritual. John Wimber nos confrontó con nuestra actitud tipo «lo sé todo» y, a su debido tiempo, estuvimos de acuerdo con quienes nos criticaban en que queríamos erróneamente ser el centro del avivamiento que se había profetizado.

2. Reconocer nuestra desesperada necesidad de otros ministerios en el cuerpo de Cristo, los cuales son diferentes al nuestro.

Si alguna vez tuve dudas acerca de la existencia de padres espirituales en Estados Unidos, a causa de eso los encontré. Un buen número de hombres de Dios maduros hablaron de nuestra situación. Fuimos apreciando profundamente otras partes del cuerpo de Cristo, personas a quienes no habíamos honrado al principio. Durante años, John Wimber les había enseñado a los pastores de La Viña que «amaran a toda la iglesia» y no solo a quienes se parecen o actúan como nosotros.

3. Adquirir una mayor sabiduría y comprensión del proceso profético.

Teníamos una idea ingenua e inmadura del ministerio profético. Subestimamos el hecho de que podía tener efectos tanto negativos como positivos. También encontramos varios elementos de manipulación y control en algunos miembros del grupo. Algunos de nosotros manteníamos la revelación del quebrantamiento espiritual con cierta actitud de orgullo, de la que ahora nos arrepentimos. Eso puede ser muy doloroso y hasta destructivo para la fe del pueblo.

En algunas instancias, se le implantaban expectativas erróneas a la gente por medio de interpretaciones inadecuadas y la aplicación resultante de la revelación profética. Eso mostraba falta de sabiduría y una gran necesidad de administración más madura del ministerio profético en medio nuestro.

4. Cambiar el concepto de la iglesia en la ciudad.

Habíamos enseñado que toda la ciudad vendría a estar bajo un mismo liderazgo. Pusimos demasiado énfasis en la estructura como la base de la futura unidad. Ahora nos enfocamos en la unidad de toda la ciudad a través de las relaciones, en vez de hacerlo por medio de la estructura.

5. Responsabilidad y rendición de cuentas.

Vimos nuestra necesidad a través de la gente que tenía autoridad para corregirnos. Como resultado, nos sometimos a John Wimber y empezamos a formar parte de la Asociación de Iglesias de La Viña. Algunos de nuestros ministros proféticos se fueron a la iglesia líder en Anaheim, para recibir mayor entrenamiento teológico y más visión.

Creo firmemente en la necesidad que tienen todas las iglesias y los ministerios itinerantes de ser responsables, tanto dentro como fuera de su entorno inmediato.

Bajo la dirección de John impusimos ciertas limitaciones a Bob Jones. El propósito era establecer ciertos límites en relación a algunas cosas que él pudiera decir públicamente. Bob no estuvo de acuerdo y, por lo tanto, no fue diligente en mantenerse dentro de los límites.

Pasaron algunas otras cosas en la vida de Bob que hicieron que John Wimber lo pusiera una temporada bajo disciplina. Bob se fue de Kansas City para cumplirla y tengo entendido que lo está haciendo muy bien. Él está ministrando de nuevo, pero no bajo la cobertura de nuestra iglesia ni de ninguna otra del movimiento La Viña.

6. La necesidad de un grupo equilibrado

Toda iglesia necesita energía equilibrada para mantener la estabilidad, así como el celo y la motivación dentro de la iglesia. Todos necesitamos la energía de las personas proféticas con las manifestaciones sobrenaturales, pero también necesitamos a los teólogos dedicados, a los pastores compasivos y a todos los demás ministerios.

Algunos ministros dan estabilidad a la iglesia, mientras que otros, como los proféticos, agregan celo y motivación. Algunos contribuyen inspirando a la gente a tener mayor devoción por el Señor.

Mi ministerio no se caracteriza por un poder fuera de lo común o por tener dones sobrenaturales, ni soy teólogo. Mi enfoque es por naturaleza inspiracional. Mi búsqueda específica es mantener un amor renovado por Jesús en las iglesias que visito. Contamos con varios teólogos en nuestro equipo, que se relacionan con los ministros proféticos. Actualmente hay cuatro personas con doctorados y ocho con maestrías de varios seminarios teológicos evangélicos conservadores. Tenemos que integrar diligentemente a esos maestros con los ministros proféticos. Siento esto muy fuertemente. No es fácil, pero es vital que exista esa diversidad en las iglesias.

Junto con esos pastores y maestros recibidos, tenemos un fluctuante número de gente profética y músicos dotados. Esta combinación es muy necesaria, aunque a veces muy turbulenta. Mencioné a los músicos porque ellos son de vital importancia en una iglesia profética, y pueden llegar a ser un gran desafío para los pastores, lo mismo que los ministros proféticos. El desafío constante de integrar gente tan diversa bien vale el tremendo beneficio que le aporta a la congregación.

De paso, no es necesario que todo el grupo viva en la misma ciudad. No es necesario que la iglesia tenga un ministro profético de tiempo completo en su plantel para gozar del beneficio del ministerio. Por lo general, ayudamos a las iglesias para que las visite un grupo profético. Las iglesias pueden usar recursos externos para crear la diversidad.

La disciplina del Señor.

El siguiente pasaje de Hebreos 12 señala dos reacciones carnales, y luego otra más sutil hacia la redentora disciplina de Dios en nuestra vida. *«Considerad a aquel que sufrió tal contradicción de pecadores contra sí mismo, para que vuestro ánimo no se canse hasta desmayar. Porque aún no habéis resistido hasta la sangre, combatiendo contra el pecado; y habéis ya olvidado la exhortación que como a hijos se os dirige, diciendo: Hijo mío, no menosprecies la disciplina del Señor, ni desmayes cuando eres reprendido por él; porque el Señor al que ama, disciplina, y azota a todo el que recibe por hijo»* (Hebreos 12:3-6). *«Mirad bien, no sea que alguno deje de alcanzar la gracia de Dios; que brotando alguna raíz de amargura, os estorbe, y por ella muchos sean contaminados»* (Hebreos 12:15).

La primera respuesta errónea es menospreciar la corrección, negando de alguna forma nuestra necesidad de ajustes. Menospreciamos la disciplina de Dios al pensar que todos nuestros problemas son ataques de Satanás, sin tomar en cuenta la disciplina redentora de Dios. Por eso es que la tomamos tan a la ligera.

La segunda reacción carnal es desanimarnos ante su reprimenda amorosa y caer bajo una paralizante autocondenación y desesperanza. Quienes se sienten muy desanimados ante la disciplina redentora deciden no seguir a Dios. Eso es muy doloroso y el costo demasiado alto. Piensan que no vale la pena. Estos dos extremos muestran inmadurez espiritual; por lo que debemos crecer.

La tercer reacción impropia a la disciplina es amargarse con Dios por trabajar en nuestra vida. Probablemente, esta sea la reacción más peligrosa de todas, porque la amargura es un veneno mortal que afecta profundamente todas nuestras relaciones.

No creo que los típicos cristianos contemporáneos de occidente se relacionen de manera saludable con la disciplina de Dios. Conozco muy poca gente que haya tenido experiencias disciplinarias positivas con las primeras autoridades terrestres en su historia personal. Es natural transferir esas desagradables experiencias al Señor y por lo tanto tener una imagen distorsionada de lo que Él es y de su parecer.

Es desafiante para nosotros creer que no solo Dios nos ama sino que le gustamos y disfruta con nosotros, a pesar de nuestra inmadurez. Mucha gente actualmente se da por vencida en su andar con el Señor debido a esa mala interpretación en relación a su naturaleza. Es crucial que meditemos en lo que las Escrituras nos enseñan acerca de la personalidad de Dios.

Debemos tratar de responder apropiadamente a las demandas de Dios. Tenemos que tomar nuestra medicina con humildad en el momento y de la manera apropiados, sin amargarnos ni irritarnos con

Dios. Tampoco tenemos que ser insensibles o hipersensibles cuando nuestro amante Padre nos señala los errores y las faltas.

De paso, de acuerdo a este pasaje, una de las maneras primarias en que Dios nos disciplina es dejando que suframos injusticias en manos de otros. Él permite que seamos probados, esperando una respuesta de confianza en Él, y de perdón hacia quienes nos ofendieron.

El libro de Proverbios declara que *«camino de vida* [son] *las represiones que te instruyen»* (6:23). Qué Dios nos ayude a aprender a honrarlo cuando pasemos nuestra propia época disciplinaria.

Recuerde que el propósito de la disciplina de Dios es equiparnos para que nos parezcamos a Cristo. Hebreos 12 dice que Él nos disciplina *«para lo que nos es provechoso, para que participemos de su santidad»* (v. 10).

El mensaje profético que Él nos da es, en esencia, abrazar las distintas dimensiones que implica ser como Cristo. Su meta para todos los cristianos es ser conformados a la imagen de su Hijo (Romanos 8:29).

Dios quiere que personifiquemos el mensaje profético que nos ha confiado. Nunca es suficiente proclamarlo únicamente. Debemos buscar *vivir* el mensaje que proclamamos, antes de poder reclamar auténticamente que tenemos un mensaje profético y un ministerio profético. En un sentido, Dios quiere que su Palabra se haga carne en nuestra vida.

Por lo tanto, nos manda varias formas de disciplina redentora para ayudarnos a ver las inadvertidas debilidades de nuestra vida; aquellas grietas ocultas debajo de la superficie. Podemos menospreciar su disciplina y decidir dejar de buscar al Señor con el fervor con que lo hacíamos antes. Podemos amargarnos con Dios porque nos disciplina.

O podemos responder de manera correcta, lo que significa tolerar su disciplina redentora, sabiendo que es para nuestro bien, para que participemos de su santidad (Hebreos 12:10).

Capítulo 7

Piedras para los falsos profetas

Cuando la gente escucha por primera vez que a alguien se le llama profeta, suele imaginarse a un hombre con el pelo revuelto y mirada penetrante, gritando contra el pecado y pidiendo que caiga fuego del cielo.

Puede que otras personas piensen en alguien que pronuncie juicios condenatorios o el fin del mundo. Aunque la imagen puede estar un poquito distorsionada, esta es la que tiene mucha gente acerca de un profeta, como los que aparecían en el Antiguo Testamento.

El carácter de los profetas y la profecía del Nuevo Testamento es, en cierta medida, diferente de la del Antiguo. Algunas personas tienen dificultades al pensar en los profetas modernos y la profecía porque la miran bajo la lupa y con el entendimiento del Antiguo Testamento. Vivimos en una nueva era y nuestra relación con Dios está bajo el nuevo pacto. Todo esto nos lleva a repensar nuestro concepto acerca del ministerio profético del Nuevo Testamento.

En la época del Antiguo Testamento, generalmente había solo unos pocos profetas en toda la tierra. Algunos fueron contemporáneos (Hageo y Zacarías, Isaías y Jeremías) pero la mayoría de ellos profetizaban en forma independiente, como la única boca de Dios. Algunos de ellos no se incorporaban a la vida religiosa cotidiana ni a las tradiciones, sino que estaban separados, apartados para Dios.

Ningún profeta ejemplifica mejor esto que Elías, que enfrentó solo al rey Acab y a los profetas de Baal así como también a los pecados y rebeliones del pueblo. Juan el Bautista también encaja en ese modelo: el hombre de Dios que viene del desierto, proclamando el arrepentimiento porque el Día del Señor era inminente.

Para ellos, el Día del Señor era un día de juicio, el cual podría significar el fin de la era de maldad, anunciando al Mesías davídico e inaugurando el escatológico reino de Dios. La mayoría de la gente de Judea llegó a pensar que Juan era un profeta en el sentido del Antiguo Testamento.

Esos profetas hablaban con un claro e inconfundible *«¡Así dice el Señor!»*. Su autoridad no se limitaba al contenido general ni a las ideas primordiales de sus mensajes, sino que sostenían que sus palabras eran las mismas que Dios les había dado para que proclamaran. *«Ahora pues, vé, y yo estaré con tu boca, y te enseñaré lo que hayas de hablar»* (Éxodo 4:12). *«He aquí he puesto mis palabras en tu boca»* (Jeremías 1:9). *«Balaam respondió a Balac: He aquí yo he venido a ti; mas ¿podré ahora hablar alguna cosa? La palabra que Dios pusiere en mi boca, esa hablaré»* (Números 22:38).

En el Antiguo Testamento no encontramos ninguna instancia en la cual la profecía de alguien reconocido como verdadero profeta se evalúe o se discierna, de manera que lo bueno se saque de lo malo y lo acertado de lo desacertado. Como se sabía que quien hablaba era Dios mismo, ya que los profetas hablaban en nombre de Él, era impensable que el profeta proclamase un oráculo que fuera una mezcla de información correcta e incorrecta. No había términos medios.

Ellos eran verdaderos profetas que hablaban la palabra misma de Dios, y debían obedecerla o eran falsos profetas y tenían que morir.[1]

En el Antiguo Testamento los profetas eran, a menudo, representantes del Señor en presencia de los reyes; los cuales tenían el poder de castigarlos si profetizaban falsamente. Nunca hubo preguntas acerca del discernimiento acertado de la genuina palabra de Dios. Para el profeta era solo cuestión de cuándo iba a tener la valentía de expresar el mensaje.

La esencia del ministerio profético del Antiguo Testamento era un vaso escogido que proclamaba lo que había recibido como *«revelación directa»*. Los profetas del Antiguo Testamento no luchaban por discernir la voz apacible o tratar de dar sutiles interpretaciones de sus propios pensamientos. El mensaje era claro e inconfundible.

¿Se imagina a Noé, diciendo: «Siento que el Señor está imprimiendo en mi corazón que Él está por destruir al mundo con una inundación, y que debo considerar construir un barco»? Para ellos, dar un paso de fe no era proclamar con confianza lo que sentían remotamente, sino repetir lo que Dios había dicho con claridad a pesar de las consecuencias.

La profecía neotestamentaria

La profecía en el Nuevo Testamento tiene un carácter diferente. No hay solamente uno o dos profetas en la nación; al contrario, el don de profecía, el ministerio profético y la palabra del Señor se «dispersan» y «distribuyen» por todo el cuerpo de Cristo. Creo que hay personas con dones proféticos en todas las ciudades de la tierra donde está establecida la iglesia. Puede que sean inmaduros, pero existen.

Bajo el nuevo pacto, casi nunca vemos profetas que vivan en el desierto. El ministerio profético es una parte vital del gran cuerpo de Cristo. Los ministros proféticos son confirmados por su participación en y con la iglesia, no por su aislamiento.

La iglesia llega a ser evangelística por sus evangelistas, es cuidada por sus pastores, sirve con sus diáconos y profetiza por medio de sus profetas. Los ministros proféticos fungen en el marco de la iglesia con el fin de colaborar en el cumplimiento de sus funciones. Son las «coyunturas» que unen (Efesios 4:16) a la iglesia, permitiendo que sean la voz profética en la tierra.

Sin embargo, por el solo hecho de haber llamado y ordenado evangelistas, pastores y diáconos, no quiere decir que el resto de los creyentes no puedan difundir el evangelio, cuidar de sus hermanos y servir tanto en la iglesia como en el mundo. De la misma manera, la palabra profética puede ser manifestada por medio de cualquier creyente, no solo por aquellos llamados por Dios como profetas.

En el Nuevo Testamento, el ministerio profético está dirigido no tanto a los líderes nacionales sino a la iglesia. En el Antiguo Testamento, los profetas, no siempre pero con frecuencia, hablaban de juicio. En la actualidad, la profecía es, primordialmente, para edificación, exhortación y consolación (1 Corintios 14:3).

Aunque la profecía del Nuevo Testamento a veces viene en forma de sueños, visiones y la voz audible de Dios, mucha revelación profética puede ser más sutil. Muchas formas más comunes de revelación son impresiones del Espíritu Santo —la «voz apacible»— en contraste a la inconfundible voz audible de Dios.

La profecía del Nuevo Testamento es diferente, porque tenemos un nuevo pacto, un pacto en el cual el Espíritu Santo mora en cada creyente; un pacto en el cual Dios ha determinado que a través de la iglesia se revele la máxima expresión de su propósito.

Aunque el oficio de profeta en el Antiguo Testamento existía en una esfera superior en muchos aspectos, el don de profecía del Nuevo Testamento es un don «mejor», basado en un «mejor» pacto, porque todos tienen el potencial de profetizar (1 Corintios 14:31). El «llanero solitario» es raro, porque el Espíritu Santo le da a todo el cuerpo la capacidad de dar y recibir la palabra profética.

Existe otra gran diferencia entre los profetas del Antiguo y los del Nuevo Testamento. En el Antiguo recibían directa e inequívoca revelación; eran cien por ciento acertados. No era necesario que otros clarificaran el mensaje dado. La única manera de equivocarse era cambiando ex profeso lo que Dios decía, mintiendo o dando una falsa profecía. Como resultado, el juicio sobre los falsos profetas era apedrearlos hasta la muerte.

«Profeta les levantaré de en medio de sus hermanos, como tú; y pondré mis palabras en su boca, y él les hablará todo lo que yo le mandare. Mas a cualquiera que no oyere mis palabras que él hablare en mi nombre, yo le pediré cuenta. El profeta que tuviere la presunción de hablar palabra en mi nombre, a quien yo no le haya mandado hablar, o que hablare en nombre de dioses ajenos, el tal profeta morirá. Y si dijeres en tu corazón: ¿Cómo conoceremos la palabra que Jehová no ha hablado?; si el profeta hablare en nombre de Jehová, y no se cumpliere lo que dijo, ni aconteciere, es palabra que Jehová no ha hablado; con presunción la habló el tal profeta; no tengas temor de él» (Deuteronomio 18:18-22).

En el Nuevo Testamento, en vez de apedrear a los profetas cuando se equivocaban, se instruye a los líderes a que *«hablen dos o tres y los demás juzguen»* (1 Corintios 14:29). Pablo le da instrucciones semejantes a la iglesia en Tesalónica: *«No apaguéis el Espíritu. No menospreciéis las profecías. Examinadlo todo; retened lo bueno»* (1 Tesalonicenses 5:19-21).

No apedreamos a la gente si se equivoca una vez; tampoco creemos todo lo que dicen, aunque estén en lo cierto el cincuenta y uno por ciento o el noventa y nueve por ciento de las veces.

Esa idea de personas proféticas con sutiles impresiones del Espíritu Santo cometiendo errores algunas veces es difícil de entender para muchos evangélicos conservadores. Por supuesto, la razón es que no han comprendido la transición del ministerio profético. Aunque sí ven con claridad otros aspectos del Antiguo Testamento cambiando con el nuevo pacto, su entendimiento del ministerio profético todavía se basa en ese antiguo modelo.

Sacerdotes y profetas bajo el nuevo pacto

El primer individuo que se menciona en la Biblia cumpliendo la función de sacerdote es Melquisedec. Él era el *«sacerdote del Dios Altísimo»* (Génesis 14:18). Luego del éxodo de Egipto, Dios constituyó el sacerdocio según el orden de Aarón.

Hasta ese momento, solo se mencionaban los sacerdotes en relación a otras antiguas religiones, sobre todo los pertenecientes a la religión ocultista de Egipto. Una de las esposas de José era hija del sacerdote de On (Génesis 46:20). Por lo que el oficio y el ministerio del sacerdocio era una tradición religiosa bien establecida antes que Dios le diese las instrucciones a Moisés en el Monte Sinaí.

Tres meses después de haber sido liberados milagrosamente de Egipto, los hijos de Israel llegaron al Sinaí. A través de Moisés, Dios les declaró a los hijos de Israel sus intenciones: *«Ahora, pues, si diereis oído a mi voz, y guardareis mi pacto, vosotros seréis mi especial tesoro sobre todos los pueblos; porque mía es toda la tierra. Y vosotros me seréis un reino de sacerdotes, y gente santa»* (Éxodo 19:5-6).

La gente era instruida con el objeto de estar preparada para el día en que Dios hablara, de tal manera que todos escucharan su voz. Ellos se santificaron y se reunieron al tercer día al pie de la montaña. En esa mañana comenzaron a manifestarse truenos y relámpagos, y sobre el monte descendió una espesa nube. Cuando el Señor descendió en fuego sobre el Sinaí, el humo ascendió y el monte tembló. Las trompetas celestiales empezaron a sonar, y siguieron haciéndolo por un largo rato, sonando cada vez más alto.

En apariencia, todo el mundo escuchó la voz de Dios, mientras Él les entregaba los Diez Mandamientos. Así fue como respondieron ellos: *«Todo el pueblo observaba el estruendo y los relámpagos, y el sonido de la bocina, y el monte que humeaba; y viéndolo el pueblo, temblaron, y se pusieron de lejos. Y dijeron a Moisés: Habla tú con nosotros, y nosotros oiremos; pero no hable Dios con nosotros, para que no muramos»* (Éxodo 20:18-19).

Esa fue la última vez que Dios habló con voz audible al pueblo como un todo. De ahí en adelante, usaría profetas y sacerdotes como mediadores entre Él y su pueblo escogido. Pero era el propósito expreso de Dios, desde el principio, que los hijos de Israel funcionaran como un reino de sacerdotes, un reino en el cual cada persona tuviese acceso directo a Dios y escuchase su voz.

El propósito de Dios para su pueblo, que fuese un reino de sacerdotes, se cumplió en el Nuevo Testamento. En la primera carta, Pedro llama a los santos sacerdocio real y santo (1 Pedro 2:5,9). Juan les escribe a las siete iglesias y les dice: *«[Jesús] nos hizo reyes y sacerdotes para Dios, su Padre»* (Apocalipsis 1:6). En su visión, Juan oyó también estas palabras en la nueva canción elevada al Cordero, que le cantaron los cuatro seres vivientes y los veinticuatro ancianos: *«Y nos has hecho para nuestro Dios reyes y sacerdotes, y reinaremos sobre la tierra»* (Apocalipsis 5:10).

Bajo el nuevo pacto somos sacerdotes, puesto que el velo ha sido quitado y todos tenemos acceso directo a Dios, al trono de la gracia (Hebreos 4:16). No necesitamos hombre alguno o sacerdote que interceda por nosotros, porque el propio Cristo es nuestro constante mediador (1 Timoteo 2:5).

De la misma manera, no necesitamos alguien que se presente ante Dios por nosotros en la forma en que Saúl le pidió al profeta Samuel que le pidiese a Dios en favor suyo. En el nuevo pacto, nosotros mismos podemos hacer eso.

Jeremías profetizó acerca de un nuevo pacto, en el que cada persona pueda escuchar a Dios por medio del Espíritu Santo que mora en ella: *«He aquí que vienen días, dice Jehová, en los cuales haré nuevo pacto con la casa de Israel y con la casa de Judá. No como el pacto que hice con sus padres»* (Jeremías 31:31-32a). *«Pero este es el pacto que haré con la casa de Israel después de aquellos días, dice Jehová: Daré mi ley en su mente, y la escribiré en su corazón; y yo seré a ellos por Dios, y ellos me serán por pueblo. Y no enseñará más ninguno a su prójimo, ni ninguno a su hermano, diciendo:*

Conoce a Jehová; porque todos me conocerán, desde el más pequeño de ellos hasta el más grande» (vv. 33-34a).

En los ministerios proféticos y sacerdotales del antiguo pacto: (1) el llamado estaba reservado a unos pocos; (2) las exigencias eran claras e inequívocamente definidas (las responsabilidades del sacerdote eran pronunciadas en detalle y los profetas recibían una revelación directa); y (3) el juicio sobre ellos era severo. A los profetas se los mataba (Deuteronomio 18:18-22) y los sacerdotes morían en presencia del Señor si el sacrificio no era aceptado (Levítico 10:1-3).

En el nuevo pacto es diferente. El énfasis del sermón de Pedro en Hechos 2 fue que los hijos e hijas, los mayores y los jóvenes, los siervos y las siervas, *todos* iban a profetizar en el nuevo pacto, debido al derramamiento del Espíritu. En vez de limitarse a unos pocos, todos son sacerdotes, por lo que el don de profecía se extiende a todo el cuerpo de Cristo. En vez de la revelación directa y con la voz audible de Dios, mucho del ministerio profético es impartido en nuestros corazones por impresiones del Espíritu Santo. En vez de apedrear a los profetas, se nos instruye a juzgar y discernir lo que dicen para saber si eso procede de Dios.

En las generaciones que siguieron al inicio de la iglesia, parece que algunos revirtieron el concepto del sacerdocio, volviendo al Antiguo Testamento. Eso no solo le robó una gran verdad al evangelio de la iglesia, sino que elevó al sacerdocio a una posición que para algunos fue una influencia corrupta.

Martín Lutero, un monje agustino y sacerdote, estaba preocupado con el concepto del sacerdocio. Los sacerdotes eran pocos y exclusivos; los requerimientos eran estructurados y ritualistas, y el juicio por el fracaso era severo.

A principios del siglo dieciséis, Lutero empezó a enseñar la doctrina que hoy conocemos como «el sacerdocio de todo creyente». Ese entendimiento neotestamentario del sacerdocio es un fundamento aceptado en la teología evangélica, pero en su época era suficiente como para condenarlo a la muerte.

Lutero también enseñó la doctrina del «juicio privado», el principio por el cual toda persona puede oír a Dios e interpretar las Escrituras por sí misma. Esa fue otra idea radical para el siglo dieciséis, aunque es el punto de partida del entendimiento del ministerio profético en el Nuevo Testamento.

Todo cristiano puede escuchar a Dios, ejercitar el discernimiento y ser guiado por el Espíritu Santo. El ministerio exclusivo del Antiguo Testamento (sacerdotes y profetas) ahora se extiende y es común en el Nuevo.

Desde cierta perspectiva, las doctrinas del Nuevo Testamento acerca del sacerdocio de todos los creyentes y el juicio privado (escuchar uno mismo a Dios) ciertamente, complican las cosas. De hecho, esas doctrinas pueden confundir las cosas. La reacción humana del énfasis de Lutero en esas doctrinas ha causado innumerables discusiones, alejamientos denominacionales y hasta guerras. Para algunos, hubiese sido más fácil y claro si tuviésemos una jerarquía eclesiástica y una sola persona que hablase por Dios. Pero el plan de Dios ha sido tener un reino de sacerdotes y una iglesia profética, de hijos e hijas suyos. Aunque a veces haya desorden y sea impredecible y difícil de controlar, la doctrina del sacerdocio del creyente ha venido para quedarse. Ningún evangélico la negará.

Todos estamos de acuerdo en que vale la pena defender este punto.

El ministerio profético neotestamentario es una extensión de esa idea de que todos podemos oír a Dios. El ministerio profético en la iglesia es extremadamente difícil para algunos evangélicos fundamentalistas y conservadores, simplemente porque se han quedado con la idea del Antiguo Testamento, en el cual solo unos pocos reciben revelación directa que es cien por ciento adecuada; de lo contrario, los apedrean.

El empaque del ministerio profético

El mismo don profético neotestamentario puede operar en «paquetes» diferentes. En general, la gente no tiene problema con una mujer que en el grupo de oración sienta la carga de orar por alguien, que sienta que el Espíritu Santo la guía a orar y dice que Dios le está «imprimiendo» algo en su corazón. Todo eso forma parte de un paquete al que la gente está acostumbrada y comprende.

Sin embargo, si ella lo dice en el servicio dominical de su iglesia, no carismática, y proclama a viva voz su revelación diciendo: «Así dice el Señor», recibirá una respuesta muy diferente. Es el mismo mensaje y son las mismas palabras, pero es dicho en un contexto diferente.

Creo que a veces nos preocupamos demasiado por el entorno y no lo suficientemente por el mensaje.

Me molesta cuando los ministros proféticos, comienzan diciendo: «Así dice el Señor». Lo deben decir porque escucharon que otros lo decían. O, tal vez, sea un intento por ser más dramático o para aumentar la posibilidad de ser oídos. A veces puede que sea el entendimiento de lo profético que proviene del Antiguo Testamento. Cualquiera sea el caso, creo que es importante que animemos a la gente a hacer menos drama y misticismo cuando proclamen que Dios ha hablado.

Debido a que hay varios niveles de revelación personal en la iglesia del Nuevo Testamento (desde leves impresiones hasta voces audibles o visitaciones angélicas), el mensajero debe tener claridad en cuanto a lo que está recibiendo. Las impresiones leves no tienen que puntualizarse de la misma manera que las fuertes. Finalmente, la persona puede encontrarse a sí misma luciendo como un niño, gritando: «¡Ahí viene el lobo!», al decir: «Esta vez sí que escuché algo. Esto dice el Señor, *¡de verdad!»* y todo el mundo bosteza.

Muchos ministros proféticos que conozco llevan adelante las revelaciones proféticas haciendo sugerencias o preguntas a la persona que está siendo ministrada. Por ejemplo, si usted tiene la impresión del Espíritu de que la persona tiene una enfermedad en particular que Dios quiere sanar, simplemente le pregunta si tiene ese problema. El don del Espíritu puede operar en medio de un diálogo natural. No tenemos que poner los ojos en blanco, ni hablar con el lenguaje de la Reina-Valera, terminando con «dijo el Señor». Baje el tono. Igual funciona.

Creo que a veces se involucra la motivación personal, si es que la persona es renuente a abandonar el tono del Antiguo Testamento. A algunos les interesa mucho causar sensación. Quieren impresionar a la audiencia. No entienden que Dios les da revelaciones a través del Espíritu Santo, no para que ellos sean conocidos como profetas sino para ayudar a otras personas.

Aun cuando se le pregunta a una persona sobre su enfermedad, dada por revelación del Espíritu Santo, y esta la reconoce, el profeta se siente tentado a comentar: «Bueno... el Señor me lo dijo». A veces queremos dejar en claro que fuimos los responsables de oír la palabra en vez de dejar que Dios haga su voluntad en la vida de las demás personas.

La revelación profética del Nuevo Testamento, casi siempre, se basa en impresiones dadas por el Espíritu Santo que tienen que ser discernidas en una manera apropiada. Por lo tanto, tenemos que dejar de ministrar al estilo del Antiguo Testamento y reflejar la naturaleza más sutil de la revelación del Nuevo.

No hay tal gloria personal asociada con ese estilo más suave, pero tampoco apedreamos a la gente que se equivoca. Las personas proféticas deben entender que no se trata de reconocimiento personal ni de gloria. El don se da a todo el cuerpo de Cristo para que solamente sea edificado.

Poder corrupto

Si usted puede resucitar un muerto de cada diez intentos que haga, podrá reunir una multitud de cien mil personas en cualquier parte del mundo, dando la noticia con veinticuatro horas de anticipación. Si usted puede resucitar diez personas de cada diez intentos, podrá gobernar y controlar cualquier nación sobre la tierra.

Recuerde que a Jesús lo quisieron hacer rey porque sanó a los enfermos, y porque multiplicó los panes y los peces. El desarrollo de cualquier tipo de ministerio sobrenatural con fuertes demostraciones de poder, llama mucho la atención sobre la gente que Dios usa.

Debido a que el auténtico ministerio de milagros es tan exclusivo, los reyes y millonarios vendrán a servir a estas vasijas ungidas. Hay muchos millonarios en el mundo, pero ¿cuántas personas pueden escuchar a Dios como el profeta Elías? Un profeta similar a los del Antiguo Testamento se encontrará frente a asombrosas tentaciones y presiones.

En los años cuarenta y cincuenta, el ministerio profético de William Branham era tan distinguido que llegó a ser reverenciado al mismo nivel que el de Elías y Eliseo. Por desdicha, alguno de sus seguidores se referían a él como Elías. Branham murió en 1965 y algunas iglesias formadas con sus seguidores todavía se reúnen los domingos para escuchar sus enseñanzas, grabadas desde 1950. El mismo Branham quería ser maestro y terminó promoviendo ciertas herejías. Su ministerio quedó para siempre como una advertencia para los ministros proféticos, de someterse a las iglesias locales y a sus maestros.

Muchos profetas son propensos a las herejías, lo mismo que muchos evangelistas, pastores y maestros.

Ministerio profético contemporáneo sin corrupción

Debido a su don profético, Paul Cain tuvo la oportunidad de encontrarse y declararle la palabra de Dios a dos presidentes de Estados Unidos y a algunos jefes de estado europeos y del Oriente Medio. Creo que esto se incrementará a medida que Dios levante más profetas como Paul, que recibía un claro discernimiento de los secretos del corazón de la gente y claridad acerca de los acontecimientos futuros. Ese tipo de ministerio profético llama la atención de todo tipo de gente, incluyendo reyes y presidentes.

Por lo general, el don de profecía en el Nuevo Testamento se extiende a todo el cuerpo de creyentes. Pero, de todas maneras, Dios levanta personas con dones específicos. Aunque esas personas parezcan tener la unción al estilo de los profetas del Antiguo Testamento (revelaciones directas e incuestionables), tanto ellos como los que escuchan el mensaje deben tener en claro que son profetas del Nuevo Testamento. Están sujetos a error, a corrección y al cuerpo de Cristo. No son voces aisladas que claman en el desierto, sino dones para el Cuerpo, sirviendo para que continúe el ministerio de la iglesia.

Capítulo 8

La estrategia del silencio de Dios

Sobre la gente que ha sido llamada al ministerio profético pesa una tremenda presión. Ya sea que su prominencia sea el resultado de la promoción de Dios o del hombre, la presión aumenta con su notoriedad. Por lo que no es necesario mucho éxito.

Cualquier clase de manifestación sobrenatural o dones tiene que estar acompañada por una gran medida de madurez espiritual o las presiones serán piedra de tropiezo.

Las presiones del silencio

Una de las mayores dificultades como ministros proféticos es estar frente a personas que tienen una gran necesidad y no obtener más que el silencio de Dios sobre el asunto. Puede ser que la voluntad y la mente de Dios se le hayan revelado previamente al ministro profético con gran claridad y detalle, en relación a docenas de personas en la misma congregación y luego, al estar ante una persona en una situación desesperada que, obviamente, tiene más necesidad de recibir una palabra de Dios que todas las demás, puede ser que el ministro profético no sienta nada del Espíritu Santo... que solo haya silencio total.

Esa difícil situación, que inevitablemente se presentará, es una verdadera prueba del carácter y de la madurez de la persona profética. Si el profeta dice: «No tengo palabra para usted», la gente se puede desilusionar o hasta enojar. Puede que esté en juego la reputación del ministro. Si el profeta es un ministro de tiempo completo, se pueden interrumpir sus futuras invitaciones y honorarios. Puede que disminuya la fe en el profeta, ya que recibe la palabra profética en forma ocasional.

La presión de la expectativa y las conjeturas de la gente arrastran a muchos ministros a aguas peligrosas y, a la larga, hace naufragar tanto su integridad como su ministerio.

La gran tentación es dar una palabra que no tienen, como para aliviar la presión del momento. Es la misma tentación que hace que los maestros contesten una pregunta sin estar seguros. El maestro espera desesperadamente que ninguno de sus oyentes se dé cuenta de que sus conocimientos no llegan tan lejos. Pero, para muchos maestros, es muy difícil decir «No sé».

La misma inmadurez y orgullo que lleva al maestro a pensar que su credibilidad se basa en su conocimiento, es lo que evita que el ministro profético diga en una determinada situación: «No tengo palabra para usted».

A pesar de la presión por la expectativa de la gente, o por su propio deseo de ayudar a la persona en necesidad, el ministro profético debe disciplinarse y quedarse callado cuando Dios esté en silencio. Prefabricar una palabra en su mente, ya sea por compasión o por la presión de la credibilidad, puede obrar directamente en contra del propósito de Dios en la vida de la iglesia o del individuo. La falta de integridad, a la larga, nunca construye la fe de la gente, aunque se emocione por un momento por la palabra profética dada por un hombre.

Dejar de lado a Dios

A veces, la persona profética le agrega cosas a lo que Dios dice, porque trata de ser más cariñoso que Dios, contestando a las preguntas de la gente y dándole una palabra, aunque Dios esté callado. A eso lo llamo profecía «sazonada», porque caen en la tentación de agregarle condimentos.

Aunque eso puede ocasionar problemas significativos, no es lo que yo considero falsa profecía o falso profeta.

En Jeremías 23 encontramos la condena del Señor para quienes profetizan en base a su propia imaginación, quienes *«hablan visión de su propio corazón, no de la boca de Jehová»* (Jeremías 23:16). Es atemorizante el pronunciamiento de juicio para esos falsos profetas. En consecuencia, me molesta enormemente cuando este pasaje se usa para criticar a los ministros proféticos que no disciernen la voz del Señor con precisión o que se dejan llevar por la presión para dar una palabra originada en su corazón y su mente.

La condena de Jeremías 23 es dirigida directamente a los profetas que, de manera deliberada, cambian el pronunciamiento específico del juicio que Dios les dio en cuanto a la rebeldía nacional de Israel. Y ellos lo sabían. Menospreciaron la divina advertencia a la nación y se hicieron su propia profecía, en la que proclamaban solo cosas buenas, asegurándole al pueblo judío que Dios protegería a la nación del juicio.

Este es el contexto de Jeremías dirigido a los falsos profetas. Es muy diferente a que un profeta inmaduro profetice erróneamente algo de su corazón por compasión ante una persona en necesidad.

Dios nunca manda a matar a un profeta que yerra de esa manera. La amenaza de muerte era para el que se oponía a la disciplina de Dios dentro de una nación rebelde. El contexto de Jeremías 23 no está dirigido primordialmente como advertencia a los profetas jóvenes que están empezando y no son diestros en el ministerio profético. Constantemente, la gente se encuentra ante la odisea de «¿cómo puede permitir Dios que cierta persona siga sufriendo?». Para no dejar a Dios «con mala reputación», muchos maestros, pastores y profetas corren a dar respuestas. La madurez en el ministerio profético no consiste solamente en tener la disposición para expresar una palabra difícil, sino también estar dispuesto a callar, aun cuando parezca apropiado ofrecer una «palabra profética».

La tentación de fabricar una palabra es la misma, tanto para el individuo como para el profeta, solo que desde una perspectiva ligeramente diferente. Algunas personas piensan que en las circunstancias en que se encuentran, deben recibir palabra de Dios, ¡y que debe ser de inmediato! Puede que su situación sea desesperada o que esté cansado de esperar la respuesta de Dios.

En ambos casos, a veces no hay palabra de Dios, no hay confirmación que sugiera la repuesta, y hasta el profeta famoso que tiene palabra para todo el mundo, tenga que decir que Dios no le ha dicho nada para esa persona. Habiendo gastado toda su perseverancia esperando en Dios, fabrican una palabra y proceden con ella.

El impaciente rey Saúl, cansado de esperar al profeta Samuel, que no parecía estar apurado, es un buen ejemplo de eso. El rey Saúl había reunido a la gente en Gilgal para pelear contra los filisteos, pero Samuel retrasó su llegada para ofrecer el sacrificio.

Después de siete días de indecisión e inactividad, su ejército empezaba a desertar y Saúl no esperó más por el profeta. Hubo una crisis nacional. Rompiendo la ley de Dios sobre los sacrificios, él mismo hizo el sacrificio a pesar de que Samuel, específicamente, le advirtió a Saúl que esperara su llegada para hacerlo.

Por supuesto, en cuanto terminó, apareció Samuel. Saúl trató de explicarle: «*Ahora descenderán los filisteos contra mí a Gilgal, y yo no he implorado el favor de Jehová. Me esforcé pues: y ofrecí holocausto*» (1 Samuel 13:12).

Samuel, que a los ojos de Saúl se había retrasado bastante, no se disculpó, sino que reprendió al monarca por su necedad al desobedecer a Dios y no haber esperado al profeta de Dios que habría de llegar en el tiempo de Dios. Entonces Samuel le dijo a Saúl: «*Jehová hubiera confirmado tu reino sobre Israel para siempre. Mas ahora tu reino no será duradero*» (1 Samuel 13:13b-14a). Era un serio pecado contra la ley de Dios que un rey ofreciera sacrificio, una tarea reservada estrictamente a los profetas y sacerdotes. Saúl no esperó a Dios, lo que resultó en un tiempo de crisis personal. Siguió adelante sin Dios, ocasionando una crisis mayor.

La espera en Dios revela el corazón

El silencio de Dios o la inactividad, en un momento en que nosotros queremos desesperadamente que obre o hable, sirve para revelar la madurez espiritual tanto del individuo como del profeta. Esa fue la primera gran prueba de Saúl siendo rey, la primera de las muchas en que fracasaría.

Otro ejemplo de esa impaciencia para esperar en Dios sucedió con los hijos de Israel. La demora de Moisés reveló que en el corazón de los hijos de Israel estaba el «becerro de oro».

Por otro lado, el rey David reaccionó de manera totalmente diferente ante la falta de intervención de Dios. Volcó su corazón a Él y se dedicó a escribir salmos; no siguió adelante sin Dios.

En el caso del becerro de oro, la espera reveló la inclinación del pueblo a la idolatría; en el caso de David, la espera reveló que su corazón, verdaderamente, estaba puesto en Dios.

Todo creyente tiene que aprender a caminar con Dios cuando este guarda silencio. Es parte ineludible del crecimiento espiritual y el ministro profético tiene que comprender la estrategia del silencio divino.

Como alguien que supuestamente habla por Dios, el ministro profético debe entender que Dios no siempre habla, aun en las situaciones más desesperantes. Si no entiende eso, inevitablemente inventará palabras para complacer a la gente, cuando el propósito específico de Dios es no decir nada. A pesar de sus bien intencionados esfuerzos de «hacer quedar bien» a Dios, se convierte en piedra de tropiezo para quienes quiere ayudar.

Camina confiadamente en la oscuridad

Parte del proceso de madurez espiritual consiste en llegar hasta el límite de nuestra comprensión y luego seguir adelante sin saber lo que seguirá a continuación. A veces Dios nos llama, como lo hizo con Pedro, a caminar sobre las aguas, a andar en fe pero sin entender.

Isaías 50 describe a la persona que camina en el temor del Señor: *«¿Quién hay entre vosotros que teme a Jehová, y que oye la voz de su siervo? El que anda en tinieblas y carece de luz, confíe en el nombre de Jehová, y apóyese en su Dios»* (v. 10).

Andar en la oscuridad como se usa aquí, no tiene que ver con oscuridad moral, la que viene del pecado o de la opresión demoníaca. Simplemente significa caminar en territorio desconocido, sin luz y sin conocer el camino. Isaías sigue en el versículo siguiente: *«He aquí que todos vosotros encendéis fuego, y os rodeáis de teas; andad a la luz de vuestro fuego, y de las teas que encendisteis. De mi mano os vendrá esto; en dolor seréis sepultados»* (v. 11).

Este versículo recalca el peligro y el tormento de los que se niegan a esperar la luz de Dios y fabrican su propio fuego, en un intento por crear luz. Este fuego habla de actividad carnal, un fuego falso creado por el hombre que nunca puede sustituir la luz de Dios. La gente que falsifica el fuego caerá en tormento, en vez de descansar en la seguridad de la paz. ¡Esta es una advertencia para no fabricar palabras proféticas!

Isaías le advierte a la persona que teme al Señor, que no encienda su propia llama; que no fabrique una luz artificial por la frustración de su propia oscuridad. O, en el caso del ministerio profético, que no le fabrique luz a nadie.

El silencio de Dios nos obliga a crecer en nuestra confianza en Él como persona, mientras caminamos en la oscuridad, carentes de dirección. A su tiempo, nos daremos cuenta de que Él estuvo con nosotros todo el tiempo. En ese sentido, desarrollamos nuestra propia historia con Dios.

En los años en que he estado vinculado a personas proféticas, he observado que esta es una de las mayores maneras en que Dios los prueba y los refina. Este reto se podría llamar: «Aprender el arte de depender». Parece como si Dios esperara hasta el último momento para revelar si nos asustamos o si confiamos en Él en los momentos de incertidumbre.

El silencio malentendido

La personalidad de Dios es infinita en su complejidad y creatividad. Pensamos en Dios como un ser *perfecto* en todos los aspectos. Dios posee una personalidad divina, perfecta en su sabiduría, amor y bondad. Su trato con cada uno de nosotros es en términos de construir una relación de amor.

Pero con mucha frecuencia, nuestra malinterpretación monolítica de cómo *tendría* que actuar Dios en determinada circunstancia, a veces hace que su forma de actuar parezca contraria a nuestra manera de pensar.

Una de las cosas que debemos aprender del evangelio es que Jesús no siempre le contestaba a la gente como creemos que debiera de hacerlo. Entonces, cuando pensamos que tendría que contestarnos, Él se queda callado. Cuando pensamos que tendría que haber intervenido, Él se queda inactivo. Los ministros proféticos deben tener mucho cuidado para no suponer lo que Dios dice o hace en una situación determinada.

Cuando Jesús pasaba por la región de Tiro y Sidón, se encontró ante una mujer sirofenicia que clamaba: «*¡Señor, Hijo de David, ten misericordia de mí!*». Jesús debió darse cuenta de que estaba desesperada, deseando que su hija fuese liberada de la posesión demoníaca; pero simplemente *la ignoró* y no le contestó ni una palabra.

Como ella seguía clamando, aparentemente, Él la rechazó diciendo: «*No soy enviado sino a las ovejas perdidas de la casa de Israel*». Ella siguió tras Él, aun cuando Jesús la había *insultado diciendo: «No está bien tomar el pan de los hijos, y echarlo a los perrillos*».

Por último, Jesús la *recompensó* diciéndole: «*Oh mujer, grande es tu fe; hágase contigo como quieres*» (Mateo 15:21-28).

De haber estado presentes nos hubiésemos quedado pasmados. La falta de respuesta inicial por parte de Jesús, la falta de acción y hasta su «rudeza», ciertamente no concuerdan con el modelo de lo que creemos debe ser el comportamiento de un Dios de amor. Pero desde nuestra perspectiva actual, vemos que Jesús la estaba probando; estaba sacando a relucir su fe.

Debido a nuestras ideas preconcebidas, a veces sacamos conclusiones erróneas del silencio de Dios o de su aparente falta de intervención a nuestro favor. Por lo general, llegamos a la conclusión de que el amor de Dios por nosotros ha disminuido, o que no somos dignos de su atención o, quizás, que nos está castigando por algo.

Sin embargo, ese no fue —ciertamente— el caso de Lázaro. Varia veces encontramos en las Escrituras que Jesús amaba a Lázaro y a sus dos hermanas, Marta y María, pero su demora en llegar a ayudar a su amigo en necesidad fue expresamente calculada. «*Y amaba Jesús a Marta, a su hermana y a Lázaro. Cuando oyó, pues, que estaba enfermo, se quedó dos días más en el lugar donde estaba*» (Juan 11:5-6).

Sabemos que la aparente falta de respuesta de Jesús no tiene que ver con su falta de amor, sino con el cumplimiento del propósito redentor de Dios. El milagro fue la señal profética de su propia resurrección. Pero para Lázaro, Marta y María era algo más; era una lección para confiar siempre en Dios, aun cuando tuvieran que caminar en oscuridad, más allá de los límites de su comprensión.

Desde la prisión, Juan el Bautista envió a sus discípulos a interrogar a Jesús. Después de mandarlos de vuelta, Jesús comentó: «*De cierto os digo: Entre los que nacen de mujer no se ha levantado otro mayor que Juan el Bautista; pero el más pequeño en el reino de los cielos, mayor es que él*» (Mateo 11:11). Juan era el más grande, pero aun así, Jesús no hizo nada para evitar que el rey Herodes lo decapitara. La falta de acción de Jesús no era falta de amor por Juan o porque Juan no le importara. Es obvio que

Dios había escogido a Juan para que tuviese el honor de morir como un mártir y, a la larga, su muerte daría más gloria a Dios y a su reino.

Tropezamos ante el hecho de que Dios no habla o actúa de la manera que pensamos que debiera hacerlo. Pero de Isaías aprendemos a no fabricar nuestra propia luz cuando andamos en tinieblas. De Saúl aprendemos a no adelantarnos apresuradamente cuando se demora la respuesta. De los evangelios aprendemos que el silencio de Dios no significa que somos rechazados o que Dios no nos ama. Debemos entenderlo a la luz del propósito redentor de Dios.

Nuestro «¿Por qué, Dios?» es parte del normal caminar en fe hasta el fin. Para quienes han dejado que el Espíritu Santo haga la obra en sus vidas, la pregunta «¿Por qué, Dios?» viene acompañada de una creciente paz y confianza, más que de desilusión e incredulidad. Dios quiere que tengamos paz en el alma, en virtud de nuestra relación con Él y no debido a las circunstancias.

La gente que busca la paz y el consuelo de Dios lo hace pidiéndole la información acerca del futuro. Pero Él quiere que nuestra fe venga primero, arreglando cualquier problema que haya en nuestra relación personal con Él.

La persona profética debe entender que la gente quiere, desesperadamente, la palabra profética que el mismo Dios se niega a dar. La gente pide información sobre las circunstancias y Dios informa acerca de la relación con Él. La gente quiere paz y seguridad, pero Dios les da la paz de una manera distinta. Si Dios no está contestando, tal vez sea porque estamos haciendo la pregunta equivocada.

Hambre por la palabra de Dios

Puede existir una gran variedad de razones conocidas solo por Dios en cuanto a su silencio o al tiempo en el cual no hace sentir su presencia. Tal vez esté enseñándonos fe, nos esté entrenando en su sabiduría o hasta trayendo juicio sobre quienes deliberadamente rechazaron su Palabra. Amós le dice a Israel: «*He aquí vienen días, dice Jehová el Señor, en los cuales enviaré hambre a la tierra, no hambre de pan, ni sed de agua, sino de oír la palabra de Jehová. E irán errantes de mar a mar; desde el norte hasta el oriente discurrirán buscando palabra de Jehová, y no la hallarán*» (Amós 8:11-12).

Nos parece extraño que Dios retenga su Palabra cuando Israel la buscaba tan arduamente. Lo que en verdad pasaba era que Israel ignoró y rechazó conscientemente la palabra que Dios ya les había hablado por los profetas. Ellos ansiaban que Dios les hablara, pero no querían escuchar lo que Él les decía, por lo que buscaban escuchar otra cosa. Lo que le pasó a Israel como nación les pasa hoy a las personas testarudas. A veces, en una sesión de apoyo cada posible solución ofrecida, se encuentra con un «ya lo intenté», o «ya lo sé». Los consejeros se encuentran bajo presión, pensando en alguna respuesta exótica; algo que la persona nunca haya escuchado o intentado hacer. La razón por la cual la palabra del Señor no es clara es que a veces la respuesta al problema es la más elemental y la primera en considerarse.

Por ejemplo, para un hombre que ha sido gravemente lastimado y ofendido, la palabra específica de Dios es que perdone por completo. Pero habiéndolo rechazado, y habiéndose negado a ese simple reto, comienza un largo proceso de búsqueda de una respuesta a su creciente problema.

A pesar de lucir como que está buscando con diligencia, tiene hambre por la palabra de Dios, porque él, deliberadamente, rechazó lo que Dios ya le había dicho con claridad. La palabra de Dios fue tan desagradable que no la recibió.

Si el silencio de Dios o su inactividad es parte del proceso de madurez natural o si es un juicio de Dios, no siempre es fácil determinarlo, pero se puede discernir.

Muchos que son sinceros, aunque inmaduros, son engañados por los poderes de la oscuridad y piensan que el silencio de Dios es una señal segura de su desagrado y abandono. El silencio de Dios como juicio divino, se da solo como resultado de la rebeldía consciente contra la clara convicción del Espíritu Santo. A pesar de que el corazón del hombre es engañoso y malo (Jeremías 17:9), a no ser que usted se encuentre en el último grado de la reprobación, generalmente, conoce la sinceridad o la resistencia de su propio corazón al Espíritu Santo. Aunque en nuestro corazón tratamos de racionalizar nuestra manera de pensar, casi siempre —en lo más profundo— sabemos la realidad de nuestra falta de sinceridad.

Por un lado, algunas personas piensan que Dios es un «charlatán», que está hablando con sus hijos todo el tiempo. Y porque la gente experimenta largos períodos de silencio del cielo, llegan a la errónea conclusión de que Dios se ha apartado de ellos, que deben haber pecado gravemente. Caen presa del acusador de los hermanos y viven bajo la nube de condenación y rechazo.

Por otro lado, algunos especulan creyendo que Dios les habla, cuando en realidad no es así. Esas personas utilizan el preámbulo «el Señor me dijo» para expresar sus propias opiniones y acciones. Al poco tiempo, esa frase suena hueca. Caen presa de una trampa religiosa hiperespiritual.

Animamos a la gente a reducir al máximo el uso de ese lenguaje. Aunque el Señor nos haya dicho verdaderamente algo, no siempre es conveniente o sabio informárselo a todo el mundo.

No creo que Dios esté hablándonos todo el tiempo, que si estamos «en la frecuencia correcta» escucharemos constantemente su voz. Paul Cain dijo: «Dios no habla ni la mitad de lo que la gente piensa y, cuando habla, significa el doble de lo que la gente cree».

Dios les habla a ciertas personas con bastante frecuencia, pero hasta esas personas desearían que no se quedara callado en algunos asuntos que les conciernen. Sencillamente, no podemos manipular a Dios para que nos hable si quiere estar callado. Aun así, no está mal que le pidamos que nos revele su voluntad y su sabiduría. Nosotros no controlamos los medios que Él usa ni el tiempo en el cual lo hace.

Guarda silencio con el conocimiento revelado

La prueba vital para un profeta está en su disposición a dar una palabra fuerte de parte de Dios; y luego, en su disposición a aceptar la resultante reprobación y persecución, que es la carga normal del ministerio profético. Esta es una prueba de entrega y consagración a Dios.

Otra prueba vital es el poder ser capaz de quedarse callado cuando Dios no ha hablado, a pesar de la aparente necesidad del momento. Esta es una prueba de honestidad e integridad ante Dios.

Una tercera prueba vital es la disposición a guardar silencio acerca de algo que Dios le haya revelado claramente, pero que requiere su silencio. Esta es una prueba de madurez y seguridad en Dios.

Algunos profetas quieren asegurarse de que siempre son reconocidos como receptores de la revelación de Dios; son como niños que saben un secreto y que no lo pueden guardar; se lo tienen que contar a alguien.

El hecho de que Dios le haya abierto los ojos divinamente a alguna revelación, no significa, necesariamente, que usted tenga que compartirla. Creo que algunas palabras proféticas que algunos ministros dicen a toda la iglesia son palabras que solamente tienen significado para ellos.

Cuidado con las palabras de corrección

También exhortamos a las personas proféticas, en especial si son nuevas en el ministerio, a que sean cuidadosas al dar una profecía dirigida a un grupo o a un individuo, en busca de una dirección diferente (profecía direccional), o profecías que impliquen que la gente no está haciendo la voluntad de Dios (profecía correctiva). Obviamente, esta categoría de profecía tiene el potencial de causar más dolor y confusión que ninguna otra.

Si alguien recibe lo que cree ser una profecía direccional o correctiva para alguien, le recomiendo que siga los siguientes pasos:

1. Sin revelar la identidad de la persona en cuestión, comparta la revelación con un profeta más maduro, buscando su consejo.
2. Ore por la persona y su situación, y pídale a Dios que le indique el mejor momento para darla a conocer.
3. Si da la palabra profética, hágalo en forma no autoritaria, para que la persona pueda cambiar fácilmente, y para que no lo rechace a usted en caso de no recibir el mensaje. Si es una palabra verdadera y si su corazón es recto ante Dios, hará su impacto, aunque usted lo haga de manera no autoritaria.

También se tienen que seguir cuidadosamente los principios de Mateo 18 y Gálatas 6, cuando haya que corregir a alguien que está en pecado, aun cuando su pecado haya sido revelado en profecía.

Estos principios nos instruyen a hablarle en privado a la persona acerca de su pecado, antes de hacerlo públicamente, y nos enseñan a hacerlo con afabilidad, luego de habernos examinado nosotros primero.

La dificultad de la profecía simbólica

Puede ser difícil interpretar una palabra profética, debido a las muchas imágenes simbólicas que se presentan a menudo. Las personas inmaduras en el ministerio profético tendrán que contenerse también por un tiempo en cuanto a difundir su visión, para poder observar si su palabra se cumple. Esto los ayudará a aprender a interpretar y aplicar lo que reciben.

Primero tendrán que aprender el *abc* del funcionamiento de la profecía y cómo se hace efectiva sobre la marcha. Esta es una razón importante para registrar las palabras proféticas. Muchas veces, una profecía o un sueño espiritual puede impactar a alguien después de haber ocurrido, si lo registró con anterioridad.

Solamente un ministro profético maduro y sereno guardará silencio cuando Dios hace lo propio, y se quedará callado cuando Dios le haya revelado algo que solo es para sus oídos.

El Señor anhela y está buscando personas que sean sus socios en el ministerio. Él quiere comprometerse en una relación de auténtica amistad con nosotros, que se rija por la misma clase de cosas que valoramos en nuestras relaciones humanas: una representación fiel de nuestro amigo ante los demás, la libertad de hablar y de escucharse el uno al otro, el poder serenarse en la presencia del otro, el compromiso de tenerse confianza y defender el honor y la integridad de nuestro amigo cuando sea puesto a prueba, o malentendido. Que podamos llegar a ser amigos de Dios.

Capítulo 9

Orígenes del llamado profético

Casi siempre uso la expresión «ministro profético» más que la palabra «profeta». No es que piense que esté mal referirse a alguien como profeta. De todas maneras, es sabio hacerlo cautelosa y ocasionalmente, porque existen grandes diferencias entre los dones de las personas proféticas así como sus grados de experiencia, madurez y credibilidad. El ministerio profético actual

Mi amigo el doctor Wayne Grudem, profesor del Trinity Evangelical Divinity School, ha escrito uno de los mejores libros sobre profecía que yo jamás haya visto. El libro de Grudem, *The Gift of Prophecy*, debiera ser estudiado por todos los alumnos del ministerio profético.

Una de las mayores piedras con la que tropieza la gente cuando se encuentra por primera vez averiguando la validez de la profecía, es la pregunta que tiene que ver con su autoridad. Si la profecía es algo como «una declaración divina», ¿por qué, entonces, suena tan lastimosamente débil? ¿Por qué no estamos grabando a la gente que habla «la palabra de Dios», y la incluimos en la Biblia?

Grudem hace un excelente trabajo al contestar estas preguntas. Él explica que los profetas del Antiguo Testamento eran llamados y comisionados para hablar «la misma palabra de Dios», con absoluta y divina autoridad. Sostiene que en el Nuevo Testamento, solo los doce apóstoles tenían la misma autoridad para hablar y escribir «la misma palabra de Dios». Toda otra profecía era y es «el informe humano —a veces parcialmente erróneo— de algo que el Espíritu Santo le trae a alguien a la mente».[1]

Grudem logra una saludable distinción entre la divinamente autorizada «verdadera Palabra de Dios» que se convierte en nuestras

Escrituras, y las palabras de los profetas del Nuevo Testamento que deben ser juzgadas (1 Corintios 14:29) y otras calladas (v. 30). Él dice que existe diferente calidad entre «la verdadera Palabra de Dios» hablada solo por aquellos con autoridad apostólica (Escrituras del NT) y los mensajes inspirados de los profetas del Nuevo Testamento.

De todas maneras, me gustaría sugerir agregarle otra dimensión al argumento de Grudem. Aunque Pablo y los demás escritores del Nuevo Testamento escribieron casi siempre «las mismas palabras de Dios», debemos tener presente que ellos no siempre hablaron «la misma Palabra de Dios». Afirmando la inspiración divina y la infalibilidad de las Escrituras, creo que Pablo pudo haber escrito cartas adicionales que no eran, necesariamente, «la misma Palabra de Dios».

¿Y los demás? Hoy en día, ¿puede la gente hablar «la misma Palabra de Dios», ocasionalmente? ¿Puede la profecía ser ciento por ciento segura? ¿Es toda profecía, como argumenta Grudem, solo «palabras humanas informando algo que Dios le trae a la mente» y, por lo tanto, una mezcla combinada de inspiración divina y espíritu humano?

Al afirmar el valor de «la combinación», Grudem, basándose en 1 Corintios 14:36, sostiene que ningún profeta jamás puede hablar «las palabras de Dios».2 Grudem ha sido de mucha ayuda al hacer una clara distinción entre la autoridad de las Escrituras y la pronunciación profética. Aunque no creo que él esté convencido de eliminar la posibilidad de que una persona dé una palabra profética con el cien por ciento de precisión en todos los detalles y, como tal, sean las palabras de Dios.

Al decir esto no quiero significar ni sugerir que cualquier palabra profética contemporánea deba considerarse como consideramos las Escrituras. Pero sí creo que algunos individuos pueden ser particularmente dotados en profecía y, en ocasiones, pueden hablar las palabras de Dios con completa precisión.

Como declara Grudem, en la mayoría de los casos, la profecía se transmite «con palabras humanas que Dios trae a la mente». Dios nos pone pensamientos en la mente que nosotros comunicamos en nuestro lenguaje humano. Son una mezcla de palabras de Dios y palabras de hombres. Algunas «palabras proféticas» puede que sean un diez por ciento palabras de Dios, y un noventa por ciento de hombre, mientras que otras tendrán un mayor contenido de revelación.

De todas maneras, he encontrado que la gente que se mueve dentro de un marcado nivel de precisión en lo profético, lo hace recibiendo revelación de Dios por medios que van más allá del «informe en palabras humanas que Dios trae a la mente». En algunas ocasiones Dios les habla a sus siervos con voz audible. Claramente, estas son sus «mismas palabras» que deben ser trasmitidas con el cien por ciento de seguridad.

Más aun, las visiones receptivas del campo espiritual o de eventos futuros son modos familiares de comunicación para quienes se mueven en el campo profético con remarcable nivel de exactitud.

Todo eso nos ayuda a explicar por qué algunos pronunciamientos proféticos «lucen más auténticos» que otros. He intentado graficar este fenómeno en nuestros pensamientos e ideas con las palabras de Dios:

Palabras de Dios		Palabras de hombre
Profecía fuerte	Profecía promedio (madura)	Profecía débil (inmadura)

Lo que intento ilustrar es que aun cuando es posible hablar palabras de Dios con el ciento por ciento de exactitud, con mayor frecuencia la profecía es una mezcla. A veces, eso da lugar a la palabra «madura» que refleja perfectamente lo que Dios quiere comunicar y, a veces, su palabra es comunicada de manera menos ideal, dando lugar a una palabra «débil», de menos valor, pero que no debe descartarse.

Cualquiera que sea el caso, y ya sea que el profeta tenga o no buena reputación, debemos evaluar lo que se dice (1 Corintios 14:29-30).

Pablo instruye a la iglesia de Tesalónica: «*No menospreciéis las profecías. Examinadlo todo; retened lo bueno*» (1 Tesalonicenses 5:20-21).

Si el pronunciamiento profético proviene de Dios, entonces el Espíritu Santo traerá las palabras a nuestro corazón y nos dará testimonio interno de que es realmente algo que Dios nos está diciendo.

¿Quién puede profetizar?

La iglesia, desde su mismo nacimiento en Pentecostés, está llamada a ser de naturaleza profética. Parecería que el don de profecía está potencialmente disponible para todos (Hechos 2:14-18). Pablo urge a los corintios a buscar este don (1 Corintios 14:1,39) sabiendo que no todos son profetas (1 Corintios 12:29). ¿Qué pasa?

Insisto, creo que Grudem es de ayuda, aunque no acierta en todo. Su definición de profecía como «decir meramente palabras de hombre para comunicar algo que Dios trae a la mente» permite un tipo de pronunciamiento profético que es posible para todo creyente. También sostiene que en el Nuevo Testamento algunas personas ministraban usualmente en profecía, por lo que se les llamaba «profetas» (Agabo, en Hechos 11:21; las hijas de Felipe, en Hechos 21; Bernabé, en Hechos 13:1).

Sin embargo, Grudem no reconoce que hubiera un «oficio» de profeta, algo que los pentecostales y carismáticos han discutido por años. Él dice que el término «profeta» es más una descripción de la función que un título u oficio.

«La distinción entre función y oficio se podría ver reflejada en los mayores y menores grados de habilidad profética, lo que abarca un amplio espectro en cualquier congregación. Los profetas pueden diferir entre ellos en su habilidad, y también pueden ver cambios en la extensión de sus propias habilidades proféticas a lo largo del tiempo. Quienes posean un alto grado de habilidad profética profetizarán con mayor frecuencia, más extensamente, con mayor claridad y fuerza en la revelación, acerca de temas de mayor importancia y sobre mayor cantidad de asuntos».[3]

Grudem señala que algunas personas, como Agabo en el libro de Hechos, que ministran normalmente en profecía, y a quienes no queremos darle el «oficio» de profetas, tienen un reconocido ministerio profético y una reputación tal.

Quisiera extenderme en esta idea y sugerir que hay niveles de ministerio profético.

Cuatro niveles de ministerio profético

En nuestra iglesia nos vimos obligados a definir la terminología para distinguir los distintos niveles y tipos de llamados y unciones proféticas. Usamos cuatro niveles.

1. Profecía simple

Una profecía simple es dada cuando un creyente cualquiera dice algo que Dios le ha traído a su mente. Eso se da siempre dentro del espectro del estímulo, el consuelo y la exhortación que se explica en 1 Corintios 14:3 y no incluye corrección, nueva dirección o palabras proféticas.

2. Don profético

Los creyentes que reciben usualmente impresiones, sueños, visiones u otro tipo de revelaciones, tienen dones proféticos. Casi siempre son simbólicos, en forma de parábolas y enigmas. Este grupo recibe información profética con mayor regularidad que el primer grupo, aunque le falte claridad para comprender lo que han recibido.

He conocido mucha gente del primer y del segundo grupo; estos grupos se cuentan entre la vasta mayoría de quienes profetizan en las iglesias carismáticas.

3. Ministro profético

Son los creyentes a quienes se les ha reconocido su don, se los ha nutrido y comisionado para el ministerio habitual en la iglesia local. Sigue habiendo un gran simbolismo o elementos alegóricos en lo que reciben, pero a través del proceso del equipo ministerial es posible discernir mucho de la interpretación y aplicación de sus revelaciones.

4. Oficio profético

Son los creyentes cuyo ministerio se parece al de los profetas del Antiguo Testamento. Por lo general, ministran con señales y prodigios, y hablan la palabra de Dios con un ciento por ciento de precisión. Eso no significa que sean infalibles, pero sus palabras se deben tomar con seriedad. Su credibilidad ha sido claramente establecida por su probada carrera de profecías acertadas.

El siguiente cuadro ilustra la relación entre estos cuatro niveles de ministerio profético y la habilidad de las personas para hablar «las verdaderas palabras de Dios».

Palabras de Dios			
		Palabras de hombre	
4. Oficio profético	3. Ministro profético	2. Don profético	1. Profecía simple

He intentado mostrar que hoy existe un tipo de ministerio profético en la iglesia, en el cual hombres y mujeres pueden profetizar en algunas ocasiones con el ciento por ciento de exactitud. Aunque estas palabras puedan estar o no mezcladas con las propias palabras del profeta, creo que debemos darle lugar a la gente madura y dotada para que hable «las palabras de Dios».

También intento clarificar el tema concerniente a quién puede profetizar. Lo que he descrito como diferentes niveles del ministerio profético es solo con la intención de ponerle etiquetas a lo que cree la mayoría de los autores que han escrito al respecto.

No hay manera clara de determinar si una persona pertenece al nivel 1, 2, 3 o 4 o cuáles son, exactamente, las diferencias. Estas no son distinciones bíblicas; son simples categorías que nos ayudan a comunicarnos más eficazmente los unos con los otros. Puede resultar aparente que la mayoría de los niveles sean necesarios, pero creo que los grupos iniciales darán cierto marco de referencia para futuras investigaciones.

En nuestra iglesia ha habido unos pocos ministros proféticos del nivel 3 a lo largo de los años, y ocasionalmente han ministrado con las personas del nivel 2 en actividades habituales de la iglesia y en conferencias especiales. Estas conferencias han dado oportunidad al resurgimiento de ministros del nivel 2, pudiendo ministrar codo a codo con los ministros proféticos del nivel 3.

Conozco a cientos de personas, muchas dentro de la iglesia y otras fuera, cuyo ministerio está en el nivel 1 —la profecía simple— y algunos otros a quienes se podría describir en el nivel 2, los que son usados periódicamente para dar una poderosa palabra profética.

Conozco personalmente y he oído a cerca de veinte o veinticinco personas con probados ministerios proféticos, tal como el descrito en el nivel 3. Se trata de hombres y mujeres que usualmente reciben sueños, visiones y tienen encuentros sobrenaturales en sus vidas cotidianas. Funcionan así como un don para el cuerpo de Cristo. Mucha de esa gente puede que algún día sea reconocida como lo que el Nuevo Testamento llama el oficio de profeta.

Lo que he denominado «el nivel 4 del oficio de profeta» representa un ministro profético poderoso y maduro, que se iguala a los ministerios del Antiguo Testamento, como el de Samuel y Elías.

Para mí, reconocer un profeta del nivel 4 en el Nuevo Testamento incluye tres cosas:

1. El profeta tiene cierto nivel de «don sobrenatural», evidenciado en que recibe periódicamente información divina del Espíritu Santo. La validez de este don se comprueba con el tiempo y no es cuestión de tener solo una palabra profética, a pesar de lo exacta o espectacular que parezca.

2. El profeta tiene «carácter santo», señal esencial de un verdadero profeta. Jesús dijo que por su fruto se conocería al profeta verdadero del falso (Mateo 7:15-20). El fruto al cual se estaba refiriendo Jesús es la clase de impacto que estos ministros proféticos causan en los demás. Tener buen fruto significa también que la presencia del Espíritu Santo y la obra santificadora operan en la vida del profeta, produciendo quebrantamiento, bondad, falta de egoísmo y compasión; todo ello con la marca del Espíritu Santo. Se trata de personas que buscan diligentemente cultivar la santidad y la profunda pasión por Jesús en sus vidas.

3. El profeta tiene la «madura sabiduría» de Dios, la que ha adquirido a través de la experiencia y de la relación con el Espíritu Santo. Esta sabiduría permite que la persona sea un instrumento del conocimiento profético y del poder de Dios, de manera que edifica al pueblo de Dios y a su propósito. Esta sabiduría es fundamental para usar la profecía de manera que edifique a la iglesia local.

He visto obrar al Espíritu Santo en estas tres áreas con los ministros proféticos que conozco. Unos han crecido más que otros. Paul Cain es un ejemplo de alguien a quien considero un profeta de nivel 4. Supongo que habrá varios con esa misma clase de llamado; sin embargo, soy reacio a referirme a esas personas públicamente como pertenecientes al oficio de profetas del Nuevo Testamento.

Conozco, en lo personal, unos pocos de quienes actualmente se pueda decir que ejercen el oficio de profetas, midiéndolos por el nivel de madurez de su don, su carácter y su sabiduría.

No estoy del todo cómodo poniéndole a la gente que profetiza la etiqueta de «profeta». Prefiero errar por ser demasiado cauteloso. Primero intento colocar a la gente con dones proféticos en una categoría más baja, hasta que hayan sido bien probados en un largo plazo de relación con una iglesia. Creo que la iglesia se ocasiona un daño cuando permite que la gente se identifique rápidamente como «apóstol» o «profeta», simplemente porque consideran que lo son o porque queda bien impreso en el boletín de la iglesia.

Si hacemos esto, estamos tomando livianamente los dones y el llamado de Dios, y obstaculizando el surgimiento de un genuino ministerio de Dios para la iglesia.

Creo que nuestra generación va a ser impactada significativamente por el ministerio de muchos, muchos ministros proféticos del nivel 3 y unos cuantos profetas del nivel 4. Los pastores tienen que aprender a nutrir eficazmente a esos ministros e incorporarlos a la vida de la congregación.

Creo firmemente que la grey llegará a ser la comunidad profética que describe Pedro en Hechos 2. ¡Ayúdanos, Señor!

Llamado soberano

Ser llamado al ministerio profético no es necesariamente el premio por su diligencia en cuanto a buscar madurar en la profecía. Tampoco está determinado por el ahínco que haya puesto en crecer en carácter y sabiduría. Ello se debe únicamente al llamado soberano de Dios.

Lo mismo es cierto con relación a cada manifestación individual del Espíritu. Pablo les escribe a los corintios: *«Pero todas estas cosas las hace uno y el mismo Espíritu, repartiendo a cada uno en particular como él quiere»* (1 Corintios 12:11).

Servimos a un Dios personal que tiene un propósito para cada individuo. Dios no es una fuerza impersonal. Puede que un monje tibetano haga muchos ejercicios y se discipline pensando que eso le ayudará a llegar a su maestro. Pero los dones y el llamado de Dios no se basan en nuestro esfuerzo, búsqueda o investigación, sino en la elección soberana y la gracia de Dios. No se trata del esfuerzo que usted realice para lograr o desarrollar una habilidad espiritual. Todo depende del llamado soberano de Dios y de su gracia. En las conferencias, la gente a menudo nos pregunta cómo puede crecer en el ministerio profético y recibir más palabra de Dios. Paul Cain casi siempre contestaba: «Solamente podemos enseñarle qué hacer con las palabras. Nadie puede enseñarle cómo recibir la palabra de Dios. Eso le corresponde al Espíritu Santo en nuestra experiencia humana. Solamente podemos enseñarle cómo cooperar con la obra del Espíritu, no cómo producirla».

Supongo que cuando John Wimber me pidió que orara para que el don de profecía se le impartiera a la gente en la conferencia de La Viña de 1989, en Anaheim, muchas personas querían que orara por ellas para que fuesen llamadas al oficio de profetas. Por supuesto, no puedo hacer eso. Esa es decisión de Dios.

De todas maneras, hemos visto gente por la que se oró en esa conferencia que enseguida comenzó a tener sueños, visiones y palabras proféticas de parte del Espíritu del Señor con regularidad. Muchos de ellos han seguido experimentando y aumentando los dones proféticos de vez en cuando.

Hasta cierto punto, esta clase de don es transferible, pero solamente hasta el punto en que Dios lo disponga. Creo que cierta medida del llamado de Dios a lo profético ya estaba presente en esas personas. Hay una misteriosa interrelación entre la soberana acción de Dios y la responsabilidad humana. Simplemente abrimos nuestros corazones ante Dios, buscamos su voluntad y le preguntamos lo que desea. Luego dejamos que la experiencia de cada individuo se desarrolle, sin tratar de explicar completamente su dinámica.

El catalítico que libera o activa el don de Dios en una persona es, a veces, un encuentro divino en la salvación, o hasta años más tarde por una soberana visitación de Dios, sin ninguna intervención humana. A veces sucede de repente, en la niñez, o puede ocurrirle a alguien varios años después de ser cristiano. Con algunos el crecimiento de la unción profética es lenta, mientras que a otros se les imparte rápidamente el don con la imposición de manos (1 Timoteo 4:14; 2 Timoteo 1:6).

Existe un lugar donde buscar el crecimiento rápido de los dones, el carácter y la madurez. Pero aunque la diligencia hace que usted crezca en su llamado, eso no lo determina.

El origen del llamado

Hay numerosas maneras en que la gente es llamada a los distintos tipos de ministerio profético. Me referiré a algunas que han tenido relaciones con nosotros o que han sido parte de nuestro equipo. De ninguna manera esta es una lista de los «principales profetas» de la tierra. Hay muchos grupos y ministros proféticos alrededor del país de los cuales no sé mucho. Para mí es más fácil hablar acerca de los que sí conozco. Llamado en su juventud Paul Cain es un ejemplo de alguien que fue llamado al ministerio profético cuando todavía estaba en el vientre de su madre. El profeta Jeremías, lo mismo que Juan el Bautista, fueron llamados de la misma manera.

Ana Cain, la mamá de Paul, tenía 45 años y estaba muy enferma en 1929, cuando quedó embarazada de su primer hijo. Tenía tres enfermedades terminales: problemas del corazón, grandes tumores cancerosos en los senos y el útero, además de tuberculosis. Más aun, los tumores en su vientre impedirían que el bebé naciera por el conducto natural.

Del Hospital Baylor University enviaron a Ana a su casa en Garland, Texas, para que muriera. Los médicos no podían hacer nada por ella. Pero, igual que la Ana de la historia bíblica, ella prometió dedicar el niño que llevaba en su vientre al Señor (1 Samuel 1:11); claro, si es que vivía lo suficiente como para darlo a luz.

Una noche, mientras clamaba desesperadamente en oración, el Señor le habló por medio de la aparición literal de un ángel. En esencia, le prometió que no moriría y que el niño sería ungido proféticamente como ministro del evangelio. Ana se sanó al instante y vivió sesenta y cinco años más. Murió después de celebrar su cumpleaños número 110. Pudo alimentar a su bebé con el mismo pecho que había sido flagelado por el cáncer.

Ana nunca le dijo a Paul acerca del llamado del Señor a su vida. Quería que el Señor mismo se lo revelara. Eso sucedió una noche, cuando Paul tenía ocho años.

Paul estaba en su habitación. De pronto, el ángel del Señor se le apareció y le habló claramente sobre su llamado soberano. Dios llamó a Paul al ministerio profético. También la hermana de Paul, que estaba en el cuarto, escuchó la voz del Señor. Ella fue una guerrera de oración en favor de Paul y de su ministerio.

De inmediato, después de esa experiencia, el don de revelación profética comenzó a operar en la vida del muchacho. Recibía palabras sobrenaturales de sabiduría y conocimiento, y el don de discernimiento de espíritus (1 Corintios 12:7-10). También desarrolló una gran pasión por el Señor y un ardiente deseo de predicar. A los nueve años, Paul usaba los durmientes desechados de las vías de ferrocarril y los ponía en hileras como si fuesen los bancos de la iglesia ocupados por personas y les predicaba. Paul se dio cuenta que «sabía por el Espíritu» cosas que iban a pasar, lo mismo que cierta información acerca de la vida personal de la gente.

El pastor bautista de Paul, el doctor Parish, lo llevaba en algunas de sus visitas pastorales a fines de los años treinta y principio de los cuarenta. El joven a veces sabía, por el don revelado del Espíritu, cuáles de los enfermos se sanarían. Muchas veces, ese conocimiento le venía en forma de visión.

En una ocasión, rumbo al hospital, Paul le contó al doctor Parish que había tenido la visión de una mujer que estaba en cama muriendo de cáncer. Tendría unos sesenta años y tenía puesta una bata rosada. A los pies de su cama estaba Tom, su hermano, en ropa de trabajo.

Cuando llegaron al hospital, se encontraron con la misma escena que Paul había descrito. Él no sabía nada de esa señora ni de su hermano Tom. Oraron por la señora y ella se sanó totalmente.

A los nueve años, comenzó a predicarles a sus amiguitos. Primero reunió a un grupo de sus vecinitos, junto con su abuela y sus padres. Todos cantaron alabanzas al Señor y luego Paul predicó. La predicación pública de un chico de esa edad era algo difícil de manejar para la iglesia bautista a la que concurría. De todas maneras, cuando Paul llegó a los dieciocho años, los pentecostales empezaron a invitarlo a predicar en sus reuniones evangelísticas.

Cuando cumplió los veinte ya tenía un ministerio radial y dirigía servicios de sanidad en una pequeña carpa. Comenzó a viajar por Estados Unidos como evangelista, enfatizando la sanidad física. Aquellos fueron los primeros días del movimiento de sanidad que corrió por las iglesias pentecostales en los años cuarenta y cincuenta.

Paul empezaba a darse cuenta de que era rechazado por algunos de los líderes del movimiento. En parte debido a su juventud, pero también porque aún no tenía la madurez y la discreción necesaria para servir en un ministerio tan poderoso.

El llamado de Paul Cain fue cuando aún estaba en el vientre de su madre y esta fue visitada por un mensajero angélico. Su llamado fue luego confirmado a los ocho años por el mismo Señor. No tenía nada que ver con su diligencia o su justicia personal. Se debió a la soberana gracia de Dios, y los dones proféticos comenzaron a obrar inmediatamente en su vida después de que el ángel del Señor se le apareciera a los ocho años.

John Paul Jackson fue un ministro profético que formó parte del equipo pastoral de la Comunidad Metropolitana La Viña durante casi cinco años. Luego estuvo con John Wimber y la Comunidad La Viña de Anaheim, por otros tres años. Como Ana Cain, la madre de John también tuvo una experiencia con el Señor, indicándole que un día su hijo tendría un ministerio profético.

John Paul se convirtió a temprana edad y enseguida comenzó a moverse en los dones del Espíritu. Hubo una época en que no siguió completamente al Señor. Su corazón se enfrió. Durante ese tiempo el don de revelación cesó. A los veinte y tantos años, cuando reconsagró su vida al Señor, la manifestación del Espíritu regresó de manera poderosa. Luego pastoreó una iglesia en Dallas, Texas, y viajaba siendo usado por Dios en el ministerio profético.

Bob Jones, a quien ya mencioné en otras ocasiones, era un hombre que tuvo un profundo ministerio profético. En su antigua vida era ladrón, pandillero, contrabandista de licores y alcohólico. Bob tenía muy poco conocimiento religioso y no se hizo cristiano sino a finales de sus treinta años. Sin embargo, Bob tuvo varias visitaciones angélicas y experiencias sobrenaturales en su juventud, las que indicaban que tendría un ministerio profético en su vida adulta. A los trece años escuchó una voz audible del cielo, llamándolo por su nombre. A los quince se vio a sí mismo en una visión, siendo llevado ante el trono de Dios. Esas experiencias lo aterrorizaron. Le llevó varios meses sobreponerse a la visión. Recién después de su conversión se dio cuenta de que esas cosas representaban el llamado de Dios y no su juicio.

Al instante, después de su conversión, para sorpresa de él mismo, comenzaron a operar en él los dones proféticos poderosamente. Bob fue otro ejemplo de cómo el don de la gracia y el llamado de Dios fueron otorgados como consecuencia de la gracia de Dios, no de la lucha del siervo.

Larry Randolph se crió en un hogar pentecostal en Arkansas. En su niñez, tuvo encuentros con el Señor y creció recibiendo revelaciones proféticas a lo largo de su vida. Ahora tiene más de setenta y viaja continuamente como ministro profético.

Un llamado repentino e inesperado

Marty Streiker se pasó la vida siendo maestro de escuela en Canadá. Toda su vida fue católico romano, pero a comienzo de sus cincuenta experimentó el nuevo nacimiento. Marty no sabía nada de los dones proféticos. Sin embargo, inmediatamente comenzó a tener sueños y visiones proféticas. No tenía ningún marco de referencia para esas experiencias y, al principio, no entendía por qué Dios se las daba. Esos dones proféticos que empezaron con su conversión, aumentaron con el correr de los años. Marty fue parte de un pequeño grupo de oración interdenominacional, adicional a su afiliación a la parroquia católica. Dios ha usado su ministerio profético para bendecir tanto a las personas como a un buen número de pastores de diferentes iglesias en su zona.

Agite el don

Michael Sullivant es un excelente pastor y maestro, que por muchos años creyó en el ministerio profético. Aunque la función de Michael en la iglesia, como la mía, se podría describir mayormente en el área del liderazgo y la enseñanza.

Muchos ministros proféticos le dijeron a Michael que sentían que algún día iba a tener un ministerio profético, pero parecía imposible ya que no había ninguna señal notable, ni ningún don profético o llamado en él.

En mayo de 1990, Paul Cain lo señaló en una de las reuniones de nuestra iglesia. Le habló a Michael acerca del llamado profético y lo animó a que dedicara algún tiempo para buscar al Señor y dejar que Él quitara ciertas impurezas de su vida.

Michael se retiró a una cabaña en Colorado por treinta días. Desde la primera noche y durante las treinta consecutivas, tuvo sueños proféticos. Desde entonces, ha crecido rápidamente en el ministerio profético.

John Wimber estaba enseñando en Fuller Theological Seminary cuando comenzó a enseñar sobre la sanidad. Enseguida comenzaron a producirse sanidades. No pasó mucho tiempo y comenzó a tener una poderosa palabra de conocimiento, que es una función del llamado profético.

Con John Wimber no hubo dramáticas visitaciones angélicas o voces del cielo. Solamente dio un paso de fe y en el proceso el don del Espíritu comenzó a obrar a través de él. Para estos hombres, las manifestaciones del Espíritu, obrando por medio de ellos, les permitió reconocer, retrospectivamente, que Dios, en verdad, los había llamado a un ministerio especial del Espíritu Santo.

Phil Elston es otra persona profética a quien he llegado a conocer y apreciar. Su nacimiento fue inusual, ya que su mamá no podía tener hijos. Aun así, Phil nació. Fue hijo único.

Phil tiene recuerdos de haber «visto» cosas de niño, pero él creía que eso era común. Tuvo varios encuentros sobrenaturales con Dios. Uno de ellos lo llevó a la conversión.

Al principio Phil no entendía mucho acerca de los dones proféticos, los que se manifestaban con fuerza después de su conversión en 1976. Tenía muchos sueños espirituales y visiones, y escuchaba la voz de Dios. La forma más común en que opera en realidad ese don en él es recibiendo impresiones del Espíritu Santo, que le permiten saber cosas que no tendría cómo saberlas por medios naturales.

En 1989 Paul Cain le dio a Phil una palabra profética acerca de su vida, que lo ayudó a aceptar el llamado profético. Desde entonces ha estado viajando internacionalmente, enseñando y usando el ministerio profético.

Estos son algunos testimonios que se pueden relatar en este libro. Lo importante de todo esto es que el llamado de Dios a una persona es una función de su plan divino, concertado antes de que la persona levante un dedo para servir a Dios.

No importa si usted ha tenido o no una visitación divina especial. Dios tiene dones y llamados designados para su vida. El entrenamiento bíblico, la disciplina, el ayuno y la oración no cambiarán su llamado. De todas manera, estas disciplinas espirituales, «intensificarán» la liberación del llamado, que ya ha sido divinamente determinado. La meta no es que Dios lo llame como profeta o que lo dote espiritualmente. Por lo general, es cuestión de agitar los dones y el llamado que ya Dios ha determinado para usted.

Esto es una tensión paradójica:

1. Dios sabe lo que ha ordenado para nosotros.
2. Todo lo que queremos es hacer su voluntad.
3. Él ha mandado la oración y el tener un corazón dispuesto para liberar su voluntad sobre nuestra vida.
4. Podemos pedirle los dones proféticos pero, en definitiva, tenemos que estar espiritualmente contentos con la medida de lo que nos da, si es que buscamos con fervor hacer su voluntad.

El dolor del llamado profético

Existe la tentación de querer algo antes de entenderlo. Una vez que lo obtenemos y entendemos las dificultades que vienen adjuntas, la tentación es deshacerse de ello.

Hay muchos malos entendidos acerca del ministerio profético. Los espectadores no se dan cuenta de cuántas luchas y batallas sufre un ministro profético con las «debilidades» de su propia vida.

Si una persona siente el deseo de involucrarse en el ministerio profético, no será por lo emocionante. El dolor, las perplejidades y los ataques a esas personas son mucho más intensos que con el resto de la gente.

Muchos ministros proféticos que conozco han pasado buena parte de su ministerio sufriendo y pidiéndole al Señor que les quite el llamado. La gloria que aparece en una conferencia no es lo mismo que la realidad de sus vidas cotidianas.

Animamos a la gente a encontrar su gozo en amar a Dios y siendo sus siervos fieles, sabiendo que Dios los ama. No tienen que pensar que algún ministro espectacular los hará felices. Nunca conocí una persona profética cuya vida haya sido significativamente feliz a causa de su don. Lo típico es que sufran ataques demoníacos, oposición del pueblo de Dios y gran perplejidad en sus almas. Pueden ver mucho, pero con frecuencia no comprenden el sentido completo de lo que ven.

Los ministros proféticos parecerían tener más desilusiones con Dios que la persona promedio. Generalmente ven con claridad cómo debieran ser las cosas o cómo Dios planea que sean esas personas. Pero tienen que esperar en fe por un largo tiempo, porque lo han visto por adelantado. Se les puede aplicar lo dicho en Proverbios 13:12: *«La esperanza que se demora es tormento del corazón».* Debido a que sus expectativas son demasiado altas, se desilusionan con mayor intensidad.

Para las demás personas, es fácil disfrutar la vida como es, porque no tienen la carga de cómo tendrían que ser las cosas, y no tienen que vivir sufriendo por ello todo el tiempo. Jonás tuvo una gran desilusión con Dios. También Jeremías, que se quejó porque el Señor se había burlado de él.

Cada vez que Jeremías abría la boca se metía en problemas. Estaba confundido, se sentía ridículo y quería escapar. Sin embargo, la palabra del Señor era como un fuego que le quemaba en su interior y no podía resistirlo (Jeremías 20:9). Algo de ese sufrimiento viene junto con el llamado.

Las personas proféticas también tienen dificultades que a veces son inducidas por el liderazgo; como fueron en nuestro caso, porque nosotros, como iglesia, no supimos nutrir ni administrar a los ministros proféticos.

Una prueba importante

Permítame ofrecerle un estímulo general para todos. A lo largo de los años en que he estado involucrado personalmente en las vidas de los creyentes, he observado una agenda oculta común que aparece en sus vidas. Esta motivación guía a muchos de ellos, pero es sutil y muy difícil de derribarla. Lo llamaría el compromiso de evitar el dolor y el sufrimiento a cualquier precio.

Aunque seamos cristianos comprometidos, tenemos la tentación de inventar teologías y trabajar mucho y fuerte para crear una atmósfera indolora a nuestro alrededor. Para lograrlo, usaremos a Dios, a la Biblia, a otras personas y hasta el poder y los dones espirituales.

Es más, he descubierto que, por esa razón, mucha gente va detrás de varias formas del ministerio profético. Piensan que si escuchan más claramente la voz de Dios, entonces Él los guiará para tener una vida libre de problemas y totalmente satisfactoria sobre la tierra.

El problema es que cuando Dios habla, a veces nos dice que creamos y hagamos cosas que nos conducirán a mayores pruebas, dolor y confusión. Una de las experiencias espirituales más confusas y áridas les suceden a los profetas, inmediatamente después de haber sido usados de manera poderosa por el Espíritu Santo. Por lo general, le claman a Dios para que los use y, cuando lo hace, se quejan de haber sido «usados».

El pasaje siguiente describe tres categorías de experiencias que son características del genuino apostolado cristiano y son el verdadero sello del auténtico liderazgo cristiano. Las denomino presiones negativas (vv. 4-5), cualidades positivas (vv. 6-7) y la paradoja divina (vv. 8-9) de la vida en Cristo: *«Antes bien, nos recomendamos en todo como ministros de Dios, en mucha paciencia, en tribulaciones, en necesidades, en angustias; en azotes, en cárceles, en tumultos, en trabajos, en desvelos, en ayunos; en pureza, en ciencia, en longanimidad, en bondad, en el Espíritu Santo, en amor sincero, en palabra de verdad, en poder de Dios, con armas de justicia a diestra y a siniestra; por honra y por deshonra, por mala fama y por buena fama; como engañadores, pero veraces; como desconocidos, pero bien conocidos; como moribundos, mas he aquí, vivimos; como castigados, mas no muertos; como entristecidos, mas siempre gozosos; como pobres, mas enriqueciendo a muchos; como no teniendo nada, mas poseyéndolo todo»* (2 Corintios 6:4-10).

Si estamos en verdadera comunión con el Padre y buscamos vivir de acuerdo a su Palabra, todas estas cosas aparecerán en nuestro camino, en diferente medida, de tiempo en tiempo. Espere que esta oposición y estas experiencias confusas se presenten en su vida. Si estamos a tono con esta realidad, entonces podremos responder redentoramente cuando sucedan.

Creo en la oración por las bendiciones de Dios y nunca le digo a nadie que busque tribulaciones o sufrimiento. No tenemos que hacerlo.Vendrán automáticamente, ya que vivimos en un mundo caído. Dios pretende usar el dolor para atraernos a una relación de fe madura, en ferviente dependencia de Él.

El dolor y la pasión están íntimamente vinculados. Si no hay dolor, la pasión por Dios y la compasión por los demás serán mínimas. El dolor provoca que nos aferremos con fervor a Jesús, y que nos regocijemos apasionadamente cuando Dios nos contesta en medio del sufrimiento.

Aunque tengamos una íntima relación con Dios por medio del Espíritu Santo (lo que se acentúa en el ministerio profético), no será suficiente para nuestras almas hambrientas. Las Escrituras nos enseñan que estamos destinados a vivir ansiando tener más de Dios en nuestra alma. Pablo se refiere a esta carencia en Romanos 8:22-23: *«Porque sabemos que toda la creación gime a una y a una está con dolores de parto hasta ahora; y no solo ella, sino que también nosotros mismos, que tenemos las primicias del Espíritu, nosotros también gemimos dentro de nosotros mismos, esperando la adopción, la redención de nuestro cuerpo».*

El don del Espíritu Santo es solo el anticipo de la herencia completa que será nuestra y la gozaremos en la era por venir. Aun el gran avivamiento de los últimos tiempos no es el cielo en la tierra. ¡Lea Apocalipsis!

He visto gente dedicando su energía espiritual, emocional y física buscando la manera de evitar el dolor de este «gemir» en nuestro interior. Nuestra profunda satisfacción y la perfección de todas las cosas está prometida, ciertamente, pero su plenitud está demorada hasta el cielo.

Sin embargo, podemos disfrutar cierta victoria, cierto gozo y satisfacción en este mundo... aunque solo en parte: *«Ahora vemos por espejo, oscuramente; mas entonces veremos cara a cara. Ahora conozco en parte; pero entonces conoceré como fui conocido»* (1 Corintios 13:12).

Aquí Pablo nos enseña que en este mundo conocemos y vemos parcialmente. Nuestra victoria y satisfacción todavía no llegó a su plenitud. Pero en el mundo por venir veremos a Dios cara a cara, y nuestra victoria y nuestro gozo llegarán a su total plenitud. Tenemos que esperar gozosa y pacientemente, amando a Dios y al prójimo en este mundo malo.

En verdad, no quiero desilusionar a la gente para que no tenga intimidad con Dios, privándose de las emocionantes y gloriosas experiencias placenteras que Él tiene. Pero por muy intensos y preciosos que sean esos momentos, son menos profundos y placenteros de lo que experimentaremos cuando estemos cara a cara con Él.

Gemir por la plenitud de Dios y anhelar el cielo es vital para la vida saludable de un cristiano y el proceso de salvación en el que estamos comprometidos. La vida saludable de un cristiano se caracteriza por un gozo genuino, en medio del gemir por la plenitud de Dios, lo que llegará a su total satisfacción cuando lo veamos cara a cara en el cielo.

Por lo tanto, hasta el ministro profético más poderoso, aquel que cuenta con un poder sin precedentes, no llenará nuestro profundo gemido por la plenitud de Dios. No debemos olvidar nunca esta verdad.

Capítulo 10

Pastores y profetas:
Cómo llevarse bien en el reino

El ministerio profético en la iglesia funciona en una «ordenada libertad» solamente cuando los pastores y la congregación tienen la misma comprensión en cuanto a cómo deben hacerse las cosas. Para la unidad y paz de la iglesia, es importante que esta comprenda cómo funciona el ministerio profético. Los principios de nutrición y administración de dicho ministerio deben ser entendidos no solo por los pastores y los profetas, sino también por la mayoría de la congregación.

Una de las razones por las cuales accedí a escribir este libro fue para suplir la necesidad de una enseñanza sistemática unificada sobre el tema profético, que estuviese disponible para el cuerpo de nuestra iglesia. En los últimos años ha venido gente nueva a la congregación, que no ha entendido los principios básicos escritos en este libro. No parece ser edificante repetir constantemente estos principios a la iglesia, porque entonces el Cuerpo se concentra demasiado en la profecía. Mi plan es pedirles a los nuevos miembros que lean este libro para que todos tengamos el mismo entendimiento.

El liderazgo de quien no es profeta

Algunas personas se sorprenden de que yo pueda ser el pastor y veedor de una congregación profética, sin tener ese don. Este malentendido ha ocurrido muchas veces. Como conferencista invitado, los pastores me animaron a «tomarme mis libertades». Con eso, quieren dar a entender que puedo sentirme con la libertad de señalar a alguien de la congregación y darle alguna palabra profética personal de parte del Señor. Cuando les digo que yo, por lo general, no le profetizo a la gente, piensan que estoy siendo falsamente modesto.

En varias ocasiones tuve que insistir: «Escuchen amigos, no estoy bromeando. Yo no soy profeta». Algunos pastores se sorprenden y otros se decepcionan. Esperan ver alguna manifestación espectacular del poder de Dios cuando predico en sus iglesias.

He sostenido conversaciones privadas con algunos pastores maravillosos, que se sentían frustrados porque no podían mover libremente a sus congregaciones en cuanto a los dones espirituales como otros pastores. Por lo general, ese tipo de personas en la iglesia son espiritualmente inmaduras en otros aspectos. Los pastores se sienten inseguros pensando que esos individuos, aparentan estar «más sintonizados en el Espíritu» que ellos mismos. En consecuencia, se sienten intimidados para corregir a la gente dotada en lo profético.

A medida que el ministerio profético fue encontrando su expresión en la Comunidad Metropolitana La Viña, en Kansas City, he profetizado pocas veces y en esos casos no fue con el énfasis de «así dice el Señor». Si yo siento algo que viene del Señor, generalmente lo expreso en el sermón y la enseñanza, sin mencionar que es palabra profética. Aunque otras personas sienten la presión de lucir más espirituales debido a su posición de liderazgo, yo me esmero en disimular cualquier apariencia de profecía, a causa de mi posición de pastor principal en la iglesia.

Cuando los pastores se dan cuenta de que soy un pastor maestro con muy pocos dones proféticos, su respuesta casi siempre es algo como lo que sigue: «Nunca me imaginé que podían pasar estas cosas en su iglesia y sobrevivir como pastor, sin ser usted mismo profeta». No se necesita un profeta para nutrir y administrar el ministerio profético de su congregación. Se necesita un líder con visión para conducir un grupo diverso con diferentes dones.

El pastor profeta: un zorro en el gallinero

Un pastor con un fuerte don profético o de hacer prodigios necesita entender la dinámica de su rol. Esos dones, si no se usan con sabiduría y control, pueden tener un efecto negativo en su capacidad de pastorear la iglesia de manera efectiva.

He estado con pastores que quieren crear cierto misticismo en torno a sus dones para mantener la impresión de que viven en un plano superior.

Quizás la intención sea inspirar a la gente de su congregación a ir tras la madurez espiritual. Casi siempre, la motivación secreta es reafirmar la confianza de la gente en su liderazgo pastoral y espiritual.

El pastor debe saber que si cae en la trampa de exhibir sus dones proféticos, lastimará y perturbará a toda la iglesia. Al final, algunas personas perderán la confianza en la sabiduría del pastor y en su capacidad de liderazgo, si con demasiada frecuencia, destaca que Dios le dijo que hiciera algo. Algunas personas se sentirán incapaces de relacionarse con él a ese nivel de exaltada espiritualidad.

Además, el pastor puede arriesgarse a que la gente termine siguiéndolo a él como líder profético, en vez de seguir al Señor. Eso se hace evidente cuando mucha gente quiere estar con él, oír hablar de él o espera recibir alguna palabra de él. El pastor inseguro disfruta de esa atención en cuanto a su persona por algunos años pero, a la larga, se cansa.

Los pastores que quieren guiar a través de la profecía cometen un grave error en su liderazgo ya que eso, a la larga, tendrá un efecto demoledor para la iglesia. Como pastor principal, tengo mucho cuidado en cuanto a no poner énfasis en lo que hablo, diciendo: «Así dice el Señor». Solo rara vez doy esa clase de dirección vital, advertencia o corrección. Si se hace con demasiada frecuencia, la gente llega a cansarse de esa terminología adjunta a las indicaciones del pastor. El pastor de una ciudad comenzó a sentir el don de profecía con frecuencia. Vio su ministerio profético como una extensión de su ministerio pastoral. Por lo tanto, no se contuvo demasiado. Su rol de pastor fue usado como plataforma para sus profecías. El zorro estaba en el gallinero, en el sentido que no había mucho freno pastoral a sus dones de revelación.

A medida que pasó el tiempo, su función pastoral comenzó a quedar ensombrecida por su rol de profeta. Señalaba a las personas y les daba palabras en los servicios. Comenzó a tener luchas y al poco tiempo estaba empezando la mayoría de sus profecías con la trillada frase «Así dice el Señor», aunque no pasaban muchas cosas.

Sin embargo, estaba empezando a exigir el poder de alguien con un probado oficio profético. Todo comenzó a declinar en la iglesia. La gente estaba destruida, la congregación debilitada y, finalmente, después de unos años, cerraron las puertas.

Los pastores y los maestros tienen una función diferente a la de los profetas y los evangelistas, que tienen predominantemente un ministerio de dones poderosos. La mayoría de aquellos que intenten enfatizar ambas cosas tendrán más presiones.

Dios quiere que todos los dones descansen en el cuerpo, no solo en uno o dos líderes. Una misma persona que funcione como líder profético y pastor principal puede presentar un conflicto de intereses, similar al que existió en el Antiguo Testamento cuando un solo individuo tenía que cumplir el oficio de sumo sacerdote y el de rey. En la nación judía estaba prohibido que una misma persona sirviera gubernamentalmente y realizara a la vez funciones sacerdotales; tal vez, debido al inherente conflicto de intereses.

No estoy diciendo que sea antibíblico que en su iglesia usted sea una persona con un fuerte don profético y, al mismo tiempo, pastor principal. Lo que estoy diciendo es que es raro y que esa situación puede agregar presiones.

Hoy en día está soplando un fresco viento del Espíritu Santo a través de la nación. Con cada nuevo derramamiento del Espíritu vienen inesperadas e inusuales manifestaciones. Se ora por la gente, esta cae al suelo, sus cuerpos se estremecen como si les pasara electricidad y tienen visiones celestiales o escuchan la voz de Dios. Cuando el Espíritu Santo cae sobre ellos, tienen una experiencia embriagadora y son sanados, renovados espiritualmente o renovados en su fe, esperanza y amor.

Este movimiento actual del Espíritu es solo el comienzo del tipo de torrente profetizado para los postreros tiempos. La iglesia necesita, con urgencia, pastores maestros con sabiduría para guiar, nutrir y administrar a las personas con dones proféticos, en medio de este tremendo derramamiento sobrenatural. De lo contrario, los odres se romperán y se perderá el vino nuevo.

Michael Sullivant es un ejemplo de la persona llamada a la rara posición de ser profeta y pastor maestro. Por lo tanto, juega un rol único y esencial en la nutrición y administración del ministerio profético en la

Comunidad Metropolitana La Viña. El ministerio de Michael permite, efectivamente, que el vino nuevo fluya y aumente, sin romper los odres.

Casi siempre hay personas en la iglesia que son sensibles a los movimientos y a la actividad del ministerio profético. Parecen estar alerta a cuánta «libertad en el Espíritu» han sentido en el último servicio. A menudo lamentan que el pastor no sea más profético.

En efecto, el pastor ordenado por Dios está equipado con el don de liderazgo que Dios quiere que tenga. Se encuentra en una posición estratégica para ayudar a la iglesia a lograr que sea más profética, si usa sabiamente su don de liderazgo.

Por lo general, los pastores competitivos e inseguros rechazan y ahuyentan a los profetas. Eso y la falta de un grupo ministerial variado son factores que impiden el fluir del poder y la revelación a través de la iglesia. Si cada uno fuera profeta, la iglesia funcionaría como un tren sin maquinista.

La paga es la misma

Todos tenemos que aprender a estar seguros del llamado que tenemos de Dios y darnos cuenta del valor y la importancia de cada persona. Pablo, en su Carta a los Efesios, estaba explicando los diferentes dones y llamados en la iglesia cuando escribió: «de quien todo el cuerpo, bien concertado y unido entre sí por todas las coyunturas que se ayudan mutuamente, según la actividad propia de cada miembro, recibe su crecimiento para ir edificándose en amor» (Efesios 4:16).

Satanás es un maestro sembrando descontento en los corazones de las personas, en cuanto a lo que son y cuál es el llamado de Dios para ellos. Eso es un problema en todo el cuerpo de Cristo. La gente está mirando por encima de la cerca, anhelando el pasto de las vacas del vecino.

He conocido a muchos ministros proféticos que quieren ser maestros. Ellos ven todo el sufrimiento asociado a su don profético y se imaginan que el maestro solo tiene éxito, respeto y una vida de reconocimiento. Y también he conocido maestros que al ver a los verdaderos profetas, quieren profetizar.

Pablo señala en su Primera Carta a los Corintios, que en parte el problema es la inferioridad: «...porque no soy ojo, no soy del cuerpo»

(1 Corintios 12:16) y la otra parte del problema del cuerpo es la superioridad: «Ni el ojo puede decir a la mano: No te necesito, ni tampoco la cabeza a los pies: No tengo necesidad de vosotros» (v. 21). Hemos creado mucho de eso, adjudicándole estatus a los distintos ministerios y dones. Los profetas son ultraespirituales; los apóstoles tienen que ser superultraespirituales; los pastores y los maestros un poquito menos, y así sucesivamente hasta llegar a los diáconos, los ujieres y la persona que imprime los boletines.

Muchas de esas cosas se magnifican en la cultura occidental. El estatus social asociado a las diferentes funciones en el cuerpo de Cristo hace que la gente haga cosas excéntricas y desequilibradas, que al final afectan la forma en que los miembros del cuerpo hacen su parte en suplir lo necesario. Le hemos dicho con frecuencia a la gente: «Ya sea que estén resucitando muertos o durmiendo una siestita, si están haciendo la voluntad de Dios, al final, la paga es la misma».

En la Comunidad Metropolitana La Viña, en Kansas City, estamos asociados a varios profetas de nivel internacional. Algunos han vivido en Kansas City y con otros nos hemos relacionado por amistad. También nos hemos relacionado con varias personas que usualmente tienen visiones y sueños proféticos.

Un pastor como yo, en esa situación, tiene que lidiar con su propio corazón en cuanto a dos cosas. Primero, tiene que estar tranquilo con la limitación de su llamado. Yo estoy en paz con las limitaciones de mis dones espirituales. A decir verdad, eso nunca fue un problema para mí. Puedo ver las terribles dificultades y presiones que han tenido personas como Paul Cain y otras, a consecuencia de su ministerio profético. Nunca lo codicié; ni por un segundo.

Uno de mis mayores llamados está en el área de la intercesión. Durante años he encontrado gracia clamando por el avivamiento del fervor cristiano a lo largo de nuestra nación. Yo estaba contento dentro de esos límites espirituales mucho antes de haber oído hablar de personas proféticas como en la actualidad.

Eso fue una verdadera clave para mí y me sigo identificando con mi carga y llamado a la intercesión.

Mi primer libro *Pasión por Jesús* (publicado por Casa Creación) es una clara expresión de mi corazón y del mensaje principal de mi vida.

Continúo sin ser un ministro profético y, probablemente, nunca llegaré a ningún grado mayor. Tampoco soy un buen pastor ni un administrador efectivo. Primeramente, exhorto y animo a la gente y también guío un grupo de personas que tienen dones que son muy distintos a los míos. Sus dones son más fuertes que los míos en varias áreas. Me gusta eso.

Una de las lecciones más importantes que tuve que aprender fue que no tenía que dejarme intimidar por la gente que escuchaba a Dios directamente con más frecuencia y más dramáticamente que yo. Al principio fue terriblemente diferente.

Yo era un pastor que estaba llegando a mis treinta años y había comenzado a relacionarme con personas como Bob Jones, que recibía palabras proféticas profundas y exactas. Eso puede ser intimidatorio. Mi renuencia a confrontar a las personas proféticas llegó a su culminación cuando el ministerio profético en nuestra iglesia ya tenía dos años.

El duelo profético del domingo

Durante el segundo año como pastor en Kansas City, noté que cinco o seis personas con dones proféticos competían usualmente por apoderarse del micrófono en los servicios dominicales matutinos. Ya me estaba exasperando, porque eso estaba causando mucha inquietud debido a que venía ocurriendo en los últimos meses. Algunas personas se estaban cansando por sentirse manipuladas por esos profetas y estaban diciendo cómo se sentían.

Un domingo de diciembre en 1984, dos de los ministros proféticos más destacados se enfrascaron en un «duelo profético» delante de la congregación. Uno pasó al frente y proclamó algo así como «Así dice el Señor: algo grande va a pasar».

Luego pasó el segundo y dijo: «Así dice el Señor: cosas mejores sucederán».

Entonces el primero le respondió. Y el segundo, para no quedar atrás de la profecía, le respondió diciendo algo mejor aún. Respondieron tres veces cada uno.

Yo estaba en la primera fila muy irritado. Tenía muy claro lo que estaba pasando. Esos dos individuos estaban cediendo a la tentación que existe entre los profetas y estaban compitiendo por ser el principal profeta de la iglesia. Fue escandaloso, bochornoso y ridículo; todo el mundo se dio cuenta menos los dos profetas. Varias personas se me acercaron después, preguntándome cuánto tiempo más iba a permitir aquello. Generalmente, trato de proteger a los ministros proféticos animando a la congregación a que sea paciente, y recordándole todas las cosas buenas que pasaron con ellos.

Sin embargo, ese día se pasaron de la raya. El emperador o —mejor dicho— los profetas, estaban desnudos; pero los únicos que no lo sabían eran esos dos hombres.

Bob Scott, un hombre diestro en la gestión profética, y yo confrontamos a los dos hombres. Ambos se pusieron a la defensiva y me amenazaron con que las bendiciones del Espíritu Santo abandonarían nuestra iglesia si no aceptábamos el estilo de su ministerio y lo que tuviesen que decir.

Me sorprendió que reaccionaran en forma tan carnal, intentando usar la manipulación, ya que previamente habían dado palabras proféticas acerca del futuro, que habían sucedido exactamente como lo habían predicho. Pero cuando salieron con esa advertencia —de que los dejara hacer lo que querían o el Espíritu Santo se iría— tocaron una fibra en mi interior. Abrí los ojos y vi el grado de carnalidad que había en todo el asunto.

Como suele ser, me habría intimidado por esa clase de personas, cuando anteriormente habían profetizado con tan exacta precisión. Pero me habían provocado y ofendido, por lo que me levanté y les dije a ambos que se fueran. Básicamente, les informé que «ya terminé con ustedes, muchachos».

Fue tan desalentador para mí que tuve ganas de acabar con todo el ministerio profético, los milagros, las confirmaciones sobrenaturales, todo. No tendríamos más ministerio profético en nuestra iglesia.

Ahora me alegro de no haber dado rienda suelta a mi enojo y mi frustración, debido a las maravillosas cosas que he visto hacer a Dios en nuestra iglesia a través del ministerio profético. Algo verdaderamente importante surgió en aquel llamado «duelo de los profetas». Algo se quebró en mi interior y desde ese momento en adelante ya no temo enfrentarme a los ministros proféticos, aunque hayan tenido la autoridad de hacer llover fuego del cielo. Los dos ministros proféticos me dijeron que habían terminado con nuestra iglesia y me aseguraron que Dios había cancelado toda la tremenda palabra profética dicha para la iglesia. Creían que Dios se iba con ellos.

Ahora me resulta tonto, pero hubo un momento en el que pensé que la bendición de Dios nos abandonaría si heríamos los sentimientos de esos hombres y se iban. Pero Dios no lo abandona a uno porque un ministro profético se ofenda. Puede ser usado grande y poderosamente por el Espíritu Santo, pero ello no es mediador entre nosotros y Dios. Solamente Jesús es el único mediador.

Aquellos dos hombres se quejaron de mí con personas clave de la congregación. Pero ellos me felicitaron, diciendo: «Gracias, gracias, gracias». Ahí fue donde aprendí que no eran los profetas los que tenían el don y el llamado al liderazgo gubernamental de la iglesia.

También me di cuenta de que si los líderes no se paran firme para expresar la sabiduría pastoral que Dios les ha dado, los ministros proféticos no solo destruirán la iglesia, sino que destruirán también sus propios ministerios.

Mucho de lo ocurrido el día del «duelo de los profetas» fue culpa mía, porque no ejercí mi liderazgo ni mi responsabilidad. Permití que esos hombres se metieran en una situación difícil y vergonzosa. Tomé conciencia de que el grupo que gobierna nuestra iglesia tenía mucho más sabiduría pastoral que los ministros proféticos, acerca de la vida de la congregación y cómo responde la gente a la palabra de Dios. En una corta semana, cambió mi manera de ver mi propio ministerio y el de los líderes de nuestra iglesia. En dos semanas aquellos dos profetas volvieron y se arrepintieron por sus motivaciones y ambiciones carnales. Eso me dio una nueva confianza; los profundos e incómodos sentimientos que había tenido por el estilo de sus ministerios, en verdad eran sabiduría y discernimiento. Tomé la decisión de que no iba a descartar ni a apagar nunca más esos sentimientos.

Desde ese encuentro, decidí que siempre que sintiera intranquilidad acerca de lo que hiciera la gente profética, no lo iba a pasar por alto. Negarme a liderar los dones proféticos terminaría en un daño para la iglesia y para los ministros proféticos.

La motivación para rechazar a los profetas

Casi todas las personas proféticas se ponen en contacto con sus dones mucho antes de cultivar la sabiduría correspondiente o la humildad y el carácter necesarios para triunfar en el ministerio profético. Al principio puede que parezcan arrogantes o avasallantes debido a su celo. A medida que pasan los años, su avasallamiento es producto de su temor, dolor y rechazo.

Los ministros proféticos que llevan años en el ministerio han sido desairados muchas veces. Algunos han sido tratados duramente, sin recibir demasiadas explicaciones y sin la seguridad de tener una buena relación con el liderazgo de la iglesia.

Cuando conocí a Bob Jones, ya había sido maltratado por muchas personas y tenía profundas cicatrices. John Paul Jackson, otro ministro profético de la Comunidad Metropolitana La Viña, había tenido tantas experiencias negativas en otras iglesias que esperaba que en la nuestra lo rechazáramos en cualquier momento.

La persona promedio que ha estado en el ministerio diez años ha sido bastante golpeada, por lo que se siente herida. Esto es especialmente cierto si el don profético ha estado activo en el ministro a temprana edad. Cuando esa persona llega a los cuarenta o cincuenta años, es muy recelosa y cautelosa con las figuras de autoridad.

Los que hayan entrado tarde en la vida al ministerio profético, también tendrán problemas de rechazo. Esos conflictos en las relaciones con los líderes de la iglesia llevaron a que las personas con dones proféticos tuviesen que esmerarse más para ser aceptados y reconocidos. Si se hubieran dejado llevar por esas tentaciones, los problemas habrían sido mayores.

Muchos ministros proféticos intentan crear bastante credibilidad para asegurarse de que no serán marginados. Algunos solo quieren seguridad. Piensan que si tienen bastante influencia, no tendrán que preocuparse demasiado por ser rechazados. Todo el mundo sabe que no se saca un jugador del equipo solo porque juegue mal un partido.

También, sienten que si construyen un depósito de credibilidad, cuando tengan algo qué decir, no tendrán que luchar para ser escuchados. Como para ellos es tan importante la influencia, tienen la tendencia a esforzarse demasiado para ganar crédito por haber escuchado acertadamente la palabra de Dios.

No me parece adecuado reconocer públicamente a la persona que me ha dado una palabra profética clave al compartirla con la iglesia. Pero, un profeta rechazado muy difícilmente puede resistirse a proclamar: «Ah, "yo soy" quien dio esa profecía».

Una tentación siempre conduce a otra, y cuando la persona profética o su revelación no es públicamente reconocida, la tentación es murmurar con las personas influyentes de la iglesia como para ser reconocido. Algunas personas proféticas están determinadas a que se las oiga de una u otra manera. Obviamente, eso no es bien visto por el pastor, que lo considera como ambición egoísta y manipulación.

A veces, las personas proféticas tienen conflicto con los pastores porque presionan mucho para que sus revelaciones se den a conocer públicamente en los servicios de la iglesia. Si el pastor no le da al ministro profético una plataforma pública en la grey, el profeta se siente tentado a juzgar al pastor como poseedor de un espíritu de control, o a pensar que es un fariseo de dura cerviz que se resiste al Espíritu de Dios. A veces, la gente con esa actitud se reúne en sus grupos proféticos para orar en contra del pastor.

Todo eso y más, generalmente, es el resultado de profetas heridos y rechazados que caen en la tentación presente debido a heridas del pasado. El problema se agrava cuando el liderazgo pastoral no llega a ver más allá para discernir los temores y sufrimientos que motivan ese comportamiento.

Si las personas proféticas que son malentendidas, lastimadas y rechazadas, se dejan llevar por sus temores y tentaciones, harán grandes esfuerzos para obtener credibilidad y ser aceptados. Pero, irónicamente, «el tiro les sale por la culata». Cuanto más lo intentan, peor se ponen las cosas. Lo más lamentable es que muchos de ellos ni siquiera se dan cuenta.

A los pastores les cuesta confrontar a los profetas experimentados. ¿Por qué? Porque el pastor tiene sus propias inseguridades. Yo estaba mucho más alerta de mi incapacidad para escuchar a Dios que ellos. Funcionaba bajo la premisa de que si ellos recibían información divina, ciertamente podían escuchar cómo aplicarla. Pero era una suposición falsa.

Pastores y líderes inseguros

El saber dónde marcar el límite con los ministros proféticos reducirá la inseguridad y el temor que, usualmente, experimenta un pastor cuando recién conoce a esa clase de gente. Si el pastor entiende cómo tratar a esas personas, les temerá menos. A muchos pastores no les importa que las cosas sean un poquito desordenadas, si es que van a ser productivas a final de cuentas. Pero si no ven el beneficio a largo plazo, dirán: «¡Ya basta!» y darán por terminado el asunto.

A la mayoría de los pastores no les gusta pasar vergüenza, por lo que no quieren que su congregación sea lastimada o confundida. Tratan de proteger a su gente y mantener la paz en la iglesia.

Las personas proféticas tienen, a menudo, un agudo sentido de responsabilidad ante Dios. También los pastores tienen ese mismo sentir, pero sienten lo mismo con respecto a la gente.

Puede que el pastor sienta esas dos preocupaciones de diferente manera que los ministros proféticos. El pastor es responsable ante Dios, pero sabe que si hay un problema, se va a enterar por los ancianos y por la mitad de la congregación el lunes por la mañana.

El pastor, además, lucha con el conflicto y la presión práctica del presupuesto. Cuando la gente se molesta, se va y desequilibra la economía de la iglesia. Eso significa que el pastor tendrá que dejar sin trabajo a la mitad de su equipo. Generalmente, los profetas no viven bajo esa presión.

Muchos pastores ceden a la inseguridad y al temor del hombre. Han visto caer a muchas congregaciones y a mucha gente lastimada por ello. A veces quitan sus ojos de Dios y son presa del temor cuando las cosas se salen de la rutina. Tienen que aprender a lidiar sin temor y mantener el equilibrio en la zona de riesgo, sin sacrificar su sabiduría pastoral.

Los pastores y líderes sienten varias cosas: lo que Dios quiere, lo que la gente va a decir y una serie de cosas más que, si no se les presta atención, pueden hacer que las piezas de todo el mecanismo se vengan abajo. Es bueno que las personas proféticas entiendan todo eso, para que no vean a los pastores ni a los líderes como personas que simplemente quieren apagar y oponerse al movimiento de Dios.

Muchos pastores que conozco dejarán que pasen cosas fuera de lo común, extrañas y ajenas a sus programas, siempre que no sean ficticias. Los pastores temen que ocurran cosas ajenas al Espíritu Santo. Preferirán cortar ciertas cosas antes de que lleguen a la zona de peligro.

Los profetas siempre quieren ir un poquito más allá de la zona de riesgo, para asegurarse de que hacemos todo lo debido. Para ellos, hacer un poquito más, es mejor que no hacer nada.

El mayor temor del profeta es no descargar todo lo que el Señor quiere que exprese. El mayor temor del pastor es que no quiere que la iglesia sea muy emocional, porque tiene que mantener una relación a largo plazo con ella. Los pastores y profetas tienen la misma motivación; temen perder a Dios, pero actúan desde distintos puntos de vista.

Uno de los mayores beneficios de tener ministros proféticos en la iglesia es tener contacto con probados hombres dotados, que llevan la carga profética de la voluntad de Dios, sin los mismos temores y ansiedades que a menudo acompañan al liderazgo pastoral. Muchas veces, esos temores y ansiedades enceguecen al pastor.

Debe ser difícil para un líder pastoral darse cuenta de la existencia de una grieta, si hace mucho que está ahí. Pero esa grieta es obvia para el profeta. Tal vez el pastor esté más alerta a todos los problemas que se presentarán al tratar de resolver el asunto. Por otro lado, un entendimiento general de los problemas administrativos y pastorales asociados al liderazgo de la iglesia permitirá que los profetas entiendan mejor el dilema pastoral.

La mayor efectividad de la iglesia se alcanza cuando la diversidad de dones y personalidades operan juntas, como un mismo equipo ministerial. Pero eso implica mucha paciencia y la habilidad de honrarse los unos a los otros, para superar las presiones que se originan al alimentar y guiar una iglesia con diferentes dones.

Hasta que no aprendamos a honrarnos los unos a los otros, y a darle honra a la obra única que el Espíritu Santo está haciendo en la vida de cada persona, terminaremos teniendo una guerra santa, especialmente si los dones y las personalidades son fuertes. Sin un equipo ministerial, ninguno de esos dones prospera. Creo que esto es especialmente cierto en el ministerio profético.

Capítulo 11

La palabra profética en la adoración pública

La forma de lidiar con las palabras proféticas en los servicios públicos habituales ha ido evolucionando con el tiempo. En los primeros dos años, en Kansas City, permitimos que sucediera casi todo espontáneamente, sin usar ninguno de los procedimientos que empleamos hoy.

Durante esos primeros años, así como en los subsiguientes, hubo numerosas ocasiones en las que alguien emitía una palabra profética en la congregación que era de gran beneficio para la iglesia.

El beneficio de la profecía pública

Hace un par de años, uno de los hombres de nuestro equipo profético se puso en pie y dijo que el Señor le había hablado muy clara y poderosamente. Fue el 1 de febrero de 1985. Dijo que el Señor iba a proveer un nuevo edificio para este cuerpo de creyentes en cuatro meses, para junio. Siguió diciendo que dos hombres vestidos con traje y corbata iban a venir a hacernos una oferta que no íbamos a poder rechazar.

En aquel momento contábamos con una congregación de setecientos miembros y no teníamos edificio propio. Las reuniones se hacían en un colegio. ¡Y teníamos muchísimas reuniones! Teníamos que llevar y traer todo lo que necesitábamos para las reuniones. Había numerosos inconvenientes que hacían que esos arreglos fuesen muy fatigosos para todos.

Ese ministro profético le estaba diciendo a la congregación algo que esta anhelaba oír ansiosamente. Todo aquello se acabaría en pocos meses. Todos aplaudieron y aclamaron alegremente al escuchar la palabra.

Me paré al lado del hombre que estaba profetizando, sintiendo un gran temor anidándose en mi alma. No sabía qué hacer exactamente. La palabra era muy clara: dos hombres con traje y corbata hacían una oferta tan buena que no podíamos rechazar. Primero de junio. No teníamos que buscar el edificio... y habíamos estado buscando uno arduamente y durante mucho tiempo, sin ningún resultado.

Estaba luchando con la idea de que estábamos ante un gran dilema. ¿Qué pasaría si lo dejaba pasar sin hacer ningún comentario o corrección? Cualquier cosa que le dijera a ese hombre sería trivial, comparada con lo que la congregación me diría por dejarlos llevarse por esa palabra profética.

Ese ministro, en particular, contaba con mucha credibilidad y una trayectoria de aciertos en relación a la profecía. Sin embargo, a veces se equivocaba.

En lo único que podía pensar era que la gente me querría linchar el 2 de junio, al ver sus esperanzas hechas polvo si Dios no proveía el edificio antes del 1 de junio. Como pastor, sentía que la palabra profética me echaba fuera de camino.

La comisión de propiedades de la iglesia tampoco estaba muy entusiasmada. Es más, creo que se sentían un poco perturbados por lo ocurrido. Habían dedicado muchas horas de arduo trabajo buscando una instalación permanente.

Yo no tenía muy en claro qué hacer con esa comisión. Si creía la palabra profética, la nueva comisión de propiedades de la iglesia se disolvería; si no, tenía que animarlos para que siguieran trabajando. La verdad era que yo no creía esa palabra. Sentía que, probablemente, el ministro profético había interpretado mal lo que Dios le había mostrado. Por lo tanto, le pedí a la comisión que siguiera buscando.

Después le dije al ministro profético cuánto hubiese apreciado que primero me informara a mí antes de colocarme en una situación tan difícil. Después del incidente del domingo del «duelo de los profetas», ocurrido unos meses antes, habíamos empezado a implementar un sistema para administrar el fluir de la palabra profética en los servicios. Estábamos en las primeras etapas de aprendizaje para emplear el liderazgo pastoral a esa área. Créanme, ese incidente ayudó a llevar adelante el proceso.

La comisión siguió buscando edificio los tres meses siguientes. Estábamos en mayo y todavía no habían encontrado nada. Yo estaba transpirando y preparando una respuesta para la congregación el 2 de junio, en la reunión del colegio. El 10 de mayo, dos hombres nos invitaron a mi querido hermano Noel Alexander y mí a almorzar.

Lo primero que hicieron fue disculparse por su vestimenta. Se sentían demasiado formales con traje y corbata (lo que rara vez usaban), porque acababan de venir de una reunión muy especial. Luego nos dijeron que tenían un edificio que ofrecernos. Estos hombres de negocio tenían una gran carga por alcanzar a los jóvenes y habían comprado un campo de fútbol techado para ganar chicos para Cristo, pero las cosas no se estaban dando como ellos querían.

—Hemos oído de su ministerio —nos dijeron— y queremos que dispongan de nuestro edificio. Los compromisos de fútbol terminan el 28 de mayo y queremos que ustedes lo tomen inmediatamente para que no lo vandalicen.

Tres semanas después, el sábado primero de junio, tomamos posesión de las llaves, fuimos a limpiar el lugar y tuvimos nuestro primer servicio el domingo 2 de junio.

Sucedió como había sido profetizado: dos hombres de traje y corbata hicieron un ofrecimiento, y lo hicieron antes del 1 de junio. Nos ofrecieron un edificio con capacidad para dos mil personas, a un precio tan bajo que pudimos pagarlo totalmente en tres años. Verdaderamente, era una oferta muy buena como para rechazarla, tal como había sido profetizado. Yo estaba sumamente gozoso.

Todo eso podía haber pasado sin ninguna proclamación profética en un servicio dominical. Yo podría haber recibido la palabra en privado y haberla guardado en secreto en mi corazón. Seguro que eso hubiera sido más fácil para mis nervios. Pero Dios sabía exactamente lo que estaba haciendo.

Muchas personas de nuestra congregación vivían en una zona de la ciudad de bastante afluencia. Esta nueva instalación estaba casi veinte kilómetros al sur de donde nos habíamos estado reuniendo, localizada en una zona socioeconómica más baja. Muchos expertos en crecimiento iglesias dijeron que esa mudanza sería negativa para la iglesia y que se perderían miembros.

Pero como la palabra profética había sido tan específica, la iglesia aceptó la ubicación como proveniente del Señor. De los setecientos miembros de nuestra congregación perdimos solamente tres o cuatro familias. Dios no solo preparó el edificio sino también a la gente, para un significativo movimiento a través de la palabra profética dada aquella mañana.

El «todo vale» en el ministerio profético

Con mucha frecuencia, las personas nuevas en el ministerio profético son conscientes de cuándo se apaga al Espíritu. Muchos no llegan a entender la longitud, la anchura, la altura ni la profundidad del amor y la paciencia de Dios con su pueblo. El Espíritu Santo no se apaga tan fácilmente como nos imaginamos, en especial con personas que quieren hacer su voluntad pero parece que todo les sale mal.

Así creía yo. Pensaba que el Espíritu Santo era una paloma sensible y escurridiza, que saldría volando a la más ligera irritación. Pero Él no se ofende tan fácilmente; es muy seguro, muy poderoso y muy amable.

En consecuencia, en aquellos dos primeros años, excepto por el equipo, hubiese dejado que se pronunciara cualquier tipo de profecía sin corrección o sin intentar gestionarla. Para mí, intentar administrar el fluir de la profecía era como interponerse en el camino de lo que el Espíritu Santo quería hacer.

Por lo general, teníamos tres o cuatro palabras proféticas y, a veces, como ocho o diez. En algunas ocasiones, la gente se entusiasmaba tanto que el profeta continuaba después que Dios terminaba.

En aquellos años sucedieron cosas maravillosas, aunque también pasaron algunas negativas. En medio de todo aquello, se dieron algunas profecías inadecuadas y algunas palabras verdaderas fueron malinterpretadas. Una auténtica palabra que no es bien interpretada o bien aplicada puede ser tan peligrosa como una palabra profética inadecuada. La mayor parte, quedaba para ser interpretada y aplicada por cada uno.

Las personas que estaban allí en aquellos días podrán recordar la libertad y la emoción de las reuniones. Era un lugar conmovedor. Alguien le había puesto a nuestra iglesia el nombre de «Confraternidad en la que nunca hay un momento aburrido».

Sin embargo, lo que recuerdo son las horas y horas de reuniones con personas desilusionadas y heridas. Estaba aprendiendo acerca de mi acercamiento ingenuo al liderazgo, permitiendo que se dijese todo en los servicios públicos.

Libertad y estructura

Al menos existen ocho componentes básicos que vemos como edificantes en un servicio normal de adoración: 1) la adoración a Dios por medio de la música, 2) la predicación de la Palabra, 3) los testimonios, 4) el tiempo de ministración para orar por los enfermos, los heridos y los perdidos, 5) el tiempo para que Dios le hable a la iglesia por medio de los dones proféticos, 6) el compañerismo, 7) los bautismos y la comunión, y 8) los asuntos de la iglesia (anuncios, ofrendas y otras cosas).

Algunas personas tienen la idea errónea de que libertad significa cambiar el orden de esas ocho cosas. Solo porque alguien decida predicar primero y adorar después no significa que haya libertad en el Espíritu.

A mi entender, la libertad consiste en dos cosas. En primer lugar, es la confianza que tiene la gente en Dios, en su corazón; la seguridad de que han sido perdonados y que el Señor está con ellos a pesar de su debilidad y su inmadurez. Cuando la gente se siente libre en su corazón ante Dios, sin condenación alguna, entonces la iglesia está en posición de crecer en el Espíritu.

En segundo lugar, libertad es la disposición a permitir que el Espíritu Santo interrumpa nuestro programa. Si Dios quiere enviar «la brisa del Espíritu Santo» por la congregación de manera inusual, tenemos que dejarlo. No tenemos que estar atados a la estructura de la iglesia.

El liderazgo de la iglesia tiene que ser sensible al soplo espontáneo o a la dirección del Espíritu. Si Dios no indica un cambio de dirección, entonces siéntase en paz con el formato original. El simple hecho de cambiar el orden del servicio no constituye libertad.

Por otro lado, sé que hay personas que consideran que cualquier clase de estructura es un signo de espíritu de control. En mi opinión, Dios es el autor de estos ocho componentes de adoración pública. A Él le gusta el compañerismo, la adoración, la predicación y hasta los anuncios que muestran la necesaria comunicación entre los miembros de la familia de la iglesia.

En la Comunidad Metropolitana La Viña «levantamos la vela» y si viene la brisa del Espíritu a la iglesia, tratamos de capturarla. No tenemos la presunción de creer que en todas las reuniones tiene que haber una «brisa» inesperada. Esos ocho componentes son muy bíblicos y representan una dieta saludable.

También hemos notado que la irrupción de la brisa de Dios, con frecuencia viene por temporadas. En algunas épocas hemos tenido dos o tres semanas los servicios interrumpidos y redirigidos por el Espíritu Santo todas las veces. Luego, hemos tenido cuatro o cinco meses seguidos en los que no pasó nada de eso. Hay épocas en la vida de una congregación en las que el Espíritu Santo reorienta los servicios de acuerdo a sus propósitos específicos.

Dios también soplará el viento de su Espíritu en la predicación, la adoración, el compañerismo —en todo el servicio— de tal manera que no reorganizará el orden de los servicios sino, simplemente, ungirá lo que está pasando. Algunas personas piensan que la libertad está en reordenar los ocho componentes cada semana. No se necesita mucho análisis para ver que esta es una definición muy superficial de libertad.

Es ingenuo creer que estructura y libertad son dos cosas opuestas. Conozco algunos pastores que no creen en las reuniones estructuradas. A la gente se le permite hacer todo lo que quiera, con muy pocos límites. Eso puede parecer gracioso algunos meses, pero a los doce meses, generalmente es aburrido. Después que todos hayan hecho lo suyo una docena de veces, ya los demás no se emocionan tanto con la espontaneidad como al principio.

Dios ha dado el don del liderazgo en la iglesia por una razón. No es para frenar la verdadera libertad, sino para facilitar, dirigir y preservar el fluir de la vida. Mucho del flujo de vida se puede disfrutar sin cambios en el orden del servicio todas las semanas.

El procedimiento en la Comunidad Metropolitana La Viña

Muchas iglesias que he visitado en las que se permite la expresión de los dones proféticos, lo hacen haciendo una pausa programada para la profecía. El servicio comienza con una exuberante alabanza, va decreciendo hasta una adoración suave, que termina en una pausa silenciosa en el servicio, esperando que se dé la palabra profética.

Existen dos tipos de pausa en el servicio de adoración. Uno es un programado silencio para darle lugar a la palabra profética. Por otro lado, se hacen tiempos de silencio cuando sentimos la presencia de Dios. Este es un silencio de adoración en el cual la gente tiene comunión con Dios de manera privada, sin figurar en el programa.

En algunas ocasiones nos detenemos por ambas razones; para recibir una palabra profética y para disfrutar de la presencia de Dios. Hacemos una pausa en reverencia a Dios, porque su presencia está despertando los corazones de la gente. Lo último que queremos en esos momentos es que alguien lance una profecía.

A lo largo de la semana o durante el servicio de adoración, generalmente, hay muchas personas que han tenido diferentes sueños proféticos, visiones o impresiones. Algunos sienten que tienen una palabra del Señor relacionada con la vida de la iglesia o con ese servicio en particular. Sin embargo, con mucha frecuencia tenemos profecías espontáneas en voces de la congregación.

Con los años, hemos desarrollado diversos métodos para administrar y darle cabida a los dones proféticos en un servicio habitual. Insisto, el propósito del liderazgo es facilitar el fluir de la vida y el poder. Por lo tanto, no siempre hacemos pausas para esperar palabras proféticas en nuestros servicios, y las profecías espontáneas casi nunca se proclaman desde la congregación.

Tenemos micrófonos en la primera fila, cerca de nuestros pastores, los que tienen la supervisión del ministerio profético en esa reunión. Invitamos y animamos a la gente a pasar al frente en cualquier momento del servicio para hablar con el pastor.

Si el pastor sabe que la persona tiene credibilidad, simplemente le entrega el micrófono. Si no conoce a las personas, con toda calma les ayuda a discernir si la profecía es para toda la iglesia o para ellos.

También trata de comprender si ese es el mejor momento para difundirla. La gente puede tener una palabra de profecía legítima pero no es el mejor momento para darla. Tal vez sea mejor decirla al finalizar la predicación, antes del tiempo de oración ministerial en vez de durante el tiempo de adoración.

Si varias personas se acercan al pastor al mismo tiempo, él determinará en qué orden se darán las palabras. Muchas veces, varias personas acuden con la misma palabra. En ese caso, el pastor hace un resumen y lo comparte con la iglesia en vez de que cada uno dé la palabra individualmente. En el momento apropiado, llamará la atención del líder de adoración, que hará un espacio en el servicio para la palabra profética.

Si fuese más apropiado, él mismo resumirá las distintas profecías o puede que le pida a uno o dos de los profetas que vayan al micrófono y le hablen a toda la iglesia.

Suponemos que en una congregación grande, donde se alimenta el ministerio profético, habrá entre cincuenta a cien personas que tengan sueños, visiones o palabras proféticas que reciban durante el servicio o en el transcurso de la semana. El que una persona haya recibido una revelación del Señor no significa que la tenga que decir desde la plataforma.

La cuestión es encontrar la forma de discernir lo que Dios nos dice y luego comunicárselo a la congregación de manera ordenada. Me imagino que mucha revelación no es para darla a conocer públicamente sino que es para un individuo en particular. Ninguna de ellas es para ser dicha públicamente pero es la forma en que Dios confirma los hechos de la persona que habla.

En nuestro actual formato hay pocas pausas programadas en los servicios y un reducido número de palabra profética espontánea es dada por la congregación. Contamos con cantantes que tienen el don de dar las impresiones proféticas que reciben cantando.

Hay micrófonos de mano en la plataforma. Mientras fluye la adoración, cantan oraciones proféticas espontáneas, palabras de estímulo, de aliento y de reto. A veces viene al micrófono una persona de la congregación y canta un mensaje profético. Los músicos proféticos, por lo general, expresan la palabra de Dios con bellas canciones y música.

Con frecuencia, Michael Sullivant es el pastor responsable del liderazgo del ministerio profético durante los servicios de adoración. Los otros miembros del equipo de líderes lo apoyan sirviendo como los controladores de tráfico aéreo. El don de liderazgo ejercitado acá es para facilitar el fluir ordenado de la revelación profética.

Un par de centenares de personas que tienen la antena espiritual levantada, y a quienes les gustaría ver que Dios interrumpe el curso normal de los servicios, pueden ser un desafío para los dones de cualquiera o para su liderazgo. Lo peor que puede suceder es que los líderes (que creen que lo mejor para Dios es que se siga el orden preestablecido) y la gente (que desea interrupciones espontáneas) entren en una competencia sin cuartel sobre el tema.

Los pastores tienen que estar dispuestos a seguir la corriente del Espíritu, lo mismo que esas personas sensibles, que también deben reconocer la necesidad legítima del don de liderazgo en el funcionamiento ordenado por Dios para el servicio de adoración.

Cuando la gente se nos acerca con alguna clase de revelación profética que sugiere un significativo cambio de dirección en el servicio, generalmente les decimos que vamos a esperar la confirmación de otra persona, de acuerdo a 2 Corintios 13: «Por boca de dos o tres testigos se decidirá todo asunto» (v. 1).

Entiendo que ni este versículo ni la fuente del Antiguo Testamento de donde fue tomado (Deuteronomio 19:15) está centrado en juzgar la palabra profética. De todas maneras, seguimos el principio de confirmación de la palabra con dos o tres testigos. Este principio de confirmación se menciona en 1 Corintios 14: «Asimismo, los profetas hablen dos o tres, y los demás juzguen» (v. 29).

Casi siempre hay confirmación profética cuando Dios quiere cambiar la dirección del servicio.

Corrección de profecías no ungidas

Muchos pastores y líderes han sentido en algún momento temor por profecías antibíblicas o extrañas dichas en la iglesia. Pero si existe un proceso establecido para corregir la palabra dada en la carne, habrá menos presión, tanto en los líderes como en la gente. Periódicamente, será necesario emplear diversos tipos de correcciones. Aunque en nuestra iglesia, la palabra profética se da en los micrófonos del frente, ese procedimiento no está establecido como una regla inflexible. El pedirle a la gente que dé la profecía en el micrófono sirve para tres propósitos. Primero, permite que toda la congregación escuche adecuadamente la palabra. Segundo, a nosotros nos permite grabarla. Tercero, le da al líder la oportunidad de hablar con la persona antes de emitir la palabra profética.

De todas maneras, ocasionalmente, alguien puede dar una palabra que no edifique al cuerpo. Que parezca no ser inspirada, no tener vida ni relevancia. No me gusta llamarla falsa profecía, porque podría implicar que la persona está siendo engañada por un demonio. La Biblia dice: «Pero el que profetiza habla a los hombres para edificación, exhortación y consolación» (1 Corintios 14:3).

Puede que la palabra no haga nada de eso, pero si no es una profecía direccional y si no representa un error doctrinal, aunque no sea ungida, la tomamos como un problema de menor seriedad. Puede que la dejemos salir una vez, tal vez dos. Pero luego de dos palabras proféticas que no parecen estar ungidas ni ser de edificación, le «sugeriremos» a la persona, con amabilidad, que someta su profecía al líder que esté al frente.

Si sucede por tercera vez, entonces «requerimos» que someta la palabra profética al liderazgo antes de emitirla a toda la iglesia durante el servicio. Si la persona no sigue esta corrección en privado por tercera vez, entonces, en la cuarta vez la detendremos y la corregiremos en público.

Eso ha sucedido muy pocas veces. En cada ocasión nos hemos tomado el tiempo de explicarle a la congregación todo el proceso que hemos pasado con la persona. Si no se le explica todo a la congregación, entonces otros profetas tendrán temor de ser corregidos en público.

Sin embargo, cuando la gente entiende todo el proceso, eso les da seguridad porque saben que el liderazgo no los tratará con dureza en caso de que se equivoquen cuando comiencen a dar los primeros pasos. No deben temer a profetizar algo erróneo y ser corregidos inmediatamente delante de la congregación.

La iglesia tiene que ser capaz de confiar en que su liderazgo puede abordar esas cosas en un espíritu afable, o el espíritu de fe y libertad se irá rápidamente de la iglesia. Si eso ocurre, el ministerio profético seguramente se seca y se acaba.

Corrección inmediata

Hay dos tipos de palabras proféticas que corregimos «inmediatamente» en público pero, insisto, de la manera más gentil posible. El primer tipo es la pronunciación profética dada como reprimenda o corrección a la iglesia, por parte de alguien que no pasó primero por el liderazgo.

Por ejemplo, yo nunca iría a otra iglesia a darles una palabra profética de corrección o reorientación sin dársela primero al liderazgo de esa iglesia. Si el liderazgo está de acuerdo con la profecía, les pediría que sean ellos quienes la presenten a la congregación. Generalmente, es más efectivo si el liderazgo de la grey hace la corrección en vez de hacerlo un visitante, a quien no se conoce bien. Puede que me pidan que comparta la palabra con la iglesia, pero solo lo haría después de dejar claro que lo hago a pedido de ellos.

Si en nuestra conversación privada, los líderes no reciben la palabra profética pero yo estoy plenamente seguro de que es palabra de Dios, les advertiría en la oficina del pastor: «Hermanos, creo que están en problemas». Pero jamás daría una palabra de corrección públicamente en la iglesia, sin la autorización de su liderazgo ni fuera de su estructura.

Si una persona se pone de pie y da una palabra profética que sugiere una nueva dirección, reprimenda o corrección para la iglesia sin antes someterla al liderazgo, amablemente le respondo: «Agradezco el hecho que esté tratando de escuchar a Dios para dar su mensaje a la iglesia y que somos importantes para usted. Pero le pediría que comparta esta palabra con el liderazgo de la iglesia y la discernamos juntos. Si lo desea, lo invitamos a formar parte de este proceso, pero por ahora no nos vamos a mover en esa dirección. Luego le informaremos».

Es importante enseñarle a la gente a mantenerse dentro de los límites apropiados de autoridad espiritual cuando trae una palabra de corrección o de cambio de dirección a una iglesia.

El otro tipo de palabra profética que corregimos inmediatamente es la que contiene implicaciones doctrinales no ortodoxas. Insisto, la corrección debe hacerse con gentileza y amabilidad. Este no es el momento en que el pastor se haga «el macho», demostrando cuántas balas tiene en su revólver pastoral.

Siempre tenemos que recordar que estamos tratando con preciosos seres humanos, redimidos por la sangre preciosa de Jesús. Podemos abordar rudamente las equivocaciones humanas, pero también podemos destruir la libertad y la apertura en la iglesia.

Si la profecía de una persona incluye algún tipo de error doctrinal, la corrijo en el momento. Comenzaría diciendo: «Estoy seguro de que se expresó bien, pero la palabra cuestiona una doctrina que estimamos como bíblica». Luego le mencionaría con exactitud la doctrina en cuestión.

Dios habla por medio de nosotros

Es una idea simple: Dios quiere hablarle al cuerpo de Cristo por medio de su cuerpo. El poder de la revelación puede fluir por medio del más joven de los creyentes.

La iglesia está formada por personas en las que mora el poder del Espíritu Santo. Nadie tiene su «rincón especial» en el Espíritu Santo; Él se mueve de manera soberana en la iglesia como lo desea.

Nuestros procedimientos no son perfectos, pero funcionan bien en ciertas ocasiones para facilitar que el poder y la revelación del Espíritu Santo obre a través de la iglesia como un todo.

Hace un tiempo, una querida hermana de nuestra congregación fue a ver a Michael Sullivant. Para él, era evidente que ella había sido movida por el Espíritu Santo. Estaba emocionalmente cargada y apremiada, lo que no era su tendencia natural. Dijo que el Señor le había mostrado que había algunas personas presentes aquella mañana que tenían que venir a Jesús por salvación y que el Señor se iba a mover entre ellos.

Ella pidió compartir esta palabra públicamente, pero Michael entendió que eso no sería lo mejor. En vez de eso, me informó brevemente la palabra profética y dejó en mis manos la gestión del caso.

Al finalizar el sermón, hice una invitación para salvación, basándome en esa palabra profética, y cinco personas respondieron de inmediato. Aunque cosas como esas pasan de tanto en tanto en la Comunidad Metropolitana La Viña, no sucede semanalmente. Luego le comuniqué a la congregación que un miembro de nuestra iglesia había recibido esa palabra profética aquella mañana temprano. Eso le agregó gozo a lo ocurrido. A principio del año pasado pasó algo similar al finalizar el servicio de un domingo. Después de la predicación, durante el tiempo de ministración, Michael se encontraba adelante como de costumbre, recibiendo palabras de ciencia de la gente, para hablar en el micrófono.

La gente pasaba al frente en respuesta a la invitación a recibir una oración personal. En cierto momento oré por una señora en particular. Al principio parecía no pasar nada y así fue durante cinco minutos o más.

En ese instante, Michael compartió una palabra de conocimiento en el micrófono que había sido dada por uno de los miembros acerca de un páncreas que no funcionaba bien.

La señora por la que yo estaba orando me dijo que esa palabra era para ella. Hasta ese momento, yo había estado orando para que el Señor la tocara de manera general.

De pronto ella comenzó a sentir el poder de Dios moviéndose en su cuerpo sin saber qué hacer. Después me enteré de que nos estaba visitando por primera vez; la había traído una amiga y nunca había visto algo semejante. Por eso estaba tan ansiosa.

Le pedí que se calmara y le expliqué que el poder del Espíritu Santo la estaba tocando; que no tuviese miedo. Mientras le hablaba, abrió los ojos y empezó a gritar y a llorar. Parecía estar viendo algo detrás de mí y comenzó a gritar: «¡Puedo ver! ¡Puedo ver!». Yo no tenía la menor idea de lo que estaba pasando. Cuando todo se aclaró, me enteré de que era ciega a causa de la diabetes, pero cuando oramos esa mañana, la ceguera había desaparecido.

El último informe que hemos recibido es que esa señora ya no tiene que aplicarse la insulina y que ha tenido una sanidad parcial.

El Señor usó esa palabra profética de conocimiento de uno de los miembros de la congregación para hacer una sanidad maravillosa. Aquel día la iglesia se regocijó profundamente y alabó al Señor.

A pesar del peligro y los posibles abusos futuros de dar públicamente una profecía, es esencial que se le dé cabida en el pueblo de Dios. Pablo nos exhorta a no apagar el Espíritu ni menospreciar la profecía (1 Tesalonicenses 5:19).

El Espíritu Santo le dará el ánimo necesario al corazón del creyente al escuchar la palabra de Dios hablada por «cualquiera»: jóvenes, viejos, hombres, mujeres, miembros del cuerpo instruidos o no en la Palabra. Tenemos que dar lugar a esas expresiones porque el Espíritu Santo vive en y se mueve en los miembros del cuerpo. Cualquiera de nosotros es un receptor en potencia para recibir la precisa y vital palabra de nuestro Señor Jesús, la Cabeza de la iglesia.

Capítulo 12

La canción profética del Señor

La música es, en esencia, algo celestial; es una parte de la creación que refleja y procede del corazón y la personalidad del propio Dios. Eso hace que la música sea profética por naturaleza.

A nuestro Padre le gusta la música. Él es un Dios cantor (Sofonías 3:17); tiene una voz potente y majestuosa (Salmos 29). Jesús, su Hijo, compuso la canción de las canciones que será eternamente nueva: «La canción del Cordero» (Apocalipsis 15:3-4).

El Espíritu Santo inspira canciones y melodías. Hay todo un libro de ellas en la Biblia, el libro de los Salmos. La Biblia también contiene la mayor canción en la historia de la redención, el Cantar de los Cantares del rey Salomón. Las Escrituras revelan que la música existe en el campo angelical antes de la creación del mundo (Job 38:7).

La música siempre ha provisto un medio de comunicación y conexión entre Dios y sus criaturas, arriba y abajo. Los cristianos llenos del Espíritu Santo tienen que ocuparse en cantar salmos entre ellos, himnos y canciones espirituales, entonando melodías al Señor en sus corazones (Efesios 5:19). La música tiene un poder intrínseco para mover emociones internas y acciones externas en el individuo. Es un don providencial que Dios les ha dado a las personas y hasta a algunos animales. Es grato escuchar a los pájaros cantando en un bonito día de primavera.

También es cierto que la música es una tremenda fuente de poder que Satanás siempre quiso usurpar, pervertir y usar en su ataque contra Dios y su reino. Esto es en sí un testimonio de su gran valor. Satanás ha usado la fuerza espiritual y la influencia de la música para seducir y guiar a la gente a la idolatría, la vanidad y la inmoralidad sexual a través de los siglos. La ha usado muy eficazmente.

Sin embargo, Dios no se intimida por ello y se niega a permitir que el ladrón posea lo que le pertenece a Él. Dios sigue siendo el dueño de toda la música verdadera y dadora de vida, tanto en el cielo como en la tierra.

¿Qué es la canción profética del Señor?

A la luz de la naturaleza e importancia de la música, no nos sorprende que Dios haya usado tañedores para inspirar y activar la profecía (2 Reyes 3:15). Tampoco tendría que sorprendernos que las personas proféticamente inspiradas sean llevadas a cantar en el Espíritu, comunicando al pueblo la voluntad de Dios, y a Dios la pasión del pueblo. La siguiente Escritura implica que uno de los mayores anhelos en el corazón de Jesús es cantar las alabanzas de su Padre, en medio de la congregación y por medio de sus instrumentos: «Anunciaré a mis hermanos tu nombre, en medio de la congregación te alabaré» (Hebreos 2:12).

Esa es la esencia de la expresión «la canción del Señor». Esta frase, popularizada por la renovación carismática en las recientes décadas, se refiere a las citas escriturales de la canción del Señor (Salmos 137:4), a las canciones espirituales (Efesios 5:19) y a lo que se refiere a cantarle al Señor una nueva canción (Salmos 33:3; 96:1; 98:1; 149:1; Isaías 42:10). El Cristo resucitado quiere impartir algo de la pasión que Él tiene por el Padre en los corazones de los jóvenes hermanos, dándoles sus canciones por el Espíritu.

El Catecismo de Westminster comienza con la famosa declaración: «El fin último del hombre es glorificar a Dios y disfrutar de Él para siempre». El pastor y autor estadounidense John Piper cambió brillantemente esta declaración diciendo: «El fin último del hombre es glorificar a Dios, por disfrutarlo para siempre».[1]

No se me ocurre ninguna manera mejor de disfrutar a Dios que experimentando el placer de la mezcla del verdadero amor que Jesús tiene por el Padre con la música inspiracional. Seguramente, unos de los «placeres que están a su mano derecha para siempre» serán la música celestial y las canciones que rodean su trono.

Muchas personas que han tenido encuentros celestiales cuentan acerca de la maravillosa música que escucharon en los cielos. Las personas que han tenido la experiencia de tener los oídos abiertos a la realidad espiritual han dado testimonio de haber escuchado coros angelicales y música. Es más, yo mismo he tenido una vivencia así.

Hace algunos años fui a la iglesia una mañana temprano, para una reunión de oración intercesora. Al bajar del automóvil y caminar hacia el edificio, escuché una tremenda música proveniente del santuario. Pensé que la gente que ya estaba reunida estaría escuchando alguna música maravillosa, como el Mesías de Haendel, en el sistema de sonido a todo volumen. El sonido era fuerte y majestuoso.

Seguí escuchando esa música admirable hasta que abrí la puerta del santuario. La música gloriosa se acabó instantáneamente, como si alguien hubiese oprimido el botón de apagar.

Para mi sorpresa, el equipo de sonido ni siquiera estaba conectado, y las pocas personas que habían llegado temprano estaban esperando tranquilamente a que llegara el grupo de adoración. Ellos no habían escuchado nada. Quedé pasmado al darme cuenta de que había tenido un encuentro con el Espíritu Santo.

No le dije a nadie lo que había escuchado. Esperaba que el Espíritu Santo nos visitara y nos bendijera poderosamente. Esa sería la razón por la cual Él me había dejado escuchar la música celestial. Pero, para mi sorpresa, esa fue una reunión de oración como tantas otras; nada espectacular, solo algunos creyentes cansados pero sinceros, clamando a Dios a hora temprana.

Después, mientras evaluaba el significado de mi experiencia, me di cuenta de lo que Dios estaba diciendo. Él estaba siendo bendecido por aquellas reuniones «ordinarias» de oración diaria, que a nosotros nos parecían débiles y sin unción. Las huestes celestiales, bajo la dirección del Espíritu Santo, aparentemente están reunidas en las reuniones de oración, sin ser vistas ni percibidas, para combinar nuestras débiles oraciones y alabanzas con su fuerte y gloriosa música celestial, adoración y oración. Me imagino que el coro angelical nos ayuda verdaderamente a que nuestras voces suenen más hermosas en el delicado aire de los cielos.

De hecho, en verdad, me siento muy agradecido de que la reunión de oración de aquella mañana haya sido común y corriente. Edificó mi fe y le dio mayor sentido a todo el tiempo que pasé en «seca» intercesión.

Esa historia también animó a otros creyentes a perseverar en la oración. Tal vez el Señor siempre agrega las voces de su coro angelical cuando intercedemos delante de su trono. Nosotros no somos responsables de ungir las oraciones; ¡solo tenemos que orar sin cesar!

Jesús promete proclamar el nombre del Padre cantando en medio de la congregación (Hebreos 2:12).

Esto implica que el Espíritu Santo le da a la iglesia una revelación profunda de la naturaleza y la personalidad de Dios en mensajes proféticos por medio de las canciones. También anima a la exaltación y a la declaración de la majestad y la belleza de Dios y sus caminos, por medio de las oraciones proféticas que se cantan.

Romanos 8:26 declara que el Espíritu Santo que habita en los creyentes los ayuda a comunicar las necesidades profundas a Dios en oración, lo que está en armonía con su voluntad. La obra del Espíritu Santo también se explica en 1 Corintios 2:10-11: «El Espíritu todo lo escudriña, aun lo profundo de Dios. Porque ¿quién de los hombres sabe las cosas del hombre, sino el espíritu del hombre que está en él? Así tampoco nadie conoció las cosas de Dios, sino el Espíritu de Dios».

El Espíritu Santo es el vínculo de comunicación entre Dios y su pueblo.

Aun así, creo que la obra del Espíritu Santo se intensificará liberando sus canciones antes de la Segunda Venida de Jesús. Tal vez un aspecto de las profundidades de Dios sea el tesoro de la música celestial, que el Espíritu Santo les impartirá a los músicos proféticos en el cuerpo de Cristo, para bendición de todo ser humano y el reinado futuro de Dios.

La música reflejará el espectro completo de los atributos de nuestro Dios admirable, desde su tierna misericordia hasta sus terribles juicios.

Eso no es nada nuevo; Dios ha estado liberando sus canciones a través de los siglos. Alguna de esas canciones son espontáneas y se cantan una sola y única vez en un servicio, una reunión de oración, en una reunión en una casa o en el tiempo devocional.

Por otro lado, muchas canciones proféticas han sido escritas y hasta grabadas para ser oídas repetidas veces, como canciones de adoración o himnos usados por coros o solistas en servicios dominicales.

El libro de Apocalipsis indica que la obra de Dios y la obra de Satanás, ambas tomarán nuevos niveles de manifestación y poder justo antes del fin del siglo. Yo lo veo como un choque cósmico entre las pasiones santas y malignas.

Cuidar el ministerio profético traerá, indudablemente, un aumento de música profética inspirada, que impartirá pasión por Jesús y su Padre en el corazón de los creyentes. Sin lugar a dudas, el enemigo incrementará la falsa unción que les da a sus músicos y a sus canciones, y atraerá a la gente hacia él y sus espíritus inmundos.

Las Escrituras nos exhortan a entonar canciones nuevas al Señor. El Espíritu Santo está listo para ungir e inspirar a muchos músicos y cantantes proféticos, que se atreverán a estar en intimidad con Dios y podrán discernir la fresca música del cielo, y liberarla sobre nosotros, para nuestro regocijo, vivificación, instrucción y amonestación.

Doce ayudas prácticas

Hemos aprendido algunas cosas a través de los años, que nos ayudan a definir las orillas de este río musical de música profética que fluye a través de la iglesia.

1. Cántele al Señor en su devocional privado. Cante las Escrituras. Cante en el Espíritu. Cante lo que haya en su corazón. Cante sus oraciones. Descubrirá que el Señor lo va ungiendo periódicamente con canciones proféticas. Aumentará su confianza y podrá cantarlas en los servicios públicos.

Para quienes no hemos sido llamados a cantar en público, el cantar en privado puede ser edificante para nosotros y placentero para el Señor, ¡aunque no sea más que «un ruido gozoso»!

2. Creo que a Dios le gusta cuando corremos «un riesgo santo» en lugares seguros, donde podemos entonar espontáneamente canciones al Señor delante de otras personas. Una manera de acostumbrarnos a ese tipo de canto espontáneo es en un pequeño grupo de oración o en las reuniones hogareñas. Hemos encontrado que nuestras reuniones de oración intercesora y los grupos en las casas son lugares espléndidos para probar estas aguas.

La reacción de amor de sus amigos, buena o mala, será el impacto causado por su canción espontánea. Haga caso a sus consejos y estímulos.

3. Si decide cantar públicamente, es sabio comenzar entonando canciones a Dios más que cánticos que vienen de Dios. Podrá evitar la presión extra que se produce necesariamente al declarar que uno habla en nombre de Dios.

Yo animo a los cantantes proféticos a sentir la unción del Espíritu Santo cuando la congregación adora con sublime inspiración en varias canciones. Entonces pueden cantar una oración en respuesta a Dios, que capte esa escala en particular que recibieron por medio de las canciones ungidas en el servicio.

La canción puede ser un clamor por misericordia, un lamento por el fracaso, una expresión de gratitud o de jubilosa celebración o la búsqueda de la verdad. O puede que sea una canción que recite cierto número de posturas espirituales y estados de ánimo por las que esté pasando el pueblo de Dios.

Con frecuencia, la gente discierne esa inspiración adicional cuando el líder de música selecciona las canciones. Es fácil cantarle a Dios, espontáneamente, una canción de respuesta que refleje los cánticos y temas que el Espíritu Santo ya ha ungido en ese servicio. Por ejemplo, tal vez una canción de adoración acerca de abrir y suavizar el corazón ante el Señor haya sido particularmente de bendición. Obviamente que la gente será tocada.

Antes que termine la canción, puede que una persona profética cante espontáneamente en un tono que continúe ese tema. Hasta puede que esa melodía incluya una respuesta divina de cómo el corazón de Dios también es movido al ver los corazones de su pueblo, sensibles y tiernos. Tal vez Él dé alguna promesa de intervención a su favor, porque Él da gracia a los humildes y acerca hacia sí a quienes se le acercan (Santiago 4:6-8).

4. Use la Biblia como un glosario de palabras y frases que inspiren el canto profético. Los Salmos son un recurso obvio al que se puede recurrir como fuente de inspiración en busca de este material. A veces animo a nuestros cantores proféticos a entonar los Salmos directamente, con la Biblia abierta. Si los cantantes proféticos se sumergen en la meditación de la Escritura, su profecía en canciones será más rica, plena y ungida porque Dios ya ha ungido su Palabra escrita.

5. No crea que para cantar proféticamente tiene que entonar canciones espontáneas solamente. Dios puede dar canciones proféticas tanto anticipadamente como sobre la marcha. Usted puede cantar un pasaje de la Escritura que Dios le resalte en ese momento o época. Las viejas y conocidas canciones pueden llevar un toque profético bajo el liderazgo del Espíritu Santo.

Muchas veces un instrumento musical puede ser usado proféticamente. Hemos tenido durante muchos años un saxofonista en medio nuestro, llamado James Nichols, que nos ha bendecido repetidas veces tocando de manera espontánea durante los servicios.

6. Esté preparado por si suceden equivocaciones de vez en cuando. Por lo general, no serán tan malas como para tener que llamarles la atención. Gestionar este ministerio es casi lo mismo que lidiar con la profecía verbal. Si los líderes establecen una atmósfera tan tensa en la que nunca se puedan cometer errores o tolerarlos, entonces es probable que no haya nadie en medio de ellos que crezca en la canción profética, o en algún «solo» de instrumento.

7. Los líderes de la iglesia tienen que enseñar sobre la canción profética de vez en cuando, para darle valor y mover la fe y el coraje de los cantantes proféticos y de los músicos. Si los líderes siembran, también segarán. Todas las cosas están sujetas a la ley de la entropía y tenemos que poner energía en las cosas que creemos para que no fracasen.

Sería conveniente llevar a cabo un seminario de fin de semana para su equipo de adoración. Traiga líderes de adoración de afuera, que sean expertos en música profética. Deje que esos músicos invitados enseñen y modelen música profética. Después deje que impongan sus manos en los que tengan deseos de involucrarse con la música profética. El don puede ser impartido de un creyente a otro por el Espíritu Santo (1 Timoteo 4:14).

Podemos ayudar a las iglesias enviando un líder profético de adoración o un músico por un fin de semana. Su iglesia será bendecida significativamente mientras que la música edificará con su unción profética.

8. Los líderes de adoración tienen que dar lugar a las canciones proféticas durante los servicios. Si simplemente hacen una pausa de pocos minutos durante el tiempo de cantar, mientras siguen tocando una progresión conocida, los cantores proféticos sabrán cuándo cantar y podrán hacerlo en armonía con los instrumentos. A medida que pase el tiempo, el grupo aprenderá a trabajar en conjunto, sin distracciones.

9. Hemos descubierto, como norma, que un máximo de tres o cuatro canciones proféticas son suficientes para cualquier servicio. Puede haber excepciones. Tenemos servicios de celebración una vez al mes, los domingos en la noche, en los cuales adoramos por dos o tres horas, invitando al Espíritu Santo a ministrar, sanar y vivificar al pueblo. En ese servicio más intenso puede que tengamos más de tres o cuatro canciones, porque el servicio dura varias horas.

En un servicio ordinario los cantantes se limitarán a uno o dos minutos y a uno o dos temas generales. Hay excepciones, pero si estos lineamientos se siguen de manera general, las canciones proféticas no se van a sobrepasar. Si se convierte en algo común y frecuente se volverá objeto de desdén.

10. Las canciones proféticas se limitarán a ser de exhortación, estímulo y consuelo, como se describe en 1 Corintios 14:3. No serán un vehículo para corregir o dirigir el Cuerpo, a no ser que los líderes gobernantes de la iglesia lo hayan decidido por adelantado.

11. Animamos a los cantores proféticos a traer mensajes claros y sencillos. La profecía en la iglesia tiene que sonar en una trompeta diferente. Definitivamente, tienen que evitar el misticismo, las parábolas o los mensajes complicados. Tenemos que pedirles a nuestros cantores que eviten usar lenguaje simbólico para expresarse sobre temas sencillos, comprensibles para todos.

12. Anime a la gente que tiene dones musicales a probar las aguas en esta clase de ministerio. Puede que Dios les haya dado voz para cantar y talentos musicales con algún propósito profético. Desanime a quienes no tienen voces para cantar la profecía en público. ¡Ellos, como yo, tenemos que profetizar hablando!

Capítulo 13

Profecía: Revelación, interpretación y aplicación

Toda persona llena con el Espíritu de Dios, prácticamente, puede profetizar a cierto nivel inspiracional (lo que he mencionado como nivel 1 de profecía); sobre todo en un servicio de adoración, donde la presencia del Espíritu Santo se siente con más facilidad. Pablo describe de esta manera el resultado de lo que llamamos «profecía inspiracional»: «Pero el que profetiza habla a los hombres para edificación, exhortación y consolación» (1 Corintios 14:3).

El propósito de este tipo de profecía es inspirar y refrescar nuestro corazón sin dar ninguna corrección o dirección. Esta clase de profecía es generalmente un recordatorio de la voluntad de Dios, de su cuidado y propósito para con nosotros, y frecuentemente enfatiza alguna verdad que ya sabemos de la Biblia.

La profecía inspiracional puede ser una revelación muy profunda o puede ser (como generalmente lo es) algo muy simple, como por ejemplo: «Siento que el Señor está diciendo que Él verdaderamente nos ama». Ese mensaje, si es dado en un tiempo divinamente estipulado, puede ser poderoso y eficaz. Como este tipo de revelación tal vez pueda fluir en todo creyente, es posible que los líderes deban limitar que un gran número de personas profeticen en los servicios.

Hay momentos en los servicios en los que el Espíritu Santo se mueve de manera tal que todos pueden verlo. Si el pastor no ejercita cierto liderazgo, se formará una fila de cuarenta personas esperando para dar una palabra inspiracional. Si esa profecía se da con mucha frecuencia, llegará a ser algo común y la gente no prestará atención a lo que se diga.

En cierto sentido, «menospreciarán la profecía» y no sin buenas razones. Cuando existe una sobrecarga de profecía inspiracional, es probable que la congregación pierda la simple aunque oportuna palabra de Dios, designada para darle al pueblo la fresca inspiración de Dios.

Los pequeños grupos ofrecen el mejor marco de oportunidad para que la gente experimente y participe en esa clase de profecía inspiracional. En nuestras grandes reuniones estamos limitados por el tiempo, por lo que muy pocas personas pueden participar proféticamente allí.

También los grupos pequeños pueden ser un lugar «seguro» para una congregación que desea empezar a moverse en lo profético. En una atmósfera de oración y espera tranquila por el mover del Espíritu Santo, los líderes pueden animar a los miembros a decir las impresiones que vienen a sus mentes y corazones. Puede haber una respuesta inmediata y una evaluación, lo que puede ir haciendo crecer gradualmente la fe en el ministerio profético a medida que las personas con dones proféticos van siendo más exactas y ayudan a la revelación.

La profecía que va más allá de la inspiración e incluye corrección o dirección tiene que ser tratada con más cuidado. Nuestra iglesia ha recibido muchos beneficios significativos como resultado de la profecía direccional. De todas maneras, la capacidad de cualquier congregación para recibir esos beneficios depende de su disposición a pasar el proceso de discernir, no solo la revelación inicial, sino la interpretación apropiada y luego la aplicación correcta.

El ministerio profético puede afectar dinámicamente la temperatura espiritual de su iglesia, pero si los líderes no se concentran en la interpretación y la aplicación de la profecía, la iglesia puede llegar a tener problemas.

Interpretación de la información divina

Nosotros usamos la palabra «revelación» para referirnos a la esencia de la información que es comunicada, ni más ni menos. Es la información cruda de la comunicación divina. El problema con el que tenemos que lidiar no es el resultado de las revelaciones proféticas incorrectas. En la mayoría de los casos, la información divina fue correcta, pero los problemas comenzaron cuando alguien interpretó incorrectamente el significado de la revelación.

Esa interpretación incorrecta puede comenzar, tanto con la persona que recibe la revelación como con la persona a quien va dirigida. Permítame darle un ejemplo.

En una reunión, un ministro profético le dijo las siguientes palabras proféticas a un hombre a quien no conocía: «Usted tiene un ministerio musical. Ha sido llamado a cantar». Lo que el profeta había visto en la visión eran notas musicales alrededor de esa persona, por lo que pensó que el hombre había recibido el llamado de Dios a cantar o tocar algún instrumento, pero la persona a quien iba dirigida la revelación no tenía ninguna orientación hacia el canto ni hacia los instrumentos musicales. Era dueño de una tienda de música. Cuando interrogamos al ministro en privado, nos dijo: «Bueno, ¿y yo cómo iba a saber eso?».

Ese es el punto, precisamente; se suponía que no lo supiera. Para él era obvio que esa persona estuviera en el ministerio de la música como ejecutante. Pero, cuando él supuso lo que «era obvio», basándose en la revelación, se metió en problemas. Él podría haber dicho: «Veo notas musicales a su alrededor. ¿Eso significa algo para usted?». Es fácil recibir revelación y luego, sin darse cuenta, cruzar la línea e interpretarla. Los pastores y los líderes siempre deben tener presente la diferencia entre la información nítida (información divina) y la interpretación de su contenido.

Más aun, mucha gente se desilusiona porque no ve que se cumpla la revelación. A veces, la profecía no se cumple como ellos supusieron o interpretaron. El problema fue que dejaron que la revelación y la interpretación corrieran juntas en su mente, hasta el punto en que no pudieron distinguir entre lo que Dios estaba diciendo y la expectativa que crearon con su interpretación.

A menudo, la interpretación de la revelación se opone a lo obvio. Los escribas y fariseos fueron perfectos ejemplos de eso. La «tradición de los mayores» era más que una colección de sus costumbres; era la interpretación teológica de la *Torá,* los primeros cinco libros del Antiguo Testamento. A medida que pasaron los siglos, esas tradiciones se fueron escribiendo en lo que llegó a ser el *Talmud.*

Para los escribas y los fariseos, Jesús quebrantaba la ley al no guardar la tradición de los mayores. Esos líderes religiosos ya no podían distinguir entre revelación (*Torá*) y la interpretación (llamada posteriormente *Talmud*). Para ellos, las interpretaciones y las aplicaciones eran obvias e indiscutibles.

Esa tendencia a mezclar la revelación y la interpretación aparece en cada generación. Muchas personas que se encuentran involucradas en la profecía de los últimos tiempos, se han metido tanto en sus predicciones que ya no pueden diferenciar entre la información neta de la revelación bíblica y su interpretación sistemática. También los fariseos malinterpretaron las revelaciones proféticas y perdieron el propósito de Dios, porque Jesús vino de manera contraria a todas sus expectativas.

Una de las características de la revelación profética es que a veces es simbólica o alegórica, y se entiende plenamente después de que los hechos futuros se han cumplido. Desde la perspectiva del Antiguo Testamento, no está muy claro cómo iba a lucir el Mesías. Los profetas anunciaron tanto un Mesías rey como un siervo sufriente, pero nadie consideró, ni remotamente, que sería ambas cosas. Obviamente, los mesías reyes no son siervos y tampoco sufren.

Hasta para los discípulos fue difícil. Los evangelios, especialmente los sinópticos (Mateo, Marcos y Lucas) muestran lo aturdidos que estaban. El secreto mesiánico es un tema que corre a través de todos los evangelios sinópticos. Se las vieron en figurillas para ver quién era Jesús y la naturaleza de su reino eterno.

El Evangelio de Juan, probablemente escrito unas décadas después que los demás (alrededor del 90 d.C.), ve a Jesús con una mayor percepción. En el Evangelio de Juan no hay ningún misterio en cuanto a la identidad de Jesús. Se encuentran claras afirmaciones de su deidad desde el primer versículo como en todo el libro.

Para los discípulos y hasta para algunos fariseos y escribas, la interpretación de los hechos anticipados en revelaciones proféticas fueron difíciles cuando sucedieron; pero su significado se clarificó cuando los hechos anunciados con anticipación se cumplieron. Debemos tener cuidado de no encerrarnos en nuestra interpretación de la revelación profética, o perderemos lo que Dios está tratando de decirnos y hacer con nosotros.

Lecciones aprendidas

Interpretar la revelación profética de manera negligente puede causar un caos en la vida de una persona. Cada vez más hemos insistido en la gestión del ministerio profético. Sin embargo, durante ese proceso de aprendizaje, ingenuamente hemos permitido que pasaran algunas cosas. Por ejemplo, se planteó una situación como consecuencia de que una interpretación errónea se aplicara a una auténtica profecía, lo que fue una pesadilla pastoral.

Esa mañana me encontraba fuera de la ciudad, lo que no quiere decir que aquello no pudiera haber pasado estando yo allí. Uno de los ministros proféticos recibió una palabra del Señor para un hombre de la congregación. El hombre se horrorizó cuando el ministro dijo públicamente que él no tenía integridad en las finanzas.

Cuando volví, le pregunté al ministro exactamente qué había visto. Me dijo que había visto una nube negra en el área de las finanzas. Él interpretó que eso significaba que el hombre robaba dinero, ¡pero su interpretación era completamente errónea!

Lo que pasó, en realidad, fue que el socio de ese hombre de negocios, al poco tiempo de la profecía, lo estafó. La palabra profética era una advertencia para que el hombre vigilara que nadie le robara, pero fue pronunciada erradamente, condenándolo a él. El hermano fue humillado en público por la palabra profética y, por un tiempo, su integridad quedó ensombrecida.

El problema fue nuestra ingenuidad en relación al proceso de abordar las profecías correctivas. Aprendimos que, primeramente, esta categoría de profecía (como fue interpretada) nunca se tendría que haber dado en público. Si el hombre era culpable de pecado financiero, había que abordarlo en privado, como dice Mateo 18.

Si hubiésemos interpretado bien la palabra profética, como una advertencia para ayudar al hombre en vez de condenarlo, se le hubiese dicho de diferente manera. «El Señor está indicando que hay una especie de nube negra sobre sus finanzas. Oremos para que Dios lo proteja de cualquier ataque maligno». Entonces, si hubiésemos distinguido correctamente entre la revelación y la interpretación, tal vez, la advertencia hubiese prevenido la pérdida monetaria.

Revelación y confirmación

Cuando usted recibe una palabra profética para alguien, tiene que guardarla hasta que Dios mismo la confirme en su corazón. Si un ministro profético recibe una auténtica y exacta revelación de Dios como, por ejemplo, que usted va a tener un ministerio en la calle, lo que usted está recibiendo de él es un aviso por adelantado que «usted» personalmente va a escuchar la nueva dirección de Dios hacia el ministerio en la calle. Esa notificación profética, a veces, es la manera que Dios tiene para anunciar por adelantado lo que usted va a recibir como confirmación un poco más tarde.

En otras ocasiones, las palabras proféticas pueden confirmar algo que ya escuchó con claridad. Pero usted no debe dar un paso al frente ni empezar a actuar basándose en la palabra profética solamente, sin recibir la confirmación.

Con frecuencia, cuando la gente actúa en una nueva dirección antes de recibir la confirmación, se sale de la pista. Muchas veces la exacta, y frecuentemente inesperada interpretación, se clarifica en el proceso de confirmación. Una de las razones por las cuales pedimos que toda profecía de orientación pase por el liderazgo es para que pueda pasar por el proceso de interpretación apropiada, cuando la palabra se da en medio de un servicio. A veces escucho palabras proféticas en algunas iglesias o en conferencias a las que asisto de visita. Me hago todo tipo de preguntas acerca de algunas de las palabras que se dan sin ninguna oposición. Uno no puede interrogar a la gente cada vez que dice algo profético, pero sí debiera averiguar bien si la palabra profética trae una nueva dirección para usted.

Es importante que conozca la diferencia entre lo que es «revelación divina», «confirmación» y «suposición». Si no distingue estas tres cosas, sin duda hará un viaje por sus propios conceptos erróneos.

Si recibimos una revelación profética acerca de nuestro avance en cosas naturales o espirituales, debemos guardar nuestro corazón. Es común hacer suposiciones erradas y luego tener que cargar con cosas con las que no tenemos nada que hacer. A veces, nuestra ambición personal hace que pongamos el corazón en cosas que el Señor no ha confirmado. Las palabras proféticas que nos prometen un avance futuro puede que nos caigan encima, como gasolina en el fuego. Deseamos mucho que esas palabras sean acertadas.

El problema básico no siempre está en la profecía o en los ministros que la dan. Es nuestra ambición egoísta la que nos mete en problemas. Si nuestra mirada está colocada completamente en el Señor, no estamos tan expuestos a ser seducidos por la palabra que nos promete un gran honor.

A veces he tenido mayor interés en correr con la palabra que en saber, realmente, si viene de Dios.

Un hombre de corazón ambicioso siempre está deseoso de succionar una palabra profética exagerada o halagadora. Algunos de los problemas asociados al ministerio profético están enraizados en la ambición, ya sea del ministro profético que exagera o en el ambicioso receptor que se niega a esperar la confirmación o la interpretación adecuada.

Si un ministro profético agrega su propio comentario e interpretación a la revelación básica que ha recibido de Dios, alguien se va a desilusionar o frustrar. Lo mismo se aplica a la persona que acepta la palabra del profeta sin ser confirmada.

Proverbios 13:12 dice: «La esperanza que se demora es tormento del corazón». La esperanza que se demora también irrita a la persona. Hay cristianos que no se dan cuenta de que están enojados con Dios. Se han vuelto personas cínicas, críticas e irritadas, que muerden y devoran a otros en el cuerpo de Cristo.

El problema yace en que están abatidos por esperanzas y expectativas no cumplidas, y en los corazones desconsolados se pueden desarrollar toda clase de angustias. Las personas desilusionadas y enojadas con Dios, a la larga, pierden el vigor espiritual. Muchas veces no pasa de la noche a la mañana, pero finalmente sucederá. El enemigo quiere separarlo a usted de Dios. Recuerde que él trató de que Job se enojara con Dios, tentándolo a que interpretase incorrectamente sus circunstancias.

La aplicación de la revelación profética

El último paso en el proceso de administración profética es la aplicación. La interpretación contesta la pregunta «¿qué significa la revelación?»

La aplicación contesta la pregunta «¿cuándo y cómo sucederá esto?», y «¿qué debo hacer?». La aplicación es la acción que se debe tomar basada en la interpretación.

La unción y la gracia de recibir la revelación no es la misma que la unción y la gracia de discernir la interpretación. Hay personas que interpretan la revelación profética con mucha mayor claridad que las personas que la reciben. La otra gracia distintiva de Dios es la habilidad para aplicar lo que se ha interpretado. Tenemos un consejo de personas proféticas involucradas en esto.

No he conocido muchos profetas con sabiduría para llegar hasta la aplicación. He visto algunos profetas con experiencia que reciben palabra del Señor con bastante exactitud en tiempo y acontecimientos. Sin embargo, la persona que tiene la revelación raramente conoce el momento.

Bob Jones tenía un extraordinario don de revelación, pero él mismo le decía que no podía conocer la interpretación ni la aplicación.

En una ocasión, Bob le dio una palabra a una persona junto con la frase «para fin de año». Bien, llegó fin de año y la profecía no se cumplió. Le pregunté a Bob al respecto. Él dijo que «para fin de año» no era parte de la revelación.

—Bueno —dijo Bob—, ¿para qué la daría el Señor si no iba a pasar a fin de año?

—¡Me imagino una docena de razones! —fue mi respuesta.

La revelación en sí misma no va a ayudar al cuerpo hasta que no pase por el proceso de interpretación y llegue a la aplicación. Puede que la interpretación sea acertada, pero si la persona se adelanta a Dios en la aplicación, habrá gran confusión y dolor.

Por lo tanto, se necesita mucha sabiduría divina en la interpretación y aplicación, así como en la revelación.

Dios nunca obra tan rápido como la gente piensa que debiera hacerlo. No se relacione con personas proféticas ni con profecías si no está dispuesto a esperar en Dios hasta que la cumpla. Dios mostrará sus intenciones por medio del don profético, pero si la aplicación no está en su tiempo, estará intentando pasar por una puerta que no está abierta. Todavía no está preparado el camino y la gracia no es suficiente todavía.

Otro aspecto de la aplicación es a quién se le debe comunicar la revelación y la interpretación, y cuándo. Esta pregunta tiene que ser contestada así: «¿Es algo para toda la congregación, solo para el liderazgo o no se debe decir en absoluto?».

José aprendió por las malas que el haberle contado sus sueños a sus hermanos le trajo problemas. Sus hermanos interpretaron los sueños acertadamente y elaboraron su propia aplicación... ¡librándose de José! Como él, muchas personas tienen dificultad para no contar lo que han recibido de Dios. Está en nuestra naturaleza el querer que otros sepan que Dios tiene un plan especial para nosotros. Lo mismo es cierto con la persona por medio de la cual viene la revelación. La persona profética siente con frecuencia que tiene que contarle la revelación a todo el mundo, de inmediato. Quiere que todos sepan que él ha recibido una revelación especial. Quiere recibir el crédito. Eso luce bastante egoísta, pero a menudo es la motivación que tienen los ministros proféticos y no son conscientes de ello.

Las personas proféticas que buscan ser reconocidas generalmente terminan siendo corregidas. Comprendo las razones por las cuales tienen esas tendencias, pero sigue siendo una ambición egoísta. La señal inconfundible de que una persona tiene una motivación errónea es su agresividad. Las personas competitivas y agresivas que reciben revelación son vasijas sin quebrantar. No les importa la unidad, ni el consejo, ni la sabiduría de los demás. He aprendido a mantenerme a distancia de esa clase de gente. Si usted les da tres o cuatro veces el micrófono, terminarán haciendo divisiones en el cuerpo.

Lo más importante es recibir la palabra de la persona correcta, de manera apropiada. A veces, la forma en que nosotros, los líderes, presentamos las cosas a la congregación, la deja sin saber exactamente quién recibió la revelación del Señor. Eso puede ser una protección para una persona joven y vulnerable en el ministerio profético. También puede ser una prueba de humildad. El profeta puede sentirse relegado y tal vez intente dar a conocer que ha sido «él» quien ha recibido palabra del Señor. Su discernimiento y su perspectiva en cómo aplicar la revelación profética está influenciada por su necesidad de que la gente sepa que ha oído a Dios de manera especial.

Por desdicha, la gente casi siempre sabe lo que está pasando y menosprecia la ambición egoísta que ven en el profeta. Esta es la prueba por la cual el profeta tiene que estar en una iglesia que nutra y administre la profecía, para no caer, sin darse cuenta, en ese patrón negativo.

He tenido mi cuota de controversia con los profetas y el ministerio profético. Hay momentos en que las personas sinceramente piensan haber escuchado a Dios, pero están equivocadas por completo. Sin embargo, el problema causado en la iglesia por los ministros proféticos «casi nunca» es debido a la profecía incorrecta, sino a las supuestas interpretaciones y aplicaciones.

Las iglesias deben tomarse el tiempo de trabajar a través del proceso de gestión del ministerio profético y las revelaciones proféticas, porque los beneficios de la revelación profética en la iglesia local son demasiado grandes y las consecuencias por acallarla demasiado graves.

Capítulo 14

Las mujeres como ministras proféticas

Hoy en día el ministerio de las mujeres en la iglesia es motivo de ardiente debate en algunos círculos. Por desdicha, la efectividad de la iglesia ha disminuido en gran manera por haber limitado el ministerio de las mujeres. La intransigente —y a veces chauvinista— posición de algunas personas en la iglesia es el resultado de prolongados estereotipos acerca de las mujeres, las malas relaciones entre hombres y mujeres, y la visión obtusa de la historia de la iglesia primitiva.

Mi propósito aquí no es ni resaltar una comprensiva estructura teológica para el ministerio de las mujeres ni intentar una exégesis de textos del Nuevo Testamento relacionados con el rol de las mujeres en la iglesia. Mi intención es citar algunos ejemplos de la historia de la iglesia y cómo funcionan las mujeres en el ministerio profético en la Comunidad Metropolitana La Viña.

Las mujeres a lo largo de la historia de la iglesia

El significativo aporte de las mujeres al ministerio de Jesús está bien documentado. Las mujeres fueron testigos de su crucifixión y su resurrección cuando los hombres estaban visiblemente ausentes. Lucas declara que las mujeres que habían seguido a Jesús desde Galilea, lo acompañaron cuando lo llevaron a la tumba (Lucas 23:27-31). Mateo dice que ellas se quedaron cuidando el sepulcro después que los hombres se habían ido (Mateo 27:61). Juan registra que el grupo que estaba a los pies de la cruz era integrado por tres mujeres y un hombre (Juan 19.25-27). Aunque rompía con las tradiciones sociales y religiosas, Jesús dejó bien clara la inclusión de las mujeres en su ministerio.

Es un poco sorprendente que las mujeres se destacaran en el desarrollo de la iglesia primitiva. Un buen número de ellas fueron líderes en las casas donde se reunía la iglesia que era parte de la gran grey de la ciudad de Roma. Algunas de las que se mencionan son Priscila, Cloe, Lidia, Apia, Ninfa, la madre de Juan Marcos y posiblemente «la señora escogida» que menciona Juan en su segunda carta. Pablo menciona a Febe, refiriéndose a ella como diaconisa (servidora) en la iglesia de Cencrea (Romanos 16:1).

Pablo también menciona a Junia, refiriéndose a ella como quien es «muy estimada entre los apóstoles» (v. 7). Algunos han debatido acerca del significado de este versículo. Hasta la Edad Media, era incuestionable la identidad de Junia como apóstol femenino. Traductores posteriores intentaron cambiar el género, cambiándole el nombre a Junias.[1]

Las mujeres también ejercían como ministras proféticas. Felipe, que fue elegido para servir administrando los alimentos para los pobres (Hechos 6) fue cabeza de la iglesia en Cesarea. Tenía cuatro hijas vírgenes, reconocidas como profetisas en la iglesia (Hechos 21:8-9). Algunos creen que esas profetisas fueron el modelo y lo habitual en el ministerio profético de la iglesia primitiva.

Cuando el papa Militíades proclamó que dos mujeres seguidoras de Montano eran herejes, las comparó con las hijas de Felipe. Militíades explicó que el problema no radicaba en que eran mujeres profetisas (lo que eran las hijas de Felipe) sino que eran falsas profetisas. Eusebio menciona a Cuadrato, un famoso hombre del siglo II, que «compartía con las hijas de Felipe la distinción del don profético».[2]

La iglesia se extendió rápidamente desde Jerusalén, su lugar de nacimiento, hacia áreas donde predominaba el paganismo grecorromano. En esos sitios las mujeres a menudo ocupaban altas posiciones y ejercían influencia en los círculos sociales, políticos y religiosos. Por lo tanto, la idea de que las mujeres tuviesen influencia en la iglesia no se concebía en términos negativos.

Alrededor del año 112 de nuestra era, el gobernador romano Plinio el Joven escribió sobre sus esfuerzos en el trato con los cristianos de Bitinia. Se dio cuenta de la necesidad de interrogar a los líderes de la iglesia, dos mujeres a quienes llamaban «ministrae» o diaconisas.[3]

Hay muchos ejemplos de mujeres que sirvieron en la iglesia con total e incansable devoción o quienes, sin pestañear, toleraron terribles torturas y el martirio. Un hecho significativo en el proceso de los cristianos que iban ganando preponderancia política y social en Roma fue el gran número de mujeres de clase alta que se convertían. Las conversiones de los hombres eran menores en número porque temían perder su estatus en la sociedad. Tal vez el inusual número de mujeres de clase alta haya sido la razón por la cual Celestas, obispo de Roma en el año 220, intentara darles a las mujeres de la clase senatorial una sanción eclesiástica para casar esclavas con hombres libres.

Esas mujeres veían la oportunidad de hacerse estudiosas de la Palabra. Una de ellas fue una mujer llamada Marcela, en el siglo IV. Jerónimo, el gran erudito, que tradujo la Biblia al latín (la Vulgata) no vaciló en recomendar a líderes de la iglesia como Marcela para ayudar a resolver problemas hermenéuticos.[4]

La mujeres gozaron de gran libertad de expresión en los primeros tiempos de la iglesia. Pero, como surgieron varios problemas, la libertad inicial se fue restringiendo y codificando más explícitamente. Con cada nueva y detallada explicación de lo que era o no aceptable, el papel de la mujer fue disminuyendo y quedando relegado.[5]

De todas maneras, aun en la Edad Media hubo mujeres que fueron ejemplos sobresalientes de espiritualidad y dedicación. Los *valdenses,* un grupo iniciado en el siglo XII que se podría describir como protestantes cuatro siglos antes de la Reforma, fueron acusados, entre otras cosas, de permitir que las mujeres predicaran. Catalina de Siena (1347-1380) fue una resuelta servidora de los pobres, una doctora de la iglesia y una amante de Dios, cuya teología y piedad fueron reconocidas hasta por los reformadores.

Un verano, cuando Juana de Arco tenía alrededor de trece años, vio de pronto una luz brillante y escuchó voces mientras trabajaba en el campo. Las voces, que Juana atribuyó a ángeles o santos, continuaron a lo largo de aquel día, dándole instrucciones para que ayudara a «el Delfín» (el hijo mayor del rey del Francia) y que salvara a Francia. Viajó 450 kilómetros con seis caballeros, cruzando territorio enemigo para hablarle a Carlos el Delfín acerca de sus planes.

Cuando Juana entró al gran salón, Carlos estaba oculto en medio de la multitud. Juana fue directamente a su encuentro y lo encaró.

—No soy el Delfín —le dijo Carlos.

—Amable caballero, en nombre de Dios, usted es —le contestó Juana.

Entonces ella le reveló sus pensamientos secretos. La muchacha de diecinueve años condujo las fuerzas francesas y salvó a Francia, restableciendo a Carlos en el trono. Mark Twain estudió la vida de Juana de Arco durante doce años y llegó a la conclusión de que la suya era «la vida más noble que jamás hubo nacido en este mundo».

Aunque es imposible discernir entre la leyenda, los hechos y la unción espiritual, las experiencias proféticas de Juana se parecen a otras que conozco de personas llamadas al ministerio profético. Las mujeres también han jugado un papel significativo en la extensión y el desarrollo del protestantismo, particularmente en el área de las misiones.

En el siglo XII las mujeres comenzaron a surgir desempeñando roles de liderazgo y ministerio, primero en las iglesias de santidad y luego con los pentecostales. Los ejemplos son numerosos, los dos más destacados son Aimee Semple McPherson, fundadora de la Iglesia Internacional del Evangelio Cuadrangular y Kathryn Kuhlman.

David Yonggi Cho ha delegado a las mujeres posiciones en el ministerio y liderazgo en la Iglesia Central del Evangelio Completo de Seúl, en Corea, y con la ayuda de ellas se ha levantado la iglesia más grande del mundo, con casi medio millón de miembros.

El ministerio de las mujeres en la Comunidad Metropolitana La Viña

Hemos contado con un buen número de mujeres en medio nuestro que han contribuido profunda y certeramente en la edificación del ministerio profético. Aunque muchas de ellas han quedado tras escenario en el servicio a nuestro grupo de líderes, nos entusiasman las que se mueven en la arena profética. Los límites y la extensión de la función de la mujer en el grupo profético en la Comunidad Metropolitana La Viña son los mismos que para el hombre. No les damos un lugar prominente; sean hombres o mujeres.

Paul Cain, a quien tenemos en alta estima, hablaba a la iglesia dos o tres veces al año. Le daba a nuestro grupo de líderes lo que recibía para nosotros, ya fuese personalmente o por teléfono.

Si alguna mujer llegase a tener el mismo grado de revelación profética que Paul, se le daría el mismo honor que a él, ya sea hablando en público o en el grupo que gobierna la iglesia. Cualquier mujer predicadora que tenga la unción para enseñar, tendrá una oportunidad basada en su probado don de enseñanza. A lo largo de los años, hemos contado con varias mujeres predicadoras que hablaron en nuestra congregación, una vez que discernimos su don para predicar.

En la Comunidad Metropolitana La Viña hemos descubierto una red de 250 profetas que reciben normalmente sueños, visiones y palabras proféticas del Señor. Ellos se reúnen periódicamente con Michael Sullivant como su líder. Michael también pastorea a los ministros proféticos itinerantes y a los estables de nuestra iglesia.

Existe un consejo profético, compuesto por unas treinta personas; muchas de ellas son mujeres. Este consejo es el que dirige a los demás profetas de la cadena.

Ayudan a nutrir los dones de esas personas, escuchan sus revelaciones proféticas y colaboran en la interpretación y la aplicación. Ese compañerismo profético legitima lo que están haciendo y provee un lugar de estímulo, corrección y juicio en medio de una comunidad con los mismos dones. Se sienten libres para expresarse a sí mismos en una atmósfera amigable, en la que pueden recibir dirección y corrección.

Mujeres estereotipadas

Por lo general hay prejuicios, predisposiciones injustas y estereotipos que etiquetan a las mujeres. Esta poderosa realidad a lo largo del mundo occidental ha obstaculizado la obra de Dios. El más profundo de los estereotipos proviene de nuestra cultura. Existe también en nuestra iglesia y tenemos que encararla con firmeza cuando la ocasión es propicia.

Nos percatamos de la vasta importancia del impacto de la mujer en la generación presente y futura, por lo tanto honramos y estimamos en gran manera el ministerio de la madre en el hogar. Pero también creemos firmemente que, con frecuencia, las mujeres han sido llamadas a salir del hogar para servir en el reino de Dios.

También existen estereotipos acerca de las mujeres y su formación síquica. Un estereotipo común es que son muy intuitivas pero no pueden controlar el lado emocional de su naturaleza. Eso no me parece justo. Creo que sí, a algunas mujeres se las podría describir de esa manera, pero algunos hombres también son así. Creo que esto es también generalizar un estereotipo y no debiera ser la razón usada para excluir a las mujeres del ministerio.

Tanto los hombres como las mujeres son intuitivos, pero mi experiencia es que son más las mujeres que los hombres quienes tienen mayor intuición. El estereotipo del hombre es que siempre tiene el control, pero sin tocar sus sentimientos o los sentimientos de los demás. Eso tampoco es siempre cierto.

Las malas relaciones entre hombres y mujeres siempre han causado muchos problemas, tanto en la sociedad como en la iglesia. Algunos hombres tienen temores infundados acerca del ministerio de las mujeres; por ejemplo, que ellas perderían su femineidad si llevaran el liderazgo y que son más propensas a las decepciones (lo cual no es verdad). Por eso no permiten que las mujeres profeticen o prediquen. El problema se acrecienta con algunos movimientos feministas radicales. En consecuencia, algunos hombres se resisten a la validez de las expresiones bíblicas de las mujeres en el ministerio.

Creo que si los hombres hubieran honrado a las mujeres en la iglesia, se habría esfumado el movimiento feminista radical de la sociedad. Si la iglesia hubiera marcado el rumbo honrando a la mujer en su seno, eso habría tenido un impacto en toda la sociedad. Si hubiera habido mayor número de mujeres prominentes en la sociedad debido a la fuerza afirmativa de los hombres cristianos, los efectos negativos del movimiento feminista radical se habrían reducido.

Esta es una manera práctica en la que la iglesia puede funcionar como contenedor profético en la sociedad: honrando a las mujeres y a los niños de manera acorde a la gracia de Dios (Malaquías 4:6; 1 Pedro 3:7).

El espíritu de Jezabel

Uno de los temas más erróneamente interpretados en relación al ministerio de las mujeres en la iglesia es la idea del «espíritu de Jezabel», sobre todo cuando la expresión se define como una mujer que controla y domina a los hombres. El «espíritu de Jezabel» no es una expresión bíblica. Aunque existe un poderoso tipo de espíritu de Jezabel o actitud en que se encuentran sumergidas algunas personas.

Cuando una mujer confronta a un hombre en cualquier aspecto, aunque el hombre tenga graves problemas de inseguridad y liderazgo, a la mujer se la tilda de tener «espíritu de Jezabel».

Algunas mujeres sí tienen un inapropiado espíritu de dominación. Algunos hombres en la iglesia tienen el mismo problema. Pero demasiadas mujeres que tienen un genuino don de liderazgo son tildadas de Jezabel, simplemente porque se enfrentan con un hombre que tiene una personalidad controladora.

A veces, esas mujeres quedan un poquito heridas. Tal vez, su habilidad social y de interrelación necesite ser pulida, pero los hombres tienen que mejorar sus modales sociales también, especialmente aquellos que son inseguros y tratan de manipular a las mujeres.

Algunas mujeres, simplemente, no permiten que esos hombres las dominen o interfieran su lugar en el reino de Dios. Estas mujeres pueden realmente sufrir injusta condenación, sencillamente porque hablan y retan a un hombre que tiene un espíritu equivocado. Este tipo de cosas no significa que una mujer tenga «espíritu de Jezabel». A mí me duele cuando se cataloga apresuradamente a una mujer como «una Jezabel». Puede ser un fuerte golpe emocional para ella. Casi siempre es injusto, por lo que puede que ella reprima o refrene su don ministerial por años.

Creo que tanto la mujer como el hombre dominante tienen que ser confrontados y luego evitar que tengan demasiada influencia en la iglesia. Pero cuando algunos líderes ven hombres dominantes, suelen minimizar el problema diciendo: «Bueno, él tiene una personalidad fuerte; esa es su manera de ser». Pero cuando las mujeres hacen lo mismo, eso trae aparejado toda clase de implicaciones espirituales injustas.

Jezabel: seducción a la inmoralidad

Creo que el espíritu de Jezabel sí involucra un elemento de dominación y control. Entre la reina Jezabel y el rey Acab, claramente Jezabel era la más dominante (1 Reyes 18).

Jesús define el tipo de espíritu de Jezabel muy específicamente en otros términos que el de la dominación. «Pero tengo unas pocas cosas contra ti; que toleras que esa mujer Jezabel, que se dice profetisa, enseñe y seduzca a mis siervos a fornicar y a comer cosas sacrificadas a los ídolos» (Apocalipsis 2:20).

El espíritu tipo Jezabel se puede describir entonces como uno que lleva al pueblo de Dios a la inmoralidad de manera indolente. Se refiere, primeramente, a alguien con espíritu de seducción. En nuestro días, cuando se habla de seducción, pensamos en mujeres que conquistan a los hombres. Pero algunos fuertes líderes masculinos, aun dentro del cuerpo de Cristo, tienen el potencial de seducir mujeres. Pueden tener un poderoso impacto sensual o emocional sobre ellas. En este aspecto, los hombres pueden ejercer tanta seducción como las mujeres. Por lo tanto, también un hombre puede ser como Jezabel.

Creo que el espíritu de Jezabel más seductor en el mundo actual se encuentra en ciertos aspectos de la industria de las comunicaciones, que es muy efectiva en insensibilizar a la gente e inducir a las naciones a cometer todo tipo de actos inmorales. Ha promovido la prostitución y la categoría «X», y lo que es peor, la industria del cine. Esos miembros de la industria del entretenimiento son quienes perpetúan el estereotipo de la mujer como seductora, pero es en realidad su amor al dinero lo que echa combustible al fuego de la seducción en nuestra sociedad. Ellos, más que ningún otro, tienen las características de Jezabel. Si la mujer debe tener un respiro, es en la iglesia. El prejuicio hacia las mujeres se debe con frecuencia a las malas relaciones que existen entre hombres y mujeres. En esa situación negativa, a veces a los pastores se los tilda de controlar a las mujeres, mientras acusan a las mujeres de *jezabeles*. Todo esto es ridículo. Tanto los hombres como las mujeres tienen que sanar.

Tenemos que estimar y darles lugar en la iglesia a las mujeres con auténticos dones de liderazgo. Algunos pastores tienen que ser menos defensivos e inseguros en su liderazgo. Tenemos que reemplazar los duros enjuiciamientos entre hombres y mujeres con el honor y la paciencia que Jesús nos prodigó, a cada uno de los que todavía somos inmaduros en nuestro carácter, sabiduría y dones.

Hechos 2:17-18 dice que Dios derramará de su Espíritu sobre sus hijos e hijas y que profetizarán. La iglesia en los últimos tiempos florecerá con hombres y mujeres que recibirán sueños y visiones poderosas, que llevarán a muchos a una relación con Jesús.

Nunca seremos totalmente eficaces si la mitad del ejército de Dios es retenido fuera del campo de batalla en contra de Satanás. Es necesario que tanto los hombres como las mujeres tomen su lugar firmemente ante el trono de Dios y trabajen juntos, con confianza y seguridad en el cuerpo de Cristo.

Juntos podemos experimentar el apasionado amor de Dios por nosotros y luego usar nuestra autoridad en Jesús para derribar el reino de las tinieblas imperante en nuestra generación.

Capítulo 15

Ocho dimensiones de la iglesia profética

El término *profético* es utilizado por algunos en la iglesia para referirse tanto al cumplimiento de los hechos de los últimos tiempos como al pronunciamiento de mensajes revelados. La iglesia del Nuevo Testamento debe ser una comunidad profética, no solo en esas áreas sino en una manera multidimensional más amplia.

Ser profético no es solo hacer algo que hacen los *carismáticos;* es esencial a la verdadera naturaleza y misión del cuerpo entero de Cristo en la tierra. Aquellos que están involucrados en el ministerio profético tienen que ver qué hacen en el gran contexto de todas las demás dimensiones del llamado de la iglesia, como una comunidad que sirve proféticamente.

Las personas que reciben sueños y visiones no comprometen el ministerio profético en su totalidad, sino que son la expresión de una comunidad que es profética, por lo menos, en ocho dimensiones.

Algunas de esas ocho categorías o dimensiones de expresiones proféticas pueden sobreponerse de la misma manera que lo hace el don del Espíritu. La lista de los nueve dones del Espíritu (1 Corintios 12:7-11) simplemente es una descripción en cuanto a la manera en que la persona del Espíritu Santo se mueve a través de los individuos en la iglesia.

Algunas veces es difícil categorizar y definir ciertas manifestaciones. Por ejemplo, ¿qué es palabra de sabiduría, profecía o discernimiento de espíritus?

De la misma manera, estas ocho dimensiones de la iglesia como comunidad profética de servicio puede sobreponerse en algunos aspectos. El punto es que el ministerio profético no es solo algo que hace la iglesia, sino algo que *es* por naturaleza propia.

1. Mostrar el corazón de Dios

«Adora a Dios; porque el testimonio de Jesús es el espíritu de la profecía» (Apocalipsis 19.10).

Esto significa que la fresca revelación de la voluntad de Jesús es la esencia de su testimonio. Esto incluye la revelación de la persona que Él es, junto con lo que hace y lo que siente. El espíritu (propósito) de la profecía es revelar estos aspectos del testimonio de Jesús. La pasión por Jesús es el resultado de esta revelación profética. Una pasión santa como esta es lo que se destaca en una iglesia profética.

El ministerio profético tiene que estar estampado y sellado con el afecto por —y la sensibilidad de— escuchar la voluntad de Dios. Es un ministerio que apasionadamente siente y revela el corazón de Dios a la iglesia y al mundo. El ministerio profético no tiene que ver solo con la información sino también con la capacidad de experimentar, en cierta medida, la compasión, el dolor y el gozo de Dios, para luego lograr la pasión por Dios. Además de experimentar el corazón de Dios, vendrá la revelación de alguno de sus planes y propósitos futuros.

Si usted «procura profetizar» (1 Corintios 14:39) buscando meramente información de *la mente* de Dios, está pasando por alto la piedra fundamental y la esencia del ministerio profético: la revelación de *su voluntad*. El apóstol Pablo dijo: «Y si tuviese profecía, y entendiese todos los misterios y toda ciencia, y si tuviese toda la fe, de tal manera que trasladase los montes, y no tengo amor, nada soy» (1 Corintios 13:2).

Los profetas del Antiguo Testamento a menudo anunciaban sus mensajes y ministerios, declarando: *«La carga que* vio el profeta Habacuc»* (Habacuc 1:1). La palabra *carga* implica algo emocional, no una verdad abstracta.

Por lo tanto, una dimensión profética del ministerio de la iglesia es proclamar, revelar y hacer recordar las intimidades y los afectos de Dios. Esto, por supuesto, incluye el celo por su pueblo, su gran compasión y su intenso dolor por nuestro pecado, que nos separa de Él.

El resultado de la revelación del corazón de Dios es movilizar la pasión por Dios en la gente. La respuesta a su gran amor es adorarlo y amarlo.

Kevin Prosch, Daniel Brymer, David Ruis, Chris DuPré y otros más en la Comunidad Metropolitana La Viña han sido usados espléndidamente como líderes de adoración profética, agitando la llama de la pasión espiritual de la gente por medio de la adoración. A través de sus grabaciones y su instrucciones en conferencias, estos profetas han sido la fuente que ha vivificado a muchas personas. Esta revelación del corazón de Dios y la movilización de la congregación hacia la adoración por medio de música ungida completa la dimensión profética de la iglesia.

Mi mensaje preferido es que nuestro apasionado amor por Jesús es el resultado de una siempre creciente revelación de su amorosa personalidad, llena de pasión por nosotros. Como raramente doy una palabra en la iglesia, busco contribuir a la misión de la iglesia como una comunidad de servicio, enseñando acerca del apasionado corazón de Dios.

2. El cumplimiento de la profecía bíblica

Durante miles de años los profetas hablaron acerca del Mesías que iba a venir y del reino que establecería. Jesús habló de ello algunas veces, como que el reino ya había venido con el advenimiento de su ministerio público y, en otras ocasiones, como si el reino todavía «no estuviera». De cualquier manera y cualquiera fuese la extensión del reino que «había llegado», para quienes había llegado se había cumplido lo que los profetas habían anunciado. Jesús le dijo a Pedro: «Sobre esta roca edificaré mi iglesia; y las puertas del Hades no prevalecerán contra ella» (Mateo 16:18).

En los últimos dos mil años todos los poderes del infierno no han podido eliminar al evangelio ni a la iglesia. Esta solo ha seguido creciendo. Jesús explicó de la siguiente manera la extensión del reino de Dios: «Es como el grano de mostaza, que cuando se siembra en tierra, es la más pequeña de todas las semillas que hay en la tierra; pero después de sembrado, crece, y se hace la mayor de todas las hortalizas, y echa grandes ramas, de tal manera que las aves del cielo pueden morar bajo su sombra» (Marcos 4:31-32).

La iglesia está sobreviviendo y creciendo por la palabra profética. Su misma presencia es un constante testigo del cumplimiento profético.

La iglesia también es un testigo profético de su misión. Así como los apóstoles de los primeros días, hoy la iglesia es testigo de la muerte y la resurrección de Jesucristo. Su primera tarea ha sido siempre la preservación y la proclamación de las buenas nuevas que hablan de su muerte y su resurrección, así como también de la Segunda Venida de Jesús para juzgar al mundo. La iglesia es tanto un testimonio vivo del cumplimiento profético como la voz profética de lo que vendrá en el futuro. Por eso actúa como la sal de la tierra que impide la corrupción.

Como Novia de Cristo, todo lo que la iglesia hace es para estar preparada: reuniéndose, adorando, celebrando la comunión, testificando, predicando el evangelio, echando fuera demonios, sanando a los enfermos, pacificando (Efesios 5:27; Apocalipsis 19.7-8). Es una trompeta profética que expone al mundo la relación de Cristo y su iglesia, y el hecho de que Cristo vendrá de nuevo. La próxima vez que usted se siente en un servicio en la iglesia, recuerde que aunque estemos casi a dos mil años de distancia de la primera iglesia, el hecho de que usted se reúna con otras personas en el nombre de Jesús es tanto un cumplimiento profético como una declaración profética al mundo.

3. Los estándares proféticos en las Escrituras

Una de las realidades proféticas vitales son las mismas Escrituras. La Biblia es una trompeta del corazón de Dios, su propósito y su voluntad. ¡Cuán precioso es para el cuerpo de Cristo el hecho de que Dios nos haya dado las Escrituras!

Para cada una de las ocho dimensiones proféticas de la iglesia, Dios levanta líderes a los que el Espíritu Santo equipa y quienes trabajan arduamente para equiparse a sí mismos. Para nosotros, en la Comunidad Metropolitana La Viña, personas como Wess Adams, David Parker, Sam Storms, Michael Kailus, George LeBeau, Bruce McGregor y otros más, han hecho una contribución vital a lo largo de los años en el contexto de nuestra comunidad profética. Han cursado estudios teológicos y se han graduado en exégesis, hermenéutica, teología sistemática e historia de la iglesia. Los profetas y los exhortadores que hay en medio nuestro, a veces han querido interpretar o aplicar una escritura de manera particular, puesto que ella prueba un punto o simplemente porque «predica bien». Para ellos estos «doctores de la Palabra» sirven de equilibrio y como plomada.

El Dr. Sam Storms no es un profeta en el mismo sentido en que lo fue Paul Cain. Sin embargo, sirve como una parte esencial en el ministerio profético de nuestra iglesia, como presidente de Grace Training Center y dirigiendo todo lo que tiene que ver con la preparación y equipamiento de nuestra estrategia pastoral en la Comunidad Metropolitana La Viña. Personas como el doctor Storms, que cuenta con un vasto conocimiento del contexto histórico de los escritos del Nuevo Testamento (a quiénes fueron escritos y por qué), así como la tradición extrabíblica de los padres de la iglesia de los siglos II y III, juegan el importante rol de mantener viva la identidad de la congregación como comunidad profética.

Las epístolas del Nuevo Testamento no fueron escritas como lecciones para las clases de la escuela dominical. Fueron cartas dirigidas a personas como nosotros, que estaban pasando por situaciones difíciles. Cuando nosotros como congregación oímos los conflictos de la iglesia en Corinto, o descubrimos el drama de fondo que motivó la Carta a los Hebreos, nos identificamos con la gente del Nuevo Testamento, no solo con las exhortaciones que se les hace.

Eso hace que el Nuevo Testamento esté vivo y, a la vez, le da a la iglesia un sentido de conexión con aquellos que empezaron la carrera. La iglesia, como comunidad profética, debe darse cuenta de que somos la continuidad de lo que ellos comenzaron. Debemos sentir esa conexión.

La antorcha ha pasado tantas veces que es fácil perder la visión de que estamos corriendo la misma carrera que ellos comenzaron. Se ha completado la extensión y ellos se reúnen en la línea de llegada para felicitarnos. La iglesia es el testimonio vivo del propósito profético de Dios en la historia. Es también la comunidad profética la que tiene que preservar y proclamar con exactitud la palabra de Dios.

4. Andar cuando la nube se mueve

La cuarta forma en que la iglesia debe ser profética es discerniendo el mover actual del Espíritu, la «verdad presente» como la llama el muy conocido y respetado pastor Dick Iverson. Así como los hijos de Israel siguieron la nube en el desierto, la iglesia tiene que moverse cuando el Espíritu Santo lo indique (Deuteronomio 1:33).

Esto contrasta con el aspecto de la comunidad profética que acabamos de evaluar. Aunque la verdad acerca de que la iglesia preserva y proclama las Escrituras es inmutable, la relación que existe entre la iglesia y el Espíritu Santo no es estática. El Espíritu está haciendo algo nuevo para siempre con la iglesia como una integridad y, separadamente, con cada congregación. Los Diez Mandamientos dados en el Sinaí son una verdad absoluta para siempre, pero el pueblo de Israel estaba cambiando de lugar constantemente mientras vagaba por el desierto.

La clase de movimiento al cual me estoy refiriendo es el cambio de énfasis, colocados en los elementos de la verdad, estructura y estrategia. Podríamos decir que nos movemos alrededor de los límites de la verdad inamovible de la palabra de Dios.

Los líderes de varios nuevos movimientos no son, necesariamente, aquellos que ejercen el don de profecía como se menciona en 1 Corintios 12, sino personas que pueden sentir claramente en qué dirección se está moviendo la nube. Deben compararse con los hijos de Isacar, que «eran entendidos en los tiempos, y que sabían lo que Israel debía hacer» (1 Crónicas 12:32).

No hay nada más profético que la Iglesia de Jesucristo siguiendo la nube, esto es, el énfasis y el liderazgo actual del Espíritu Santo. Esta es una dimensión profética que puede ser completamente distinta a los sueños y visiones o a la manifestación del don de profecía. Es una expresión de liderazgo profético.

Mucha gente afirma *saber exactamente* lo que el Espíritu Santo está diciéndole a la iglesia; aunque muchos dicen cosas opuestas. Pero cuando *la gente* siente que el Espíritu Santo testifica en esas afirmaciones, comienzan a recibir los beneficios. Esos líderes proféticos que disciernen con exactitud el mover de la nube son esenciales para la iglesia.

La historia de la iglesia está llena de ejemplos acerca de cómo parte del cuerpo de Cristo discierne el énfasis presente del Espíritu Santo al relacionarse con la estructura, la estrategia o algunos elementos particulares de la verdad. Sin embargo, algunos han seguido la nube hasta el próximo lugar y nunca más volvieron a moverse. Después de acampar alrededor de cierta estructura, estrategia o verdad durante un tiempo, se volvieron menos comunidad profética y más monumento profético de lo que el Espíritu Santo hizo tiempo atrás. Eso no significa que debamos abandonar las antiguas tradiciones con cada movimiento de la nube. La mayor expresión de la iglesia como comunidad profética se encuentra en las congregaciones o denominaciones que se mueven con la nube, pero se llevan con ellas toda la sabiduría, experiencia y madurez de su historia.

5. Demostración del poder de Dios

Elías es un símbolo de profeta de Dios que hace caer fuego del cielo, como una señal del poder divino. En el Nuevo Testamento los milagros no se limitaron a los profetas. El Espíritu Santo distribuye los dones «a cada uno en particular como él quiere» (1 Corintios 12:10-11).

En un sentido general, la demostración del poder sobrenatural de Dios en y por medio de la iglesia es una dimensión del ministerio profético.

Como en los días de Elías, los milagros dan testimonio de la verdad de la palabra de Dios. Ha habido quienes dijeron que la iglesia no necesita milagros hoy, ya que tenemos la Palabra escrita. Pero esta incluye el testimonio de los apóstoles, y si la certificación de los milagros fue necesaria en los días subsiguientes a la resurrección, cuánto más necesario es hoy el testimonio para confirmar la veracidad de los relatos escritos.

El testimonio de los milagros es también valioso como una dimensión de la comunidad profética porque, más que ninguna otra cosa, hace que la gente esté consciente de la presencia de Dios en medio de ellos. La muerte y la resurrección de Jesús, en términos temporales, fue hace «mucho» tiempo. Sin una renovada conciencia de su presencia, a veces la iglesia asume la postura ante la sociedad de reunirse para venerar la memoria de Jesús, que murió hace dos mil años.

Los hechos milagrosos estremecen nuestra sensibilidad y nos despabilan, gozosa o temerosamente, a la realidad de que Jesús está en medio nuestro por la presencia del Espíritu Santo, y que Él está muy cerca de cada uno de nosotros. Cientos de sermones sobre la permanencia de Dios con nosotros no despiertan tanto nuestro corazón como un encuentro personal con la manifestación de su presencia y poder por medio de los milagros.

De ninguna manera eso reduce el poder o autoridad de la Palabra escrita. Simplemente, significa que en lo milagroso, el Dios vivo de la Palabra escrita aparece de manera poderosamente personal, íntima y tangible.

Por medio de lo milagroso, la iglesia profetiza y proclama que ¡Él está vivo!

6. Sueños y visiones proféticas

La mayor parte de este libro está dedicado a la alimentación y gestión del ministerio profético cuando se recibe revelación de Dios. Dios levanta y prodiga dones a la gente para que oiga y vea cosas que la mayoría no ve ni oye. El término «vidente» tiene connotaciones negativas a causa de la aplicación que se le da hoy en círculos no cristianos. En consecuencia, al hablar de «vidente» debemos tener el cuidado de definir el término a la luz de 1 Samuel 9: «Antiguamente en Israel cualquiera que iba a consultar a Dios, decía así: Venid y vamos al vidente; porque al que hoy se le llama profeta, entonces se le llamaba vidente» (v. 9). «Y Samuel respondió a Saúl, diciendo: Yo soy el vidente» (v. 19).

A los profetas como Ezequiel y Zacarías, conocidos por sus profundas visiones de Dios, no se los conoce por haber hecho demostraciones de poder como sanar a los enfermos o levantar a los muertos.

Con frecuencia, esa clase de personas proféticas no tiene dones de milagros, pero ven cosas por medio del Espíritu Santo; como hechos futuros, los secretos del corazón de la gente y el llamado de Dios a la vida de otras personas. Como en las visiones de Ezequiel, las cosas que ven las personas proféticas a veces son desconcertantes.

No obstante, el ministerio profético ha sido parte del Nuevo Testamento desde su mismo comienzo.

7. Clamor contra la injusticia social

La iglesia tiene la responsabilidad de ser «profeta a la nación» en relación a la injusticia, la represión y la maldad que provocan el juicio de Dios. Uno de los ejemplos más destacables de eso fue el clamor profético del reverendo William Wilberforce (1759-1833) trabajando dentro de la iglesia, y con anterioridad Lord Shaftesbury (1621-1683), haciendo lo mismo en la Cámara de los Lores en Inglaterra. A estos dos hombres que denunciaron las injusticias desde dos frentes distintos durante dos siglos, se les debe casi todo el crédito de que el Parlamento prohibiera el comercio de esclavos en Inglaterra.

Muchas veces los profetas para la nación hablaron desde una plataforma secular y no necesariamente como representantes de la iglesia. José y Daniel fueron dos ejemplos bíblicos de personas que representaban a Dios en posiciones seculares de poder. Abraham Lincoln y Martin Luther King defendieron la justicia y la rectitud en nuestra sociedad. A pesar de ello, no eran vistos como profetas en la posición tradicional de pertenecer al ministerio de la iglesia.

La iglesia debe tener cuidado para no minar su ministerio profético a la nación. Por dicha, muchos miembros de la iglesia estarán activamente involucrados en el gobierno civil y hasta en la política. Pero, la iglesia y aquellos que hablan a la iglesia, «deben» saber dónde trazar la línea.

Si entran en política lo harán como hombres de Dios, no como miembros del equipo pastoral financiados por la iglesia local.

Estoy convencido de que la iglesia como institución tiene que ser como un profeta a favor del avance de la justicia, sin afiliación política alguna.

8. Clamor por la santidad personal y el arrepentimiento

Dios ha levantado líderes en la iglesia a través de las generaciones, que han funcionado como profetas de Dios denunciando los pecados del pueblo. Por ejemplo, John Wesley hizo volver a Inglaterra hacia Dios, cuando las injusticias personales del pueblo y la apatía los habían llevado al borde del caos social.

Esa voz de protesta es similar al clamor profético contra la injusticia social, pero diferente en cuanto está dirigido, específicamente, a la gente de la iglesia. Es menos parecido a Jonás profetizando al pueblo de Nínive y más a Isaías y Jeremías que profetizó a Israel y Judá.

Personas como Billy Graham, Charles Colson, John Piper, David Wilkerson y A. W. Tozer vienen a mi mente como ministros proféticos, denunciando la injusticia en la iglesia al poner de manifiesto las cosas profundas del conocimiento de Dios. Sus palabras han sido ungidas por el Espíritu para despertar los corazones a la santidad y la pasión por Jesús. Dios usó esas voces proféticas, así como usó a Juan el Bautista, para remorder la conciencia de los creyentes en pro de un completo avivamiento.

Servicio a la comunidad profética

La naturaleza de la iglesia es ser la expresión profética del reino de Dios en la tierra, a fin de representar, preservar y proclamar la verdad de Dios a este mundo. Todos los miembros que sirven en la iglesia o funcionan como ministros de la misma están involucrados en el plan profético y el propósito de Dios en la tierra.

Aquellos con dones para soñar, tener visiones, profetizar y tener revelaciones deben ser cuidadosos para no darse demasiada importancia, pensando que son «el» grupo profético. Ellos sirven solamente a una dimensión del gran llamado de la iglesia como comunidad profética.

Mi oración y profunda expectativa es que Dios obrará prodigiosamente en nuestra generación para ayudar a la iglesia más y más a vivir y expresar su naturaleza profética, y su llamado en medio de las naciones del globo.

La proclamación y la demostración de la Palabra de Dios por medio de una iglesia llena del Espíritu, es la verdadera esperanza para el ser humano. Que el Espíritu Santo venga sobre nosotros como nunca antes, para la gloria de Dios y de Jesucristo.

La presencia manifiesta de Dios: Comprenda el fenómeno que acompaña al espíritu del ministerio

Introducción

Cuando Dios quiere mostrar su poder en y por medio del cuerpo de Cristo, se abre la oportunidad tanto para un tremendo crecimiento espiritual como para una trágica confusión y tropezadero.

A lo largo de la historia bíblica y de la iglesia, raros y extraños fenómenos físicos han acompañado al derramamiento del poder del Espíritu Santo. A principio de 1994, numerosos informes y testimonios empezaron a circular a lo largo de Estados Unidos y Canadá —así como también en otros países— en relación a la propagación, muchas veces espontánea y sin conexión una con otra, de manifestaciones del Espíritu y el fenómeno físico que por lo general las acompañaba.

Desde entonces, muchos creyentes han seguido siendo bendecidos, refrescados y rejuvenecidos por medio de ese avivamiento espiritual internacional.

Otros creyentes no han sido tan bendecidos. Son escépticos y se preguntan cómo representan, ese tipo de cosas, la genuina obra de Dios. ¿Y qué decir de la aparente conducta carnal en la que se encuentran algunos y tratan de culpar al Espíritu? ¿Qué debemos hacer con esas cosas?

Los líderes han quedado perplejos y a la vez desafiados en cuanto a la forma de ver esas cosas y cómo alentar, desanimar o simplemente tolerar y supervisar en medio de ese movimiento.

Los creyentes tienen que orar por sus líderes y deben tratar de ser pacientes con ellos, mientras estos buscan sabiduría para responder adecuadamente y guiar de manera que honre a Dios y edifique a toda la iglesia. Es nuestra esperanza que este escrito ayude a conseguir un marco de referencia bíblico-teológico, en el cual esas manifestaciones y fenómenos físicos puedan ser evaluados e interpretados.

Cuando ese mover del Espíritu Santo se conoció públicamente en 1994, recordamos que Dios les había dado la visión a varias personas proféticas. En abril de 1984 le pasó algo asombroso a Mike Bickle y a otro ministro profético, Bob Jones (que estaba con nosotros en aquel momento).

Mike estaba acostado una mañana temprano cuando, de repente, escuchó la voz de Dios de manera audible. Después se enteró de que Bob también había tenido una visión y había escuchado la voz de Dios esa misma mañana. El resumen del mensaje que Dios les dio a ellos —y lo confirmó de manera sobrenatural— fue que en diez años Dios «iba a empezar a derramar el vino del Espíritu en las naciones». Dios también dijo que iba a disciplinar a los ministros que no estuvieran predicando y promoviendo la humildad ante Dios en sus localidades, y que iba a levantar ministros que sí la estuviesen enseñando y moldeando. También dijo que iba a corregir ideas teológicas erróneas en los ministros si apreciaban la verdadera humildad.

Esa palabra le resultó muy difícil de recibir a Mike, porque en aquel entonces él ansiaba y creía en una visitación de Dios mucho más pronto. A través de los años hemos tenido contacto con varios ministros proféticos que, volviendo a los ochenta, nos habían dicho que Dios les había mostrado que planeaba enviar una significativa ola de su Espíritu por todas las naciones a mediados de los noventa.

No creemos que el movimiento actual sea de ninguna manera la única ola del Espíritu que vendrá con el objeto de preparar a la tierra para la Segunda Venida. No obstante, sentimos que es vital que todos tratemos fervientemente de ser buenos administradores de la gracia de Dios. Qué Dios nos ayude a recibir y acopiar todo lo que Él intenta darnos en este comienzo de derramamiento.

La presencia manifiesta de Dios

A este controversial —y con frecuencia malentendido— concepto de la presencia manifiesta de Dios es a lo que ahora queremos dirigir nuestra atención. La manifiesta presencia de la visitación de Dios a individuos, movimientos y regiones geográficas ha ocurrido con frecuencia en la historia de la cristiandad. Aunque se la ha desdeñado por varias razones.

Lo triste es que ha tenido la oposición de los líderes religiosos que no son lo suficientemente humildes como para admitir que debe haber alguna experiencia espiritual legítima y algún conocimiento más del que ellos poseen. Esta oposición se puede dar cuando los líderes se han levantado pretendiendo que tienen todas las respuestas acerca de Dios, su Palabra y sus caminos.

Debemos intentar asumir la posición de aprendices ante el Señor siempre y reconocer que nadie ha cubierto todos los aspectos de la sabiduría espiritual y la experiencia en Cristo. No importa cuán maduros seamos en el Señor, todavía somos sus hijos y, por lo tanto, debemos ser como niños en nuestra relación con Él, que es nuestro Padre. ¡Hay uno solo que «se las sabe todas» en el reino!

Una vez alguien hizo la intrigante pregunta: «¿Dónde vive Dios?». Otra persona muy sagaz le contestó: «¡En donde a Él le plazca!». Esa es, verdaderamente, una buena respuesta. Cuando Salomón dedicó el primer templo, dijo: «*He aquí que los cielos, los cielos de los cielos, no te pueden contener; ¿cuánto menos esta casa que yo he edificado?*» (1 Reyes 8:27).

Hay un misterio en cuanto a la morada de Dios. Es más, hay un misterio en cuanto al mismo Dios como persona y como persona de la Trinidad. Hay algo en cuanto al misterio de Dios con lo que no nos sentimos naturalmente cómodos. ¿No nos resulta fácil creer que esto haya sido un designio? Sí; un designio divino para mantenernos humildes y adorándolo. Después de todo, nosotros somos las criaturas y Él es el creador.

Dios ha dejado las explicaciones filosóficas de muchos de sus atributos y maneras insatisfechas para nuestras mentes finitas. ¿Cómo podría ser de otra manera, cuando mentes finitas tratan de comprender lo infinito?

El lenguaje humano es incapaz de definir la compleja naturaleza de Dios. Vemos la gloria de Dios como en un espejo, borrosamente (1 Corintios 13:12).

Los misterios como este confirman la realidad de nuestra fe (Romanos 11:26; 1 Corintios 2). Tenemos que reconciliarnos con el misterio de Dios, si queremos disfrutar nuestra relación con Él, si deseamos recibir libremente de Él y devolverle libremente a Él y a otros. Las cosas secretas pertenecen al Señor; las reveladas, a nosotros.

Así que, ¿dónde vive Dios? ¿Dónde está su presencia? Primero, vive en los cielos, mora en la luz inaccesible. Segundo, es omnipresente, por lo que no hay lugar donde no esté. Tercero, ha tenido la deferencia de habitar en sus «templos». En el Antiguo Testamento, primero fue el tabernáculo y luego el templo en Jerusalén. En el Nuevo Testamento es en la Iglesia, el Cuerpo corporativo de Cristo, así como cada creyente en Cristo. Cuarto, Él y su Palabra son uno; por lo tanto, Él está presente en toda la Santa Escritura. Quinto, está presente en los sacramentos de la iglesia. Y, finalmente, periódicamente Dios «visita» a personas y lugares específicos con su presencia manifiesta.

En otras palabras, Dios «desciende» y se entremezcla en el campo natural. Esto se cumple especialmente cuando los creyentes se reúnen en el nombre de Jesús. Eso también constituye la naturaleza de los avivamientos en la historia de la iglesia.

Dios «se acerca» y se interrumpe el orden normal de las cosas. Cuando el omnipotente, omnisciente, omnipresente, eterno, infinito, santo, justo y amante Dios, condescendientemente se acerca y toca la débil y finita humanidad, ¿qué puede usted esperar o predecir que le suceda al natural y normal orden de las cosas? ¿Puede ser algo más que «lo habitual»?

Hemos sido llamados a valorar y estimar cada dimensión de la presencia de Dios; no tenemos que elegir una más que la otra, porque cada verdad y experiencia imparten bendiciones especiales para incrementar nuestro entendimiento y crecimiento espiritual. A continuación hay cuatro pasajes del Nuevo Testamento que se refieren a la realidad y al concepto bíblico de la manifiesta presencia de Dios.

«Otra vez os digo, que si dos de vosotros se pusieren de acuerdo en la tierra acerca de cualquier cosa que pidieren, les será hecho por mi Padre que está en los

cielos. Porque donde están dos o tres congregados en mi nombre, allí estoy yo en medio de ellos» (Mateo 18:19-20).

En estos versículos Jesús da una promesa específica en relación al poder de lo que se conoce como la oración en acuerdo. Cuando los creyentes se unen bajo la autoridad de Cristo y la bandera de su nombre, el Señor promete estar «presente» en medio de ellos de cierta manera especial, como no lo suele hacer en otras instancias de su omnipresencia.

«En el nombre de nuestro Señor Jesucristo, reunidos vosotros y mi espíritu, con el poder de nuestro Señor Jesucristo, el tal sea entregado a Satanás para destrucción de la carne, a fin de que el espíritu sea salvo en el día del Señor Jesús» (1 Corintios 5:4-5).

En estos dos versículos Pablo también se enfoca en la asamblea de creyentes. Específicamente se está refiriendo a la autoridad espiritual que ejercía para disciplinar a los miembros de la iglesia que no se arrepentían. Pero el punto central para nuestro propósito es la declaración de que el verdadero poder del Señor Jesús está presente de manera especial cuando los creyentes se unen.

«Aconteció un día, que él estaba enseñando, y estaban sentados los fariseos y doctores de la ley, los cuales habían venido de todas las aldeas de Galilea, y Judea y Jerusalén; y el poder del Señor estaba con él para sanar» (Lucas 5:17).

Este versículo nos habla del poder sanador de Dios, presente de manera específica, en un lugar específico y en un momento específico, que era perceptible y notable. Estaba presente de una manera en que no solía hacerlo. También implica lo confiado que estaba Jesús en el ministerio y los dones del Espíritu Santo durante su ministerio terrenal.

«Y descendió con ellos, y se detuvo en un lugar llano, en compañía de sus discípulos y de una gran multitud de gente de toda Judea, de Jerusalén y de la costa de Tiro y de Sidón, que había venido para oírle, y para ser sanados de sus enfermedades; y los que habían sido atormentados de espíritus inmundos eran sanados. Y toda la gente procuraba tocarle, porque poder salía de él y sanaba a todos» (Lucas 6:17-19).

Estos versículos describen el poder de Dios fluyendo en el cuerpo de Jesús de manera casi tangible. Esa virtud sobrenatural aparentemente no era algo que saliera de su cuerpo continuamente, sino en momentos específicos y en situaciones concretas que Dios ordenaba.

Ejemplos bíblicos de la presencia manifiesta de Dios

Las bases de los acontecimientos de manifestaciones y fenómenos físicos están enraizadas en esta doctrina bíblica de la presencia manifiesta de Dios. A continuación tenemos otros versículos bíblicos que hablan de la presencia manifiesta de Dios en acción:

Daniel cae, no tiene fuerza, está aterrorizado ante la presencia de Dios (Daniel 8:17; 10:7-10, 15-19).

- El fuego del cielo consume el sacrificio (Levítico 9.24; 1 Reyes 18:38; 1 Crónicas 21:26).
- Los sacerdotes no pudieron ministrar a causa de la gloria de Dios (1 Reyes 8:10-11).
- Salomón y los sacerdotes no pudieron entrar a la casa debido a la gloria de Dios (2 Crónicas 7:1-3).
- El poder del Espíritu Santo cayó sobre el rey Saúl y sus hombres, y profetizaron al acercarse al campamento de los profetas (1 Samuel 19.18-24).
- La zarza se quema pero no se consume (Éxodo 3:2).
- Truenos, humo, temblor de tierra, sonido de trompetas y voces sobre el Monte Sinaí (Éxodo 19.16).
- Moisés ve la «gloria de Dios» pasar por él; la cara de Moisés brilla sobrenaturalmente (Éxodo 34:30).
- Jesús y sus vestidos resplandecen, y aparecen de manera sobrenatural Moisés y Elías en una nube (Mateo 17:2-8).
- El Espíritu Santo desciende de manera tangible en forma de paloma (Juan 1:32).
- Los soldados no creyentes cayeron a tierra (Juan 18:6).
- Pedro y Pablo quedaron en trance, y vieron y escucharon en el mundo espiritual (Hechos 10:10-22).
- Saulo de Tarso vio una luz brillante, se cayó, escuchó la voz audible de Jesús y quedó temporalmente ciego (Hechos 9.4).
- Juan quedó como muerto, no tenía fuerza física y vio y escuchó en el mundo espiritual (Apocalipsis 1:17).
- Una virgen concibió al Hijo de Dios (Lucas 2:35).

La controversia en Corinto

En 2 Corintios 5:12-13 Pablo describe una controversia que ya existía entre los creyentes: «*No nos recomendamos, pues, otra vez a vosotros, sino os damos ocasión de gloriaros por nosotros, para que tengáis con qué responder a los que se glorían en las apariencias y no en el corazón. Porque si estamos locos, es para Dios; y si somos cuerdos, es para vosotros*».

Pablo estaba desafiando la mentalidad de algunos que estaban mirando las cosas externas y no discernían correctamente el meollo de algunos asuntos que surgían. Estaba exhortando a sus lectores a sacarle el mayor provecho a la oportunidad que se les presentaba como algo providencial de parte de Dios.

¿Qué eran estos temas? El versículo siguiente nos lo dice. Pablo revela que esa controversia estaba centrada en dos declaraciones generales que él y algunos otros creyentes experimentaban periódicamente.

Lo primero es eso de «estar locos». La otra única ocasión en que se usa este vocablo en griego en el Nuevo Testamento es cuando los habitantes de Nazaret acusan a Jesús de estar loco.

En griego, la palabra «éxtasis» (usada en los manuscritos originales correspondientes a este pasaje) significa «estar fuera de sí». Parece que Pablo se está refiriendo a lo que comúnmente se entiende como una experiencia espiritual «extática» y un fenómeno. Pablo estaba exhortando a los creyentes de Corinto a no tropezar con esa genuina actividad santa que no parecía «digna», ni siquiera «racional». Sin embargo, los insta a «gloriarse», o sea, a regocijarse grandemente porque esas visitaciones estaban sucediendo en medio de ellos, lo que dejaba una gran pasión por Dios en sus corazones.

La historia de la iglesia está llena de testimonios con experiencias semejantes, en las cuales el Espíritu Santo se manifiesta a lo largo de los siglos y en medio de diversas tradiciones. Pablo contrasta esto con el ser «sobrio»; y todos sabemos que es lo opuesto de ser sobrio.

En verdad, Pablo sabía lo que era estar ebrio del Espíritu Santo. Es por ello que hace el contraste entre estar ebrio con vino y ser lleno continuamente del Espíritu Santo: «*No os embriaguéis con vino, en lo cual hay disolución; antes bien sed llenos del Espíritu*» (Efesios 5:18). Dios inventó el genuino y auténtico «volar» para el ser humano, y es espiritual, no se induce ni natural ni químicamente.

«Porque el reino de Dios no es comida ni bebida, sino justicia, paz y gozo en el Espíritu Santo» (Romanos 14:17). El gozo es uno de los elementos básicos en la experiencia cristiana. El gozo del Señor es nuestra fortaleza. Se nos promete óleo de gozo en lugar de ceniza. Debemos servir al Señor con alegría.

Jesús nos prometió darnos gozo y Él fue ungido con óleo de gozo, más que sus compañeros. Ciertamente, el gozo del Señor es más profundo que nuestros sentimientos y comportamientos, pero pensar que ese gozo sobrenatural nunca se derramará en el área de nuestras emociones, afectando nuestra conducta y nuestro ser físico, es totalmente ridículo.

El gozo visible en los creyentes tal vez sea la mejor propaganda del evangelio. Puede que los no creyentes no se tomen el tiempo de escuchar nuestros sermones acerca de la justicia. Puede que no tengan el interés de preguntarnos sobre nuestra paz interior. Pero para ellos es muy difícil ignorar el gozo que descansa sobre nosotros debido a la unción del Espíritu Santo.

Debido a ello, los medios de comunicación le han prestado mucha atención al «avivamiento de la risa» que sucedió a mediados de los noventa. Dios usa la realidad del gozo que descansa sobre los cristianos llenos del Espíritu Santo, como un medio para intrigar a los no creyentes para que sean más sensibles a escuchar el mensaje del evangelio de nuestro Señor Jesucristo.

El libro de Joel también usa la analogía del vino en relación al derramamiento del Espíritu. Y, por supuesto, Pedro interpreta proféticamente lo ocurrido en Pentecostés como el cumplimiento parcial de la profecía de Joel. Aquel día, los que estaban observando a los ciento veinte que fueron llenos del Espíritu Santo, los acusaron de estar ebrios.

Es probable que haya ocurrido algo más en el comportamiento de algunas personas no emocionales, estoicas y melancólicas que hablaban en otras lenguas; ¡estaban apabullados y trastornados por la manifiesta presencia del Dios vivo! Es totalmente congruente con la naturaleza de Dios usar algo tan simple y profundo como el gozo, entre otras cosas, y sus efectos sobre su pueblo, para llamar la atención espiritual de los apáticos y aburridos incrédulos de nuestra generación. «¡Más, Señor!».

Notemos también que de ninguna manera pensamos que ese presente y fresco mover del Espíritu quedará limitado a la experiencia del gozo. Lo relatado en Hechos 2 no es solo un acontecimiento histórico de lo que pasó en Jerusalén en el siglo I, sino que también es una revelación divina de lo que ocurre cuando la plenitud del Espíritu Santo desciende en un momento y un sitio en particular.

En aquella visitación de Dios hubo manifestación de viento, fuego y vino del Espíritu. Antes de que todo se acabe, va a haber «sangre, fuego y humo».

El «fuego de Dios» —que promueve la convicción de pecado, la intercesión ferviente y el temor del Señor— combinado con «el soplo de Dios» —en hechos públicos milagrosos— y la resultante conversión masiva, también van a ser restaurados a la iglesia.

Sumado a la renovación del pueblo de Dios, queremos ver también que los ciegos vean, que los sordos oigan, que los cojos caminen, que los muertos resuciten y que el evangelio sea predicado con poder a los pobres. Anhelamos ver comunidades maduras de creyentes que anden en el amor de Dios como resultado del avivamiento espiritual.

Si la visitación de Dios no va más allá de la «risa santa», entonces somos los más dignos de conmiseración. No nos conformemos con un poquito cuando Dios nos ofrece mucho.

Pruebe las manifestaciones espirituales y los fenómenos

La Biblia no registra todas las posibles actividades sobrenaturales o experiencias que ocurrieron, o que pudieron haber acontecido entre los hombres y las naciones. Lo que sí registra son ejemplos de actividad divina y legítimas experiencias sobrenaturales que caen en la categoría de la típica manera en que actúa el Espíritu Santo. Este concepto se enseña en Juan 21:25, en el que Juan afirma que si se escribiesen todas las obras prodigiosas que Jesús hizo, no alcanzarían todos los libros del mundo para registrarlas.

En ningún sitio la Biblia enseña que Dios está limitado a hacer solamente lo que ha hecho antes. Es más, hay muchas profecías de las Escrituras que hablan de Dios haciendo cosas que nunca antes había hecho.

Dios es libre para hacer cosas sin precedentes que son congruentes con su carácter, como se revela en la Escritura. Un amigo nuestro ha dicho: «El problema que tiene Dios es... ¡qué Él piensa que es Dios!». Verdaderamente, Él es Dios y puede hacer lo que quiera.

La única cosa que dice la Biblia que es imposible que Dios haga es mentir. Debemos tener mucho cuidado al decir que Dios hará o no hará determinada cosa. No es su costumbre pedirnos permiso para hacer algo. Él decide qué hacer o qué decir. Recordemos cómo confrontó y encaró a Job cuando retó la sabiduría de los caminos de Dios. Con demasiada frecuencia, el cristianismo occidental ha sacado el lado sobrenatural de la fe y el aspecto misterioso de Dios.

A veces, la gente se pone muy celosa o muestra una deficiente hermenéutica bíblica, por lo que manipula y adapta los pasajes bíblicos con el fin de probar la validez de alguna manifestación espiritual o algún fenómeno físico que no se menciona explícitamente en la Biblia. Por ejemplo, mucha gente ha querido defender la experiencia de la risa descontrolada con esta clase de «prueba», aunque ese fenómeno no se menciona específicamente en la Biblia.

Aunque 1 Pedro 1:8 menciona una mayor categoría de la obra del Espíritu: «*os alegráis con gozo inefable y glorioso*». ¿Por qué habrá alguien de sorprenderse si una persona o un grupo de gente experimenta un aspecto de esta clase de gozo que puede llevar a la experiencia de una risa incontrolable?

Algunos cristianos sinceros se aterrorizan al oír esos informes y llegan a la apresurada conclusión de que debe ser un engaño espiritual. Sin embargo y solo tal vez, su visión de Dios en cuanto a sus caminos y los de la Biblia, sea muy limitada.

Lo irónico es que es probable que sea su hermenéutica bíblica deficiente la que los lleve a esa prejuiciosa conclusión.

Existe una gran diferencia entre los comportamientos que violan los principios escriturales acerca de la naturaleza de la obra de Dios en medio de la gente y aquellos comportamientos a los cuales las Escrituras no se refieren. Hay que afirmar que para Dios es imposible hacer algo o condenarlo o prohibirlo dogmáticamente, o decir que algo es malo, es una práctica muy peligrosa para los mortales. Además, todos estamos comprometidos con muchas cosas que son «extrabíblicas» pero que no las consideramos «antibíblicas».

Hasta las consideramos como bendiciones que Dios ha provisto en la tierra. Entonces ¿es que no podemos discernir entre el bien y el mal? Ciertamente, no. Sin embargo, debemos encontrar más que un enfoque simplista para juzgar si es válido o no.

Los escépticos tienen la primera responsabilidad de mostrar bíblicamente que algo es contrario a las Escrituras o que es algo imposible que Dios haga, para rechazar o invalidar una experiencia espiritual. No le corresponde en primera instancia al que recibe la experiencia probar que es válida.

Si el escéptico no puede hacerlo, entonces que sea receptivo cuando Dios obre; por lo tanto, debe ser cuidadoso en cuanto a no condenar algo sin orar y meditar más profundamente, y sin investigar con la gente que dice haber tenido una experiencia con Dios.

Eso es especialmente cierto cuando las personas que —en verdad— aman a Dios y a la Biblia dicen que el Espíritu Santo se está moviendo en medio de ellos. Muchos creyentes testifican haber estado en contra de algo proveniente del Espíritu Santo y haberse percatado después de que era una obra genuina de Dios. Solo el hecho de que —hablando en términos generales— los escribas y fariseos perdieron la oportunidad de reconocer al Mesías, nos tendría que dar temor de Dios por la facilidad con que los religiosos consagrados y sinceros menosprecian las cosas de Dios.

Por desdicha, mucha gente es propensa a pensar que nada que ocurra fuera de su experiencia personal puede ser de Dios; de lo contrario, ¿por qué Dios no lo hace también con ellos? Esto es especialmente cierto en lo que se refiere a líderes religiosos que sienten —con frecuencia— la presión, ya sea impuesta por sí mismos o por los que los rodean, de que deben tener «todas las respuestas».

¿Podemos percibir la arrogancia y presunción de esa mentalidad? Debemos ser como niños ante Dios, como estudiantes que van progresando en el reino de Dios.

Para probar la validez de una manifestación espiritual o un fenómeno, debemos considerar varios factores. Primero, debemos examinar todo el sistema de creencias y estilos de vida (y cambios en ellos) de quienes son afectados por ellos. Segundo, debemos ver el conjunto de creencias y estilos de vida de quienes son usados para impartir la experiencia, si está en juego la intervención humana. Debemos probar los frutos a corto y a largo plazo, tanto en los individuos como en las iglesias. Finalmente, debemos evaluar la gloria absoluta que se le da a Jesús en el contexto general en el cual ocurre el fenómeno.

Jonathan Edwards, el teólogo del siglo dieciocho, menciona cinco pruebas para determinar si una manifestación en particular debe considerarse una obra verdadera del Espíritu Santo. Él afirma que Satanás no puede y no haría, si pudiera, generar las siguientes cosas en la gente.

Si podemos contestar «sí» a una o más de estas preguntas, entonces debe considerarse como genuina «a pesar de cualquier pequeña objeción (crítica) como muchos hacen de algunas extravagancias, irregularidades, errores de conducta, desilusiones y escándalos de algunos profesantes» (personas que afirman ser creyentes).

En otras palabras, Edwards estaba diciendo que la presencia de algún compuesto humano no puede, en general, invalidar el sello divino sobre cualquier obra en medio de un auténtico avivamiento. Verdaderamente, siempre debe esperarse la presencia de considerables elementos humanos en y alrededor de un avivamiento espiritual. Veamos a continuación las cinco pruebas planteadas por Edwards: (1) ¿Honra eso a la persona de Jesucristo?; (2) ¿Produce mayor odio al pecado y más amor por la justicia?; (3) ¿Genera mayor interés por las Escrituras?; (4) ¿Dirige a las personas a la verdad?; (5) ¿Produce un mayor amor por Dios y por el hombre?

Precedentes históricos de las manifestaciones del Espíritu

Extraordinarios fenómenos físicos causados por el obrar del Espíritu Santo sobre la gente han quedado ampliamente documentados y confirmados a lo largo de la historia de los avivamientos, en casi cada ramificación de la iglesia cristiana.

A continuación hay algunas de las cientos de posibles citas que sustentan este hecho. Sam Storms ha publicado la destacada historia titulada «Heaven On Earth», de Sara, la esposa de Jonathan Edwards y su encuentro con el Espíritu Santo.

Santa Teresa de Ávila (1515-1582) estando en éxtasis, escribió: «El sujeto nunca pierde la conciencia; algunas veces yo la perdí, pero en pocas ocasiones y por poco tiempo. Por lo general, la conciencia se perturba y, aunque no se puede hacer nada con respecto a las cosas externas, el sujeto puede escuchar y comprender, pero vagamente, como si estuviese lejos».[1]

Jonathan Edwards, considerado uno de los grandes teólogos de la historia, vivió durante el gran avivamiento de Estados Unidos entre 1730 y 1740. Edwards ha dejado las más completas y cuidadosas evaluaciones, reflexiones y escritos acerca de las manifestaciones del Espíritu. «Era maravilloso ver cómo eran movilizados a veces los afectos de las personas, cuando Dios hacía que abrieran los ojos de golpe y les ponía en la mente un sentimiento de la grandeza de su gracia, de la plenitud de Cristo y de su apremio por salvar... Su jubilosa sorpresa hacía que sus corazones quisieran saltar y estallaban en risa; a la vez que le fluían las lágrimas como un río en medio de un intermitente y fuerte llanto. A veces, no podían evitar clamar a gran voz, expresando su gran admiración».[2]

«Algunas personas, que habían tenido ese anhelo por Cristo o que habían llegado hasta ese punto, quedaban como sin fuerza natural. Otros quedaban tan abrumados —al sentir el amor agonizante de Cristo por las criaturas tan débiles, pobres e indignas— que sus cuerpos se debilitaban. Otras personas experimentaron la gloria de Dios y la excelencia de Cristo a tal grado que les parecía que su naturaleza y su vida estaban a punto de hundirse; y, con toda seguridad, si Dios les hubiese mostrado un poquito más de sí, el entorno se les habría esfumado...Y cuando hubiesen podido hablar, lo hubieran hecho basados en la perfección de la gloria de Dios».[3]

«Era muy frecuente ver una casa llena de lamentos, desmayos, convulsiones y cosas así, tanto de aflicción como también de gozo admirable».[4]

«Muchos en su amor religioso fueron llevados más allá de lo que habían ido jamás; en algunos casos había personas en trance, que se quedaban veinticuatro horas seguidas sin moverse y con los sentidos paralizados, mientras —afirman— permanecían bajo fuertes imágenes, como si hubiesen ido al cielo y hubieran tenido una visión de cosas gloriosas y placenteras».[5]

El siguiente es el informe de un «libre pensador» ateo llamado James B. Finley, que asistió al avivamiento de Cane Ridge en Kentucky, en 1801: «El ruido era como el rugido de las cataratas del Niágara. El vasto mar de seres humanos parecía ser agitado por una tormenta... Algunas personas estaban cantando, otras orando, otras más clamando misericordia en los más piadosos términos, en tanto otras vociferaban. Mientras presenciaba esas escenas, me invadió una sensación peculiarmente extraña, que nunca había sentido. Mi corazón empezó a latir estrepitosamente, me temblaban las rodillas y los labios, y sentí como que caía al suelo. Un extraño poder sobrenatural parecía penetrar toda la masa de mentes allí reunidas... En determinado momento vi al menos a quinientas personas que caían como si las hubieran barrido con fuego de metralla de miles de rifles, y de inmediato se oyeron alaridos y gritos que podían llegar a hendir los cielos... hui a los bosques por segunda vez y desee haberme quedado en casa».[6]

Un catálogo de manifestaciones espirituales y fenómenos

El modelo bíblico y hebreo de la unidad de la personalidad implica que el espíritu afecta al cuerpo. Hay momentos en los que el espíritu humano puede quedar tan afectado por la gloria de Dios que el cuerpo no es capaz de contener la intensidad de ese encuentro espiritual y puede dar, como resultado, una conducta extraña. A veces, aunque no siempre, las respuestas físicas son simplemente respuestas humanas a la actividad del Espíritu y no siempre la causa el Espíritu Santo.

En otros momentos las reacciones físicas pueden ser causadas por poderes demoníacos que se agitan ante la presencia de Dios. Es común ver en las narraciones del Nuevo Testamento que los demonios se ven forzados a «quedar al descubierto» cuando aparecen Jesús o los apóstoles (por ejemplo, el endemoniado de Gadara, la adivina de Filipo). Algunas de esas experiencias extrañas se deben considerar mejor como «fenómenos de avivamiento» y no como «manifestaciones del Espíritu». Aunque eso no significa que sean carnales y deban prohibirse.

A continuación hay fenómenos o manifestaciones que se han observado en experiencias contemporáneas:

Sacudones, tirones, pérdida de fuerza corporal, respiración pesada, parpadeos, temblor de labios, aceite en el cuerpo, cambios en el color de la piel, llanto, risa, «embriaguez», tambaleo, balanceo, danza, caída, visiones, oír audiblemente el campo espiritual, proclamación inspirada (profecía), lenguas, interpretación, visitaciones angélicas y manifestaciones; saltar, rodar violentamente, gritos, viento, calor, electricidad, frialdad, náuseas al discernir el mal, oler o gustar buenas o malas presencias, picazón, dolor en el cuerpo al discernir enfermedad, sentir carga pesada o liviandad, trances (estado físico alterado al ver y oír el mundo espiritual), incapacidad de hablar normalmente y desconexión del campo natural (por ejemplo, cortocircuitos).

El propósito divino de las manifestaciones exteriores

Las Escrituras declaran que Dios escoge lo necio para lograr su obra. *«Porque lo insensato de Dios es más sabio que los hombres, y lo débil de Dios es más fuerte que los hombres. Pues mirad, hermanos, vuestra vocación, que no sois muchos sabios según la carne, ni muchos poderosos, ni muchos nobles; sino que lo necio del mundo escogió Dios, para avergonzar a los sabios; y lo débil del mundo escogió Dios, para avergonzar a lo fuerte; y lo vil del mundo y lo menospreciado escogió Dios, y lo que no es, para deshacer lo que es, a fin de que nadie se jacte en su presencia»* (1 Corintios 1:25-29).

Con frecuencia Dios escandaliza la mente para probar y revelar el corazón. En la narración del derramamiento del Espíritu en Pentecostés, en Hechos 2:12-13, algunas personas quedaron asombradas, otras perplejas y aun otras se burlaron. Hoy en día seguimos viendo estas tres clases de respuestas a la obra del Espíritu Santo y algunas de las consecuencias de su obrar. Esta «manera de Dios» reta nuestro incorrecto «control de las cosas», y pretende echar abajo nuestras inhibiciones no santas y nuestro orgullo.

«Porque Jehová se levantará como en el monte Perazim, como en el valle de Gabaón se enojará; para hacer su obra, su extraña obra, y para hacer su operación, su extraña operación» (Isaías 28:21).

A continuación expongo algunas de las razones de por qué Dios puede decidir utilizar hechos extraños o extraordinarios para llevar a cabo su reino entre los hombres:

Para mostrar su poder por medio de señales y prodigios

Las señales se dan para destacar que Dios está más allá de los hombres. Los prodigios provocan intriga concerniente a los misterios de los caminos de Dios. Él quiere que nuestra fe descanse en su poder y no en la sabiduría humana (1 Corintios 2:4-5).

Las Escrituras le dan validez al concepto de impartir la gracia, el poder y la sabiduría de Dios, *transracionalmente*. A veces, pero no siempre, Dios pasa por encima de nuestra mente cuando el Espíritu Santo se mueve en nosotros y en medio nuestro. En el Nuevo testamento, un buen ejemplo de ello es el orar en lenguas. *«Porque si yo oro en lengua desconocida, mi espíritu ora, pero mi entendimiento queda sin fruto. ¿Qué, pues? Oraré con el espíritu, pero oraré también con el entendimiento; cantaré con el espíritu, pero cantaré también con el entendimiento»* (1 Corintios 14:14-15).

Algunas de las experiencias de la gente con manifestaciones y fenómenos de renovación encajan en esta categoría de pensamiento.

Para experimentar una mayor intensidad en la relación con Dios: para conocer a Dios y ser conocidos por Él

Para impartir gracia y poder a fin de vencer ataduras internas: temores, lujuria, orgullo, envidia, codicia, engaño, amargura y mucho más

Conocemos una hermana en Cristo que una noche en particular tuvo un encuentro con la liberación del gozo y la risa. Se estaba gozando en el Señor cuando regresaba a su casa aquella noche. Lo que la sorprendió al entrar a la oscuridad de su casa fue que se le había ido por completo el temor a la oscuridad que había tenido desde niña. No recordaba que esa atadura se hubiese roto con anterioridad. Nadie había orado en relación a ese problema. De alguna forma, eso había sido eliminado de manera *transracional* como resultado de su encuentro con el gozo del Espíritu.

Para impartir amor, paz, gozo, temor de Dios, etcétera

Sue es una chica de nuestra congregación que hace poco cayó al piso bajo el poder del Espíritu Santo. Estando allí tuvo una visión con una cuerda que era sacada de su vientre por el Señor Jesús. Ella sabía que eso representaba la «falta de valor», y desde entonces ha sentido en su ser el fluir del amor de Cristo y una paz como nunca había sentido en todos los años que lleva de creyente.

Para efectuar sanidades: físicas y emocionales

Jill es una señora de nuestra iglesia que ha tenido un destacable toque de sanidad física. Hace poco recibió una impresión intensa por la oración que hicieron por ella y cayó al piso bajo el poder del Espíritu un par de veces. Lo único que sabe es que sintió gran gozo y paz.

Ella sufría de una severa enfermedad ocular y de *mal de Parkinson*. La condición de sus ojos le impedía llorar normalmente; tenía que ponerse gotas en los ojos cada hora.

Así que, de camino a su casa después de la conferencia donde ocurrió eso, de pronto se dio cuenta que no había necesitado las gotas en cuatro horas. Desde ese día no las necesitó más. Sumado a ello, puede caminar y hablar normalmente, mientras que los severos síntomas de la enfermedad de Parkinson, hasta este momento, se le están aliviando.

Para unirse a otros creyentes: cuando la gente experimenta la presencia del Espíritu Santo, las barreras caen

Para impartir unción para el servicio

Scott es uno de nuestros pastores a quien, antes de formar parte del equipo, Dios lo hizo pasar por muchas tribulaciones, quebrantamientos y desilusiones en relación a la ministración del pueblo de Dios y la vida en general. Había llegado al punto de estar espiritualmente tan «neurótico» que varios meses después de haberse lanzado de lleno al ministerio, todavía miraba a su alrededor, preguntándose cuándo se iba a venir todo abajo.

El Espíritu Santo lo había agarrado de manera poco usual y extraña. En el último año se había pasado varias horas en el piso, movido por el Señor, tanto en reuniones públicas como en la privacidad de su hogar.

Algunas de sus experiencias parecían ser de intercesión y proféticas en naturaleza, pero muchas de ellas fueron simples fenómenos físicos, sin ninguna connotación espiritual aparente. Pero en el transcurso de este año Scott ha sido transformado poderosamente, tanto en lo interno como en su ministerio a los demás. Es difícil preguntarse la autenticidad y la naturaleza santa de los extraños encuentros de Scott.

Para liberar la Palabra de Dios: sensibilidad profética, prédica poderosa

Joann ha tenido varios encuentros con el Espíritu Santo en los últimos años. Se ha sacudido, ha reído y llorado en la presencia de Dios y ha visto a otras personas hacer lo mismo en reuniones de renovación. Llegó al punto en que le preguntó al Señor: «¿Para qué es todo esto?».

Hace poco tuvo otro encuentro en el que se estremeció durante una conferencia y, de repente, sintió sobre ella la unción para la proclamación profética a un nivel de profunda exactitud y revelación; una experiencia como no había tenido en varios años de profecía inspiradora.

Para inspirar la intercesión: aprender a orar con efectividad y con la guía del Espíritu

Para extender y liberar las capacidades espirituales

Parece que las manifestaciones asociadas con el ministerio de renovación se dan primeramente para refrescar, animar y sanar. Esto debe llevar a un discipulado más profundo (crecimiento en la fe, la esperanza y el amor).

Esto debiera llevar entonces a un testimonio más poderoso y efectivo de Cristo, la evangelización, el crecimiento de la iglesia y el establecimiento de congregaciones. Afortunadamente, el viento del avivamiento da esta clase de renovación que estamos viendo. Este modelo de estrategia y actividad divina se ha venido desarrollando en algunas partes de América del Sur en los últimos años.

Descubra las falsas conjeturas sobre las manifestaciones

«Si yo fuese más consagrado experimentaría estas manifestaciones del Espíritu». Estas experiencias no están vinculadas a nuestro fervor espiritual o dedicación, sino que son obra de la gracia y la providencia de Dios. *«Muchas personas han sido tocadas visiblemente por el Espíritu Santo. ¡El avivamiento está aquí!»*. El entendimiento clásico del avivamiento va mucho más allá de la apariencia de las manifestaciones; llega hasta la más profunda y trascendental transformación práctica y espiritual de los individuos, los movimientos espirituales, regiones geográficas y naciones enteras. Los términos «refrescante» y «renovador» son más apropiados para la obra de inspiración y estímulo del Espíritu en los creyentes. Por dicha, la renovación llevará a un completo avivamiento. ¡Sigamos orando y creyendo en él!

«Las personas que Dios está usando para impartir su poder son realmente maduras y sensibles a Dios. Él las debe amar más que a mí. Pero si soy lo suficientemente diligente, es probable que califique para hacer esas mismas cosas». Las personas que se han movido en el «ministerio de poder», se han dejado llevar, inconscientemente, por la idea de que los dones de poder son señales de espiritualidad. Esto ha provocado la condenación de dedicados y sinceros creyentes. Esos dones y llamamientos son regalos gratuitos de la gracia y Dios los da como quiere a varios miembros del cuerpo de Cristo. En épocas de visitación espiritual, más miembros de lo habitual son usados para impartir el Espíritu Santo.

«Solamente esté abierto y sensible al Espíritu Santo y usted también será tocado visiblemente». Sería mucho menos impactante si funcionara así, pero no lo es. Aunque las personas tengan barreras emocionales que obstaculicen la obra del Espíritu Santo, muchos escépticos y cínicos han sido tocados por Dios poderosa y visiblemente. Otros que están muy receptivos y hambrientos por un toque no son afectados de manera poderosa, por lo menos, exteriormente. Debemos evitar juzgar quién es «receptivo» y quién es «terco», y suponer que esto pueda estar facilitando o entorpeciendo que una persona reciba de Dios.

Es cierto que hay barreras en la gente que impiden que reciban libremente del Espíritu de Dios. Puede ser temor, orgullo, pecados no confesados, falta de perdón, descreimiento, falsa culpabilidad y una larga lista de cosas. Si usted cree tener algún tipo de barrera, pídale a Dios que le revele la naturaleza de ella. A su tiempo, Él será fiel para contestarle. Mientras tanto, no suponga que tiene que haber una barrera que le impida recibir de Dios.

«Si es verdaderamente el Espíritu Santo el que se mueve y toca a esa gente, entonces tiene que haber "fruto" instantáneo y duradero en su vida». A decir verdad, Dios busca y atrae personas hacia Él, que nunca dan el fruto que Él pretende por medio de esos encuentros con su gracia. No hay ninguna garantía de que haya «fruto» como resultado de esas «invitaciones divinas». La gente es libre de responder completa y parcialmente o hasta ignorar estas oportunidades espirituales.

«Si el poder del Espíritu Santo está verdaderamente sobre estas personas, entonces no tendrían ningún control de su comportamiento ni de su respuesta". Hay experiencias incontrolables con el Espíritu, pero estas son menos comunes de lo que la gente piensa. Existe una misteriosa combinación de poderes humanos y divinos rodeando la obra del Espíritu. Pedro sabía cómo caminar y tenía el poder de hacerlo cuando Jesús lo invitó a andar sobre el agua.

La parte sobrenatural del hecho fue que no se hundió al caminar. Si se recibe la manifestación de la presencia del Espíritu se tendrá una mayor disposición para responder a su actividad. En medio de una experiencia con el Espíritu, hay menos control del ser humano pero, aun así, permanece la habilidad de cortar la experiencia si está presente la necesidad o el deseo de hacerlo. Hay excepciones a esta regla general y tenemos que aprender a reconocerlas.

Salomón dice que «todo tiene su tiempo». El Espíritu Santo lo sabe (¡Él mismo lo escribió!), y no se apaga cuando quienes tienen autoridad en la iglesia disciernen que ha llegado el tiempo de callar y prestarle atención al predicador de la Palabra, y esperan que la congregación esté de acuerdo. ¡Esto no debe considerarse como la manifestación de un «espíritu de control!». Una comunidad en amor implica restricciones individuales. ¡La libertad absoluta es absolutamente absurda!

Los peligros en cuanto a las manifestaciones

Existe la posibilidad de que surjan divisiones y juicios en el cuerpo a consecuencia de las manifestaciones; debemos evitar la mentalidad de los «tiene que» y los «no tiene que» a toda costa. Eso herirá verdaderamente al Espíritu de Dios (ver Romanos 14 y 1 Corintios 12—14). El amor por Dios y por el prójimo deben ser siempre el valor primordial de nuestra comunidad.

- Fanatismo: en su entusiasmo, la gente puede ser llevada a excesos de comportamiento y ser engañada por ideas antibíblicas y extrañas. Se debe encarar este problema en cuanto surja. Debemos hacerlo con compasión, tanto en privado como en público. Es un procedimiento muy delicado, porque el verdadero fuego del Espíritu siempre vendrá acompañado por cierta medida de «fuego descontrolado», introducido por elementos carnales que todavía yacen en los creyentes imperfectos.

- Negligencia por los aspectos menos notables y embriagantes de nuestra fe: cosas como el devocional diario, la oración privada, el servicio humilde, la ayuda a los necesitados, el mostrar misericordia, el amor a los enemigos, el sufrir pacientemente, el honrar a los padres y otras autoridades, el control de los apetitos, la enseñanza a los hijos, el trabajo de 8:00 a 5:00, el hacer las tareas y cumplir con las obligaciones, el pagar los diezmos, las cuentas y los impuestos, el resolver los conflictos de relación y ser amigo fiel.

- Desechar la disciplina y no tener restricciones en nombre de «la libertad en el Espíritu». Esta tensión entre la libertad y la restricción debe ser considerada por toda la iglesia. Puede que no siempre estemos de acuerdo en la manera en que es administrada por los miembros del cuerpo. ¡Prepárese «para tragarse algún mosquito» y evite «tragarse los camellos!».

- Sacar la mirada de Dios y de los propósitos presentes (o sea, fervor por Jesús, los grupos pequeños, la comunidad, la intercesión, el evangelismo) por la admiración y atención dada a las manifestaciones en sí mismas.

- Caer en el orgullo de la gracia: no hay forma más desagradable de orgullo que la arrogante vanagloria o la sutil autojustificación de la gente que ha sido bendecida por el Espíritu. Este favor inmerecido ha sido dispensado para magnificar la gracia y la misericordia de Dios, y llevarnos a la gratitud y la humildad. Si no nos humillamos, Dios, en su amor, en cierto punto nos hará humillar.

- Divulgar rumores y mala información: aunque algo de esto es inevitable, se puede reducir con buena comunicación y correcta habilidad. ¡No se complazca con los malos informes!

- Exaltar las manifestaciones externas más que las internas y que el trabajo oculto del Espíritu en los corazones de la gente: la transformación interna progresiva hacia la imagen de Jesús es el objetivo final de la obra del Espíritu.

- Elogio a los débiles instrumentos humanos que Dios está usando, especialmente como catalizadores en la obra de su Espíritu: debemos evitar cualquier clase de «adoración al héroe» en nuestros corazones. Pero en el ejército «sin rostro» de Dios no significa que no habrá algún líder visible o algunos miembros prominentes con ministerios públicos en el cuerpo. Esto se refiere a la actitud de humildad, sumisión y deferencia que todos los miembros y líderes deben aspirar a tener en sus corazones.

En posición para recibir el ministerio del Espíritu

«Y yo os digo: Pedid, y se os dará; buscad, y hallaréis; llamad, y se os abrirá. Porque todo aquel que pide, recibe; y el que busca, halla; y al que llama, se le abrirá. ¿Qué padre de vosotros, si su hijo le pide pan, le dará una piedra? ¿o si pescado, en lugar de pescado, le dará una serpiente? ¿O si le pide un huevo, le dará un escorpión? Pues si vosotros, siendo malos, sabéis dar buenas dádivas a vuestros hijos, ¿cuánto más vuestro Padre celestial dará el Espíritu Santo a los que se lo pidan?» (Lucas 11:9-13).

En este pasaje, Jesús invita y desafía a sus discípulos a orar de manera específica y por cosas concretas. Los verbos «pedir», «buscar» y «llamar» en los manuscritos originales están en tiempo continuo. Esto les da a las frases el sentido de que las deseadas bendiciones tienen que buscarse con acciones repetidas y perseverancia. Dios quiere que queramos realmente lo que deseamos, y no que seamos pasivos o indiferentes. Cualquier negación temporal solo sirve para aumentar el deseo por la cosa negada.

Dios también revela que las peticiones por las cosas buenas de su reino se pueden sintetizar pidiendo la liberación del ministerio de su Espíritu Santo. Dios es un Padre rico y generoso que quiere, en verdad, darnos al Espíritu Santo, pero también quiere que nosotros anhelemos ardientemente que el Espíritu Santo venga sobre nosotros con sus dones, su fruto y su sabiduría.

«Respondiendo Jesús, les dijo: Tened fe en Dios. Porque de cierto os digo que cualquiera que dijere a este monte: Quítate y échate en el mar, y no dudare en su corazón, sino creyere que será hecho lo que dice, lo que diga le será hecho. Por tanto, os digo que todo lo que pidiereis orando, creed que lo recibiréis, y os vendrá» (Marcos 11:22-24). Este pasaje nos enseña a orar en un espíritu de fe y de expectativa.

Cuando ubicamos esta promesa en el amplio contexto de la enseñanza escritural acerca de la oración, entendemos que el orar así es algo que está de acuerdo a la voluntad de Dios para nosotros.

Sin embargo, cuando se trata de orar por el ministerio del Espíritu Santo, sabemos por el pasaje citado antes que es claramente la voluntad de Dios darnos, como creyentes en Jesucristo, la persona y el ministerio del Espíritu. Por lo tanto, podemos pedir confiadamente y con firmeza por su presencia y propósito, sabiendo que, a su tiempo, será hecho, si no desmayamos ni dudamos.

«En el último y gran día de la fiesta, Jesús se puso en pie y alzó la voz, diciendo: Si alguno tiene sed, venga a mí y beba. El que cree en mí, como dice la Escritura, de su interior correrán ríos de agua viva. Esto dijo del Espíritu que habían de recibir los que creyesen en él; pues aún no había venido el Espíritu Santo, porque Jesús no había sido aún glorificado» (Juan 7:37-39).

«No os embriaguéis con vino, en lo cual hay disolución, antes bien sed llenos del Espíritu» (Efesios 5:18).

Estos dos pasajes nos dan más instrucciones acerca de nuestra actitud para recibir el ministerio del Espíritu. Jesús volvió a hablar de nuestra necesidad de desear fervientemente, de tener sed. También comparan al recibir con la embriaguez en el Espíritu. Al combinar las instrucciones en estos pasajes y aplicarlos a la recepción del ministerio del Espíritu, pensando sobre todo en los servicios de renovación, alentamos a la gente de la siguiente manera.

«Venga con el deseo y la intención de recibir más de las personas de la Trinidad: el Padre, el Hijo y el Espíritu Santo; y no en recibir manifestaciones externas. Si usted u otros comienzan a tener manifestaciones:

- No tenga miedo.
- Recíbalas en vez de apagarlas.
- Véalas como una señal de la presencia de Dios.
- Crea que usted está recibiendo lo que está pidiendo, aunque no haya manifestaciones externas.
- Manténgase en una actitud amorosa y de adoración, mientras espera en el Señor la renovación de su vida».

Algunas personas parecen ser más susceptibles a las manifestaciones externas; otras menos. Aun otras tienen distintos tipos de barreras que impiden el fluir del Espíritu en y a través de sus vidas. Tráigale al Señor, sinceramente en oración, la carga de sus posibles barreras y confíe en que Él le mostrará si hay alguna.

¡Esta es una oración sencilla para que Dios responda! Una vez hecho esto, no se concentre tanto en ese tema; puede que usted no experimente una manifestación externa o un fenómeno. Eso no significa que no haya recibido del Espíritu Santo.

Mucha gente ha dicho haber tenido mayor poder y fruto del Espíritu después de haberse «sumergido» en la presencia de Dios, sin haber tenido ninguna señal externa por haber sido renovados.

Hay un experimento químico que se llama valoración. En ese experimento hay dos soluciones cristalinas en diferentes tubos de ensayo. Gota a gota, ambas se van mezclando. No hay reacción química hasta que una de las soluciones se satura de la otra. La última gota que lo logra produce una dramática reacción química que es claramente visible.

Algunas personas que conocemos han esperado en las reuniones de renovación durante horas sin que se produjese ninguna reacción espiritual aparente. Entonces, de pronto, han tenido un poderoso encuentro con el Espíritu que los impacta de manera radical. En retrospectiva, llegan a creer que la «valoración» se ha llevado a cabo durante las horas de espera en Dios, y por haberse empapado del invisible y secreto ministerio del Espíritu Santo. Cualquiera sea el caso, no son los efectos externos de la renovación espiritual en lo que debemos enfocar nuestra atención sino en la transformación interior de nuestra alma a semejanza de Jesús.

Recomendaciones para dirigir reuniones de renovación

El Dr. Martyn Lloyd-Jones dijo, concerniente a los peligros de ser presuntuosos en cuanto a la misteriosa obra del Espíritu Santo: «Nunca diga "nunca", y nunca diga "siempre" en relación a lo que el Espíritu Santo pueda o no hacer».

¡El Señor, deliberadamente, no se sujeta a los marcos a los cuales tratamos de confinarlo!

- Planee disponer de un tiempo prolongado y sin interrupciones para esperar en Dios, sin planificar otra cosa «por si no aparece» de manera manifiesta. Determine que será una sesión seca y sin novedad si Él no aparece. Hablando de una manera más positiva, se podría ver como una disciplina devocional corporativa. Algunas de esas reuniones pueden ser beneficiosas en la vida de la iglesia, para poner a la gente en contacto con su hambre y su sed espiritual profundamente enterrados. Unas pocas reuniones más de esas pueden hacerle sentir desesperado por Dios.
- Concéntrese en el mismo Señor a través de la adoración o la lectura devocional de las Escrituras.
- Solo de vez en cuando dé explicaciones acerca de las manifestaciones. Es mejor explicarlas cuando ocurran, para acallar las acusaciones de que está apelando al poder de sugestión. Puede ser muy beneficioso tener disponible literatura explicativa.
- Haga, con frecuencia, un simple devocional cristocéntrico o una exhortación. Usualmente, formule una invitación para que la gente reciba la salvación, porque siempre vienen no creyentes a las reuniones de renovación, ya sea por curiosidad o por otras razones.

- Si se dan testimonios, lo que puede ser muy alentador e inspirador, se deben enfocar en cómo se intensificó la relación con Dios, y cómo se ha puesto de manifiesto el fruto del Espíritu y no llamar la atención sobre el prodigio.

- Evite dar la impresión de que el Espíritu Santo está bajo el control del ser humano a través de un estilo de ministerio. Humildemente pedimos su ministración. Clamamos por la liberación de su poder. Pero no debemos deshonrarlo, ordenándole altivamente y mandándolo que haga esto o aquello. Él se pone a nuestra disposición, pero no debemos aprovecharnos de su divina humildad dándole órdenes. Si abusamos de su presencia y su poder por largo tiempo, puede que retire su presencia manifiesta. La historia de las visitaciones divinas confirman esta realidad.

- Si usted le llama la atención a una persona o a un sector de la congregación por lo que está pasando, hágalo con la intención específica de edificar a todos. La sinceridad y la sanidad en su comunicación como líder y facilitador es mucho mejor que ser tonto y quedarse fascinado con las manifestaciones. Aun cuando el Espíritu imparta una risa incontrolable a una persona o un grupo, es algo santo y especial. Debemos ser serios en cuanto al gozo del Señor, aun cuando lo disfrutemos o nos recreemos en él. Después de todo, es un gozo celestial y las cosas celestiales son asombrosas por naturaleza.

- No le tenga miedo a los largos silencios. El Señor no se sujeta a nuestro apresurado estilo de vida ni a nuestra impaciencia. Él quiere tener la iniciativa y el liderazgo. Debemos esperar que se mueva y luego seguir sus movimientos.

- Deje lugar —a menudo— para que el Señor toque a la gente sin la mediación humana. Cuando eso sucede, comienza a edificarse la fe y se apagan los temores a la manipulación. Deje un rato a aquellos que se reúnen para sumergirse en la presencia del Señor, antes que los ministros oren por ellos y los toquen.

- Deje que las personas se retiren «amablemente» en caso de que no quieran la imposición de manos. Dígales que le hagan una seña o respóndales si están interesados en recibir oración personal o si, simplemente, desean estar solos, en comunión con Dios.

- Sea sensible al uso de la música y el canto durante el tiempo de ministración personal. A veces, puede ser bueno el silencio total. En otros momentos, la música de fondo puede ser mejor. Si predomina la música durante el tiempo de ministración personal, puede llegar a ser una distracción.
- Luche contra la presión de intentar hacer que pasen cosas. Trate de ser sobrenaturalmente natural y naturalmente sobrenatural. La renovación es asunto de Dios y tenemos que confiar en que Él lo logrará.
- Reciba la medida del poder que Dios derrame y exprese agradecimiento. Si somos agradecidos, Él nos mostrará cosas mayores.
- Si no hay renovación en sus reuniones, considere la posibilidad de invitar a alguien a quien Dios ya haya estado usando como un canal en la renovación espiritual en su congregación, para que ayude a impartir el ministerio del Espíritu en mayor medida.

Recomendamos el libro de Sam Storms, titulado *Manipulation ar Ministry* (Manipulación o ministerio) para mayor información acerca de cómo dirigir el tiempo de ministración.

Cómo organizar un grupo de oración ministerial

Para facilitar el ministerio de renovación, es importante equipar a un grupo de ministros de oración, delegado por el liderazgo para ayudar a orar por los demás. Los requisitos no tienen que ser demasiado estrictos pero, por desdicha, es necesario arrancar la mala hierba de quienes «cazan» a la presa en vez de «orar» por otros.

Por lo tanto, tenemos que dar un modelo de ministerio personal y corporativo en el Espíritu que se pueda impartir sobre los demás con el correr del tiempo. El modelo tiene que ser lo suficientemente simple como para ser usado de manera amigable y pueda transferirse con facilidad.

El mayor desafío se presenta cuando la gente debe ser excluida de la oración por otros debido a diversas razones. Tenemos que ser claros en relación a lo que califica o descalifica a un individuo para este ministerio de oración y armarnos de valor para hablar acerca del tema en las clases y en las respuestas personales dadas a las personas. Esto se convierte en un gran tema cuando aquellos que han recibido «más» tienen el deseo de «darlo».

Tenemos que estar dispuestos a abordar las situaciones específicas que se presenten, en las cuales la gente se siente incómoda orando con ciertas personas o imponiéndoles las manos. Existe un poquito de temor en que se transfieran cosas malas al recibir ministración de personas con problemas personales o espirituales.

Es necesario que la gente tome algunas clases de entrenamiento de orientación informal, aunque muchos pueden «graduarse» de ese curso y todavía no estar calificados para ser parte del grupo ministerial. Se tiene que hacer una fina selección.

Una vez elegido el grupo, tenemos que utilizarlos y no cambiar el sistema que hemos creado, a no ser por raras excepciones.

A continuación se exponen algunas características que creemos deben ser las que califiquen a alguien para participar en el equipo del ministerio de oración:

- Ser miembro feliz y activo de la iglesia.
- Tener testimonio de buen carácter y buscar las cosas espirituales.
- No tener necesidad de liberación demoníaca.
- No tener un comportamiento inaceptable socialmente, ni en su aspecto, lenguaje o hábitos.
- Ser recomendado por un pastor del plantel y contar con la aprobación del resto del pastorado de la congregación.
- Completar un curso de entrenamiento sobre el ministerio de oración personal.
- Estar dispuesto a recibir corrección sin sentirse «herido en sus sentimientos» ni retirarse del grupo.

Al evaluar las cosas que nos parecen más importantes sobre el ministerio personal a otros, nos dimos cuenta de que los valores básicos tienden a caer bajo la misma categoría general que los diferentes aspectos del fruto del Espíritu que menciona Pablo en Gálatas 5:22-23. Miremos cada uno y consideremos cómo se aplican al ministerio de oración.

- *Amor.* El amor puede verse como la suprema característica de la cual se desprenden otros aspectos del fruto del Espíritu. Realmente, el fruto del Espíritu no es nada más que el carácter de Jesús manifestado en y a través de los creyentes. Al orar por otros, tenemos que vernos a nosotros mismos como siervos y no como héroes. El espíritu de servicio es la característica más sobresaliente del verdadero amor. Al orar por otros, debemos ser conscientes de que ese momento es de ellos, no nuestro. El espíritu de amor nos ayudará a no perder este punto de vista.

- *Gozo.* «El gozo del Señor es nuestra fortaleza». «Sirve al Señor con alegría». Tenemos que orar por los demás con la gozosa conciencia del privilegio que se nos ha otorgado. Aunque usted no esté emocionalmente alegre, debe sumergirse en las aguas del gozo que fluyen en su interior. Hágalo meditando y concentrándose en el hecho de que usted es cristiano, templo del Espíritu Santo, ha sido perdonado de sus pecados, está destinado al cielo, es útil para Dios, es el receptor de muchas bendiciones y tantas otras cosas más. En otras palabras, trate de ver quién es usted en Cristo y quién es Él. Entonces, podemos dejar atrás temporalmente nuestras presiones personales, y concentrarnos en las necesidades de la persona que tenemos delante. Deje que el gozo del Señor se vea a través de sus ojos y en su postura. Si usted todavía no puede reflejar ese gozo, entonces confiese su debilidad al Señor y pídale que le compense con su gracia en cuanto a lo que a usted le falta en ese momento y ore después al respecto.

- *Paz.* Se nos ha dado la autoridad de impartir la bendición de paz a otras personas en el nombre de Jesús. Debemos llevar a otros a la experiencia de estar en paz con Dios, con los demás y consigo mismo. Debemos acercarnos a ellos con un espíritu sereno, con un corazón que esté en calma al saber que Dios puede obrar por medio nuestro, aun con todo y lo débiles que somos.

- *Paciencia.* Debemos calmarnos y dedicar tiempo para orar por los demás. Al Espíritu Santo no le gusta que lo apresuren; Él quiere ser el que guíe. Casi siempre se toma su tiempo para mostrar su poder. Con el alma serena, podremos recibir las impresiones del Espíritu en nuestro espíritu, mente, emociones y cuerpo. Frecuentemente, es muy necesaria la oración «empapada» para eliminar las firmes fortalezas del maligno.

- *Bondad.* Muchas veces tendremos que orar por gentes cuyas vidas han quedado destrozadas por el pecado. A algunas personas no les han enseñado un buen comportamiento social, por lo que son desagradables. Muchos han recibido enseñanzas erróneas y hasta están oprimidos por demonios. Tendremos que pasar por alto su inmadurez y tratar su desilusión con amabilidad. Tenemos que vencer el mal con el bien y ser bondadosos con quienes no son amables con nosotros. Eso honra al Señor y permite que la gente tenga la oportunidad de recibir su ayuda.

- *Benignidad.* Debemos interesarnos por las necesidades de los demás de una manera genuina y, por lo tanto, estar dispuestos a demostrar eso de manera práctica al orar por ellos. Es probable que no tengamos los recursos en nosotros mismos, pero tal vez sepamos de alguien que sí los tiene y podemos indicárselo. Debemos romper el ciclo de injusticias en la vida de la gente más que perpetuarlo; sobre todo en nombre del servicio al Señor. Jamás debemos aprovechar la sagrada confianza que las personas han depositado en nosotros al pedirnos que oremos por ellas. En la historia del cristianismo, bajo el disfraz del «ministerio» se han cometido muchas cosas malas con personas vulnerables. Estemos seguros de no agregar nada a esa lista.

- *Fidelidad.* Tenemos que involucrarnos en el ministerio personal de oración conscientes de que debemos ser perseverantes. Con frecuencia tendremos que orar más de una vez por la misma persona y por las mismas necesidades. No debemos intimidarnos ante el aparente fracaso; además, debemos recordar que si somos fieles en lo poco, entonces Dios nos dará más trabajo. La unción del Espíritu se fortalece en nosotros al poner en práctica lo que tenemos. Comprométase a orar por cientos de personas por el resto de su vida y verá lo que Dios puede hacer.

- *Mansedumbre.* Debemos orar por los demás conscientes de que nosotros no tenemos todas las respuestas para ellos, pero conocemos a Uno que sí las tiene. Esto nos evita las conjeturas y trivialidades. Nuestros movimientos, tanto físicos como verbales, tienen que ser amables y no rudos ni bruscos. Si podemos conducirnos mansamente para que las personas se sientan seguras en nuestra presencia, también podrán recibir del Señor con mayor facilidad.

- *Templanza.* Animamos a la gente a «desacelerarse», tanto en lo emocional como en lo físico, cuando van a orar por otros. Si usted está aparente y manifiestamente influenciado en ese momento y tiene una experiencia incontrolable con el Espíritu, entonces trate de permanecer en actitud de recibir y espere hasta que se aplaque para poder dar. Debemos ser conscientes de que si violamos este principio estamos en peligro de manipular involuntariamente a los demás, al ejercer sobre ellos una falsa presión para que nos respondan. Hay excepciones a esta regla general. Una es si una persona le pide específicamente que ore por ella cuando usted se encuentra en ese estado. También puede ser si la otra persona es amiga y usted sabe que va a recibir bien esa experiencia. Puede también haber otras situaciones.

Si oramos por los demás con estos valores arraigados en nuestro corazón, es muy difícil que lo hagamos mal. Aunque el ministerio personal no pretende ser una ciencia exacta, no hay leyes en contra de la oración por las personas si estas cosas habitan en nosotros (Gálatas 5:23). Este puede considerarse el primer paso para comenzar un estilo de vida de oración por la gente. De esta manera reducimos, con gracia y poder aunque sin erradicar, los riesgos asociados con la oración por los demás.

A medida que algunos individuos vayan desarrollando cierta unción excepcional en el ministerio de oración personal, sus líderes pueden darles más libertad para asumir mayores riesgos en el ministerio.

Respuestas apropiadas para la renovación espiritual

Por tanto, ¿cómo seguimos valientemente hacia adelante, tratando de ser buenos administradores tanto de la generosa gracia de Dios como de las debilidades humanas que se mezclan en el contexto de la renovación? Terminamos dando siete sugerencias en cuanto a cómo honrar al Señor en medio de la renovación espiritual.

Asuma la posición de «aprendiz», y no de «experto» en el ministerio del Espíritu Santo. Realmente no hay muchos en nuestra generación que nos hayan precedido en esto. Tenemos que ser como niños delante de nuestro Padre celestial, el Señor Jesús y el Espíritu Santo. Debemos tener más confianza en su capacidad de enseñar y guiar, que en nuestra capacidad de aprender y seguir. Por dicha, su compromiso es más fuerte que el nuestro. Y esta realidad ciertamente es la fuente de nuestra fortaleza.

- Sea amable, bondadoso y paciente con las diversidad de perspectivas en la congregación de creyentes, y con las diversas corrientes en el cuerpo de Cristo. Si Dios es la verdadera fuente del mover del Espíritu Santo, entonces Él puede obrar de manera independiente de nuestro juicio y crítica para defender su honra, y levantará testigos y defensores acreditados. ¡No le tenemos que probar a nadie que algo es de Dios, si realmente es de Él!

- Conceda una libertad apropiada y cree suficientes oportunidades para que el Espíritu se manifieste en las reuniones programadas para darle la bienvenida al ministerio de renovación y su actividad. Por supuesto, Dios puede irrumpir en cualquier reunión con su presencia manifiesta, sin la intervención humana. Pero de todas maneras, si solamente son afectados individuos aislados, entonces el liderazgo necesita hacer un «llamado a juicio» por si fuera necesario cambiar el curso de alguna reunión en particular.

- Modele y enseñe las restricciones apropiadas, y trate de ser sensible a cada situación específica y su contexto. ¿Cómo actúa el amor en una situación como esta? Busque someterse a quienes están en autoridad, en beneficio de la paz y de la unidad. Pueden darse errores de discernimiento en medio de un avivamiento cuando están presentes tanto el gran temor de «perder a Dios» como el de «ser engañados». Anime a la gente a apelar a los líderes en privado, si están en desacuerdo con la dirección que le han dado o le están dando al Cuerpo.

- Escudriñe las Escrituras y busque un nuevo discernimiento en los caminos de Dios para su pueblo.

- Estudie la historia del avivamiento. Los errores y los aciertos son fáciles de percibir en retrospectiva.

- Anime a la gente a regocijarse en que, ya sea que hayan sido tocados por el Espíritu de forma visible o no, Dios está visitando a su cuerpo en general. No seamos tan individualistas en nuestra manera de pensar. Confiemos en que el Señor nos dará nuestra porción personal en cualquier visitación, y conténtese por lo que está haciendo con otras personas. Esta actitud nos coloca en mejores condiciones de recibir lo que Dios tiene para nosotros como individuos.

Notas

Aun cuando la bibliografía usada por el autor es en inglés, se transcribe aquí para aquellos que deseen realizar una investigación más profunda.

Capítulo 1

1. Recomiendo enfáticamente el libro de Jack Deere, *Surprised by the Power of the Spirit* (Zondervan, 1993) para quienes deseen estudiar más sobre el tema.

Capítulo 2

1. George E. Ladd, *The Presence of the Failure* (Williams B. Eerdmans, 1974). Ladd fue profesor de Nuevo Testamento durante varios años en Fuller Theological Seminary, en Pasadena, California.

2. Recomiendo enfáticamente el libro de Iain H. Murray, titulado *The Puritan Hope* (Banner of Truth, 1979).

Capítulo 3

1. Marquis Shepherd, «Gentlest of Winter Goes Out With a Blast of Snow, Cold», Kansas City Times, 21 de marzo de 1983.

2. «Comet's Path to Give Close View», *The Examiner* (Independence, Miss.).

3. «Introducing Prophetic Ministry», *Equipping the Saints* (otoño de 1989).

4. *Ibid.,* p. 5

5. Eusebio. *Ecclesiastical History* (Baker Book House).

Capítulo 4

1. David Edwin Harrell Jr., *All Things are Possible* (Indiana University Press).

Capítulo 5

1. «Samuel Johnson to George Berkeley, 3 de octubre de 1974» *The Great Awakening at Yale College,* ed. Stephen Nissenbaum (Wadsworth Publishing Co. 1972).

2. Jonathan Edwards, *The Works of Jonathan Edwards,* vol. 1 (The Banner of Truth, 1979) pp. 62-70. Algunos escritos de Edwards fueron traducidos al español.

Capítulo 7

1. Wayne Grudem, *The Gift of Prophecy in the New Testament Today* (Kingsway Publications, 1988).

Capítulo 9

1. Wayne Grudem, *The Gift of Prophecy en the New Testament and Today* (Crossway Books, 1988).
2. *Ibid.*, p. 83.
3. *Ibid.*, pp. 198-209.

Capítulo 12

1. John Piper, *Desiring God* (Multinomah Press, 1986).

Capítulo 14

1. Catherine Kroeger, «The Neglected History of Women in the Early Church», *Christian History* 7, No. 17 (invierno de 1980).
2. *Ibid.*, p. 14.
3. *Ibid.*, p. 8.
4. *Ibid.*, p. 6.
5. *Ibid.*, pp. 20-24.

Apéndice

1. Francis McNutt, *Overcome by the Spirit* (Chosen Books, 1990), 35.
2. Jonathan Edwards, *The Works of Edwards,* «A Narrative of Surprising Conversions and The Great Awakening» (Banner of Truth).
3. *Ibid.*, p. 45.
4. *Ibid.*, p. 547.
5. *Ibid.*, p. 550.
6. John White, *When the Spirit Comes With Power* (III Intervarsity Press, 1988). Esta obra está impresa en español por Ediciones Puma, bajo el título *Cuando el Espíritu Santo viene con poder.* La cita se encuentra en la página 74.

Mike Bickle

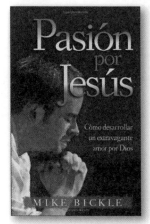

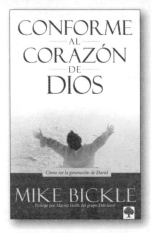

MIKE BICKLE es el director de *International House of Prayer* en Kansas City *(IHOP-KC)*, un ministerio de "adoración con intercesión" por 24 horas diarias en el espíritu del tabernáculo de David. Mike es también presidente del instituto bíblico, *Forerunner School of Ministry* (Escuela Precursora del Ministerio) en Kansas City. Es además autor de *Pasión por Jesús, Conforme al corazón de Dios, Crezca en la oración* y el devocional *Crezca en la oración.* Sus páginas en la internet son:

www.ihopkc.org

www.mikebickle.org

CASA CREACIÓN
Para vivir la Palabra